ベンチプレス
基礎から実践

東坂 康司 / 著
児玉 大紀 / 監修

K's GYM Training Method

ベンチプレスが誰よりも強くなる！

vol.1

体育とスポーツ出版社

We are Bench Press Brothers

本書に掲載されている内容を実施して得られた結果について、筆者および株式会社体育とスポーツ出版社は一切責任を負いません。個人の責任の範囲内にて実施してください。
また、本書の製作にあたり正確な記述に努めていますが、内容に誤りや不正確な記述がある場合も、当社は一切責任を負いません。

はじめに

　本書は、「ベンチプレスが誰よりも強くなりたい人」、「ベンチプレスが好きで仕方がないという人」のための、マニアックなベンチプレス専門書となります。
国内でのベンチプレスだけに焦点をあてた専門書は、本書がはじめてとなるはずです。
　内容としては、世界ベンチプレス選手権大会75kg以下級で5年連続優勝という偉業を成し遂げた、ベンチプレス＆パワーリフティング専門のトレーニングジムのオーナーである児玉大紀選手。
そしてその児玉選手と時と場所を同じくしてトレーニングをはじめ、見続けてきた筆者。
二人のオリジナルの【ベンチプレス指南書】といった内容となります。
　読んでいただければすぐにわかると思いますが、単純にトレーニングの内容を載せるというものではありません。それをしなければならない理由、反対にそれをしてはいけない理由、意味合いなどを合わせて載せているため、何となく読んでしまうと何を言っているかわからない、要点が掴めないということがあるかもしれません。
　例えるなら、「手品をはじめようと思った人が手品の専門書を読んでしまったとき」のような状態。
本人は手品のタネを知りたいだけなのに、そのタネがばれないように仕込むためのテクニック、仕込んだタネがばれないようにするためのテクニック、そして相手を引っ掛けやすくするための心理的なかけひきなど。そういったことが大きく載っていて、肝心のタネが何なのかよくわからない。
それに近い状態になってしまうかもしれません。
ただし、「確かにそうだ・・・しかしマニアックなこと書いてるなぁ（笑）」と、人によってはニンマリしていただける内容になっていると思います。
　この本を読み終わった後に、全ての人が「ためになった！」と思い、「すぐにベンチプレスが〇kg伸びた！」ということになるとは到底思えません。
しかし、この本を読むことで、大好きなベンチプレスが強くなるきっかけ、大好きだけど思うように強くなってくれないベンチプレスの記録を伸ばすきっかけになること。
そして、記録が伸びたときに本書で読んだことを思い出し、「なるほど、そういうことだったのか」と、一人でも多くの人に思っていただければ、筆者としては嬉しい限りです。

東坂康司

CONTENS

はじめに --- 3
CONTENS --- 4
あとがき -- 211

PART 1　ステップごとのトレーニング　　9

Chapter 1 -- 10
「ベンチプレスの基本的なトレーニング方法」
　ベンチプレスの持つ魅力 ----------------------- 10
　間違いだらけのベンチプレス ----------------- 10
　意外に知らないベンチプレスの基本 ------- 11
　　■フォーム ------------------------------------ 11
　　■グリップ ------------------------------------ 12
　　■拳上方法 ------------------------------------ 13
　　■セットの組み方 --------------------------- 13
　　■トレーニングの頻度 --------------------- 14
　　■実際のセットの組み方 ------------------ 14
　トレーニングを行ううえでの注意点 ------- 15
　　■自分の現在の実力を知る --------------- 15
　　■計画的に目標を立てて
　　　トレーニングを行う --------------------- 16
　　■無駄な追い込みをしない --------------- 16

Chapter 2 -- 18
「STEP ごとのトレーニング方法　〜STEP1〜」
　ベンチプレスにおけるステップ ------------- 18
　STEP1 のトレーニング方法 ------------------ 19
　　■トレーニングの目的 --------------------- 19
　　■フォーム ------------------------------------ 19

　　■重量と回数 --------------------------------- 20
　　■セット数 ------------------------------------ 20
　　■インターバル ------------------------------ 20
　　■補助種目 ------------------------------------ 21
　　■他の STEP との違い -------------------- 21
　　■実際のセットの組み方 ------------------ 21
　　■頻度 -- 22
　　■ STEP1 のトレーニングを行う期間 ------ 23
　　■ STEP1 での注意点 ----------------------- 23
　　■ベンチプレッサー的には ---------------- 24

Chapter 3 -- 26
「STEP ごとのトレーニング方法　〜STEP2〜」
　STEP2 のトレーニング方法 ------------------ 26
　　■トレーニングの目的 --------------------- 26
　　■フォーム ------------------------------------ 26
　　■重量と回数 --------------------------------- 27
　　■セット数 ------------------------------------ 27
　　■インターバル ------------------------------ 27
　　■補助種目 ------------------------------------ 27
　　■頻度 -- 29
　　■ STEP2 のトレーニングを行う期間 ------ 29
　　■ STEP2 での注意点 ----------------------- 29
　　■ベンチプレッサー的には ---------------- 30

Chapter 4 -- 32
「STEP ごとのトレーニング方法　〜STEP3〜」
　STEP2 から STEP3 への移行 ---------------- 32
　パワーフォームの導入 ------------------------ 32
　STEP3 のトレーニングパターン ------------ 33

■パターン1のトレーニング方法 ------- 34
　　　■パターン2のトレーニング方法 ------- 37
　　　■パターン3のトレーニング方法 ------- 39

Chapter 5--42
「K's式メイントレーニング」
　K's式メイントレーニング　　　　　　42
　　　■児玉選手のK's式メイントレーニング ---- 42
　　　■セットの組み方とセットの目的 ------- 43

Chapter 6--46
「K's式トレーニングサイクル　～やり直し～」
　K's式のトレーニングサイクル -------------- 46
　やり直しの効果 ---------------------------- 47
　やり直しの方法 ---------------------------- 47
　　　■トレーニング内容を変更しない場合 ----- 47
　　　■トレーニング内容を変更する場合 ----- 49
　　　■K's式メイントレーニングでのやり直し ----- 51
　やり直し期間のサブセットと補助種目 ------ 51
　やり直しを行ううえでの注意点 ------------ 52
　サイクルトレーニングとの違い ------------ 52

PART 2　高頻度トレーニングの導入と実践　53

Chapter 1--54
「高頻度トレーニングとは？」
　高頻度トレーニングへの誤解と疑問 -------- 54
　　　■どこからが高頻度トレーニングか？ ----- 54
　　　■重い日と軽い日を分けるか？ ---------- 55
　　　■疲れた状態でトレーニングを
　　　　行うのか？ --------------------------- 55
　　　■回復の早い限られた人だけが
　　　　可能なのか？ ------------------------ 56

　　　■高頻度トレーニングの効果は？ ------- 56
　高頻度トレーニング導入までの流れ ------ 57
　　　■トレーニング頻度を決める ------------- 57
　　　■メイントレーニングの日と
　　　　サブトレーニングの日を決める ------- 57
　　　■トレーニング内容を決める ------------- 58

Chapter 2--62
「高頻度トレーニングの導入」
　やり直しを活用した導入 ---------------------- 62
　　　■セット内容の決め方 ---------------------- 63
　　　■メイントレーニングと
　　　　サブトレーニングの重量設定 ---------- 63
　　　■重量を上げるタイミング --------------- 64
　　　■セット数とセットクリア条件 ---------- 64
　　　■導入期間の終了 ----------------------- 65
　導入期間のトレーニングでの注意点 ------- 66
　　　■必ずあらかじめ決めた回数と
　　　　セット数でトレーニングを行う ------- 66
　　　■インターバルを短くしすぎない -------- 66
　　　■サブセットを行わない ----------------- 67
　　　■メイントレーニングの日に
　　　　補助種目を行わない --------------------- 67
　導入がうまくいかない場合 ------------------ 68
　　　■トレーニング内容に問題がある場合 ----- 68
　　　■高頻度トレーニングに
　　　　向いていない場合 ------------------- 70

Chapter 3--72
「高頻度トレーニングの実践」
　トレーニングサイクル --------------------- 72
　　　■現在行っているトレーニングを
　　　　終了するタイミング --------------------- 72
　　　■メイントレーニングとサブトレーニングの
　　　　両方があてはまる場合 ------------------ 73

■メイントレーニングだけが
　　　　あてはまる場合 --------------------- 74
　　　■サブトレーニングだけが
　　　　あてはまる場合 --------------------- 74
　　　■やり直しの前に
　　　　オフを取るかどうか？ ------------------- 75
　　基本頻度と基本パターン --------------------- 75
　　　■高頻度トレーニングの基本頻度 ------- 75
　　　■高頻度トレーニングの基本パターン ----- 75
　　　■基本パターンの中の3つのパターン ----- 77
　　基本パターンのトレーニング内容 --------- 78
　　　■パターン①のトレーニング内容 ------- 78
　　　■パターン②のトレーニング内容 ------- 79
　　　■パターン③のトレーニング内容 ------- 80

Chapter 4 ----------------------------------- 82
「高頻度トレーニングの具体例」
　　高頻度トレーニングの具体例 --------------- 82
　　　■Kさんの方法 --------------------------- 82
　　　■Y選手の方法 --------------------------- 85
　　　■筆者の方法 ----------------------------- 89

Chapter 5 ----------------------------------- 92
「エブリベンチ・トレーニング」
　　エブリベンチとは？ ----------------------- 92
　　週に5回の頻度のエブリベンチ ------------- 93
　　　■基本パターン --------------------------- 93
　　　■基本パターンの中の3つのパターン ---- 94
　　　■基本パターンの具体的な
　　　　トレーニング内容 --------------------- 96
　　週に6回の頻度のエブリベンチ ------------- 99
　　　■オフの取り方 --------------------------- 99
　　　■トレーニング内容 --------------------- 99
　　　■児玉選手の方法 ----------------------- 100

Chapter 6 ----------------------------------- 102
「エブリ・サイクルトレーニングとは？」
　　サイクル・トレーニングとは？ ----------- 102
　　エブリ・サイクルトレーニングの基本形 ----- 103
　　　■特徴と基本的な
　　　　トレーニングの進め方 ----------------- 103
　　　■エブリ・サイクルトレーニングの長所 ----- 104
　　　■頻度別のオンとオフの振り当て ----- 105
　　　■重量設定 ----------------------------- 106
　　　■トレーニングフォーム --------------- 107
　　　■トレーニング方法 --------------------- 108

Chapter 7 ----------------------------------- 110
「エブリ・サイクルトレーニングの導入と実践」
　　導入方法 --------------------------------- 110
　　　■これまでに高頻度トレーニングを
　　　　行ったことがない場合 --------------- 110
　　　■すでに高頻度トレーニングを
　　　　行っている場合 ----------------------- 112
　　サブセットと補助種目の取り入れ方 ----- 112
　　　■サブセットの取り入れ方 ------------- 113
　　　■補助種目の取り入れ方 --------------- 113
　　具体的なトレーニング方法 --------------- 115
　　　■セット数に変化をつける方法 -------- 115
　　　■サブセットを行う方法 --------------- 116
　　　■補助種目を行う方法 ----------------- 117

Chapter 8 ----------------------------------- 120
「2週間を1サイクルとする
　エブリ・サイクルトレーニング」
　　2週間を1サイクルとする ----------------- 120
　　バリエーション ------------------------- 122
　　　■1週目と2週目の頻度に
　　　　変化をつける方法 --------------------- 122

- ■2週目のセットベスト更新を
  狙う日以外を軽めにする方法 -------- 123
- ■2週目にメイントレーニングと
  サブトレーニングを分けて行う方法 ----- 124
- サブセットと補助種目の取り入れ方 ----- 125
  - ■サブセットの取り入れ方 ------------- 125
  - ■補助種目の取り入れ方 ---------------- 126
- 実際のトレーニング ------------------------- 128
  - ■1週目と2週目の頻度に
    変化をつける方法の具体例 ----------- 128
  - ■2週目にメイントレーニングと
    サブトレーニングを分けて行う
    方法の具体例 --------------------------- 131

PART 3　トレーニングフォームの基礎　135

Chapter 1------------------------------------ 136
「肩甲骨の寄せと上半身のブリッジ」
- 肩甲骨を寄せるフォーム -------------------- 136
- 肩甲骨を寄せる意味とメリット ---------- 136
  - ■使用する筋肉の変化 -------------------- 136
  - ■怪我の可能性の減少 -------------------- 138
  - ■使用重量の増加 ------------------------- 139
- 肩甲骨の寄せと上半身のブリッジの関係 ----- 140
- 基本的な肩甲骨の寄せ方 -------------------- 142
- 肩甲骨を寄せたときの上体の型の違い ----- 143
  - ■背中側から見た上体の型の違い ----- 143
  - ■前側から見た上体の型の違い -------- 144
  - ■横側から見た上体の型の違い -------- 145
- バーの軌道と肘の使い方の違い ------------ 145
- 肩甲骨を寄せるときのポイント ----------- 147
  - ■広背筋が見えないようにする -------- 147
  - ■僧帽筋が見えないようにする -------- 148
  - ■肩幅を狭くする ------------------------- 148

- ■あごと胸の間を狭くして
  胸に角度をつける ---------------------- 149
- ■肩甲骨の寄せを作りやすい
  力の入れ方と意識の持ち方を掴む ----- 150
- 力の入れ方と意識の持ち方 ----------------- 151
  - ■肩周りに力を入れすぎない ----------- 152
  - ■みぞおちの裏側に力を入れて
    自然に両肩を寄せる -------------------- 152
  - ■肺に息を溜め込み胸郭を広げて
    みぞおちを斜め前にせり出す -------- 154

Chapter 2------------------------------------ 156
「フォームを作る」
- 肩甲骨の寄せと上半身のブリッジの完成----- 156
- 基本となる2種類のフォームの作り方----- 157
- 基本Aタイプ ----------------------------------- 157
  - ■肩甲骨の寄せと
    上半身のブリッジを作る手順 -------- 157
  - ■ポイントと意識の持ち方 ------------- 160
- 基本Bタイプ ----------------------------------- 165
  - ■肩甲骨の寄せと ------------------------- 165
    上半身のブリッジを作る手順 -------- 165
  - ■ポイントと意識の持ち方 ------------- 169

Chapter 3------------------------------------ 176
「ラックアウト」
- ラックアウトとは？ ------------------------- 176
- ラックアウトのポイントと注意点 -------- 176
  - ■自分の力でラックアウトする -------- 176
  - ■ラックアウトの際の
    ベンチ台に寝る位置に注意する ----- 179
  - ■プレスする動作でラックアウトする----- 181
  - ■肩甲骨の寄せを甘くしない ----------- 182
  - ■ラックアウト前に息を吸い込む ----- 183

Chapter 4-- 184
「キープ」
- キープとは？ ---------------------------------- 184
- キープのポイントと注意点 ---------------- 184
  - ■ラックアウト後は必ずキープする ----- 185
  - ■肩で重さを支えず背中で支える ----- 186
  - ■キープの位置を一定にする ---------- 190
  - ■毎回キープしなくてもよい ---------- 190

Chapter 5-- 192
「挙上」
- 挙上とは？ ---------------------------------- 192
- 挙上の基本 ---------------------------------- 193
  - ■バーを下ろす位置 -------------------- 193
  - ■肘の使い方 ---------------------------- 195
  - ■バーの軌道 ---------------------------- 196
- 2つのタイプの上体の型 ------------------ 198
- 胸が高くなるタイプ ------------------------ 198
  - ■バーを下ろす位置 -------------------- 199
  - ■バーの軌道 ---------------------------- 199
  - ■肘の使い方 ---------------------------- 200
  - ■グリップの握り方 -------------------- 201
  - ■注意点 ---------------------------------- 202
- 腹が高くなるタイプ ------------------------ 203
  - ■バーを下ろす位置 -------------------- 204
  - ■バーの軌道 ---------------------------- 205
  - ■肘の使い方 ---------------------------- 205
  - ■グリップの握り方 -------------------- 206
  - ■注意点 ---------------------------------- 207

PART 1
ステップごとのトレーニング

ここでは【ステップごとのトレーニング】ということで、ベンチプレスの基本的なトレーニング方法を紹介し、さらにトレーニングをはじめたての人、トレーニングに慣れてきた人、これからもっと強くなりたい人。
様々な状態＝ステップに合わせたトレーニング方法を紹介します。

　　　Chapter 1　　ベンチプレスの基本的なトレーニング方法
　　　Chapter 2　　ステップごとのトレーニング方法　〜STEP1〜
　　　Chapter 3　　ステップごとのトレーニング方法　〜STEP2〜
　　　Chapter 4　　ステップごとのトレーニング方法　〜STEP3〜
　　　Chapter 5　　K's 式メイントレーニング
　　　Chapter 6　　K's 式トレーニングサイクル　〜やり直し〜

Chapter 1
ベンチプレスの基本的なトレーニング方法

ベンチプレスの持つ魅力

「ベンチプレスが強くなりたいですか？」

このように聞かれたとき。ベンチプレスを行っているほとんどの人が、口には出さないにしてもこう思うのではないでしょうか。

「もちろん強くなりたい」と。

ベンチプレスができるフィットネスクラブなどでは、多くの人たちがベンチプレスのトレーニングを熱心に行っています。
「他のトレーニングは嫌々やっているけど、ベンチプレスのトレーニングは楽しくて仕方がない」という人も多く、中には完全にベンチプレスしかしない人もいます。

当然そういった人たちも最初からベンチプレスがしたいがためにフィットネスクラブに入会し、トレーニングをはじめたわけではありません。最近ちょっと太ってきたから、スポーツに生かす筋力をつけたいから、時間が余って暇だったからといったように、トレーニングをはじめたきっかけは人それぞれでしょう。

しかし、「気がつけば当初の目的を忘れてベンチプレスにはまっていた」というわけです。

世界ベンチプレス選手権大会で5連覇を成し遂げた児玉大紀選手も、高校時代にスポーツに生かす筋力をつけるためにトレーニングをはじめ、すぐにベンチプレスにはまり、授業終了のチャイムが鳴るとともに部活そっちのけでジムに向かうようになりました。

高校卒業後もベンチプレスを続け、時には足を骨折した状態でも松葉杖をついて毎日ジムに通い、一日中トレーニングをしていたこともあります。

さすがに、ここまでいくとやりすぎな気もしますが、ベンチプレスにはそれだけ人をひきつける魅力があると言えるのではないでしょうか。

間違いだらけのベンチプレス

最近では、以前に比べてベンチプレスの大会や記録に関する情報を目にする機会が多くなってきています。そういった情報を目の当たりにしたとき、多くの人がこう思うのではないでしょうか。

「なぜそんなに挙がるの？」と。

一般のフィットネスクラブであれば100kgを挙げれば強い部類に入り、130kgも挙げればほとんどのジムで一番強い人になれるはずです。中には150kg近く挙げる人もいるでしょうが、そういった人たちのほとんどが、体重の重い、言ってみれば恵まれた体格の持ち主です。

しかし、ベンチプレスの試合に出るような人の中には、体重が60kgに満たない人でも100kg以上を挙げるのは当たり前で、体重の2倍である120kg、中には体重の3倍近い重量を挙げる人もいます。実際に挙げているのを見るまで俄かに信じられないかもしれません。自分が通っているフィットネスクラブで誰もが認める一番強くて大きい人、そういった人が一生懸命挙げている重量より、はるかに重い重量を体重の軽い人たちが挙げるわけですから。

中にはそういった人たちの強さを認めたくないため、パワーリフターやベンチプレッサーは「技術で挙げている」、「ブリッジを組んでいるから挙がる」そう決めてかかる人もいるかもしれません。
確かにパワーリフターやベンチプレッサーは「パワーフォーム」と呼ばれる肩甲骨を寄せ、体を反らせてブリッジを組んだフォームでベンチプレスを行う人がほとんどですが、実際に自分自身がパワーフォームを組むようになれば分かることなのですが、パワーフォームを組んでもそれほど重い重量が挙がるわけではありません。今までパワーフォームを組まずに100kgを挙げていた人が、パワーフォームを組めるようになったとしても＋10kgの110kgが挙がるようなことはまずありません。

つまり、パワーリフターやベンチプレッサーは『ベンチプレスを挙げる技術に優れた人』というわけではないのです。

それを聞き「元々の才能が違う」と決めつけてしまう人もいるかもしれせんが、そう決めつけてしまうのは少々はやすぎます。その前に自分が今まで本当にしっかりとトレーニングを行ってきたかどうか？ということをを考えなくてはなりません。

「いや俺はいつも補助をつけて頑張っている」
「毎回筋肉痛になるまで追い込んでいる」
こう思う人も少なくないはずです。

しかし、自分たちが一生懸命やってきたそういったトレーニングが、実は間違った方法であったとしたらどうでしょうか？
「まさか？」そう思うはずです。
残念なことに、フィットネスクラブなどで多くの人が正しいと信じて行っているトレーニングを、ほとんどのパワーリフターやベンチプレッサーなどのベンチプレスが強い人たちは行っていません。

つまり、自分たちが疑いも持たずに行ってきたトレーニングが、実はベンチプレスを強くするには間違ったトレーニングであったということになります。

先に述べたように、ベンチプレスが強い人たちは『ベンチプレスを挙げる技術に優れた人』ではありません。正しいトレーニングを知り、正しいトレーニングを行っている、『ベンチプレスを強くするための技術に優れた人』なのです。

意外に知らないベンチプレスの基本

「ベンチプレスが強い人たちはどんなトレーニングをしているの？」
ベンチプレスが強い人たちが、自分たちと異なるトレーニングを行っているとすれば、当然こう聞きたくなるでしょう。

しかし、実はその質問に答えることは非常に難しいことなのです。トップクラスのパワーリフターやベンチプレッサーのトレーニング方法は千差万別で、簡潔に「このようなトレーニングを行っている」とは言いきれないのです。

しかし、そういった千差万別のトレーニング方法の中にも多くの共通する点があり、そういった共通点を集約させた基本となるトレーニングが存在します。ここでは、そういった基本となるトレーニング方法を項目ごとに分け、紹介していきたいと思います。

■フォーム

まず、ベンチプレスを行う際のフォームですが、しっかりと肩甲骨を寄せ、腰にアーチを作った『パワーフォーム』で行います。（写真1）
ベンチ台に付いているのは頭〜両肩にかけての部分と尻だけとなります。

PART 1　ステップごとのトレーニング

【写真1】（上）
　肩甲骨の寄せと上半身のブリッジを作ったパワーフォーム。
【写真2】（下）
　完璧とも言える児玉選手のパワーフォーム。

このパワーフォームの利点として

『肩甲骨を寄せることで、挙上時の肩の関与を減らすことができ、肩の怪我を激減させることができる』
『普段よりも高重量を扱うことができ、結果的に強度の高いトレーニングが行える』

この二点があげられます。
　ベンチプレスの試合を見たことのある人の中には、パワーフォームを見て「あんなフォームが組めれば何十キロも挙上重量が挙がる」と思っている人もいるかもしれません。
しかし、実際のところは想像されるほど挙上重

量が増えるわけではありません。足を床に付けた状態のボディビル的なフォームと比べて、大体 2.5kg〜5kg 程度、腰周りの柔軟性に優れた高いアーチが作れる人でも、7.5kg〜10kg 程度、完璧とも言える児玉選手のパワーフォームでさえ、挙上重量は 10kg しか増えないのです。
（写真2）

■グリップ

　意外に正しいバーの握り方を知らない人は多いのではないでしょうか。間違った握り方で最も多いのが、バーと手のひらがまっすぐになるような握り方です。この握り方は挙上時に手首が反ることが多くなり、手首を怪我する可能性が高くなります。

　正しくは手首の延長線上にあたる部分にバーを乗せるような握り方となります。これにより手首が若干斜めを向くことになるのですが、手首が反ることが少なくなり、手首を怪我する可能性を減らすことができます。（写真3）

　また、サムレスグリップでバーを握っている人も中にはいますが、手を滑らせたときの危険性を考えれば、サムアラウンドで握るべきです。

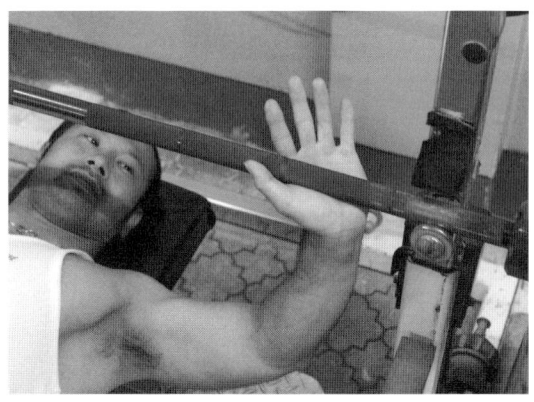

【写真3】
　正しいバーの握り方は、手首の延長線上にあたる手のひらの部分にバーを乗せて握る。

■挙上方法

　バーを勢いよく胸まで下ろし、胸でバウンドさせて挙げている人がいますが、この挙上方法だと胸から押し挙げる最も重要な部分で、サポートをつけたような状態となってしまいます。基本的には胸でバウンドさせず、バーが胸に触れたら挙げるようにします。

　また、ネガティブを意識してゆっくり下ろして胸に効かせようとしている人もいますが、ベンチプレスを強くしたいのであれば、ネガティブを意識したり、筋肉に対する効きを意識する必要はありません。最も重量が挙がるようにバーを胸まで下ろし、挙げるのが基本です。

　そしてこれが一番重要なことになりますが、挙上の途中で絶対に尻をベンチ台から浮かしません。

　「胸でバウンドさせない」、「ネガティブを意識しない」、そして「絶対にベンチ台から尻を浮かさない」。

　これがベンチプレスを強くするための、ストリクトなベンチプレスの挙上方法になります。

■セットの組み方
・重量と回数

　トレーニングを行う際に、まずはセット重量と回数を決める必要があります。

　基本的には筋力・筋量の両方のアップが望める重量である6RM～8RMの範囲で重量を設定し、『○回狙いのセット』という型でセットを組みます。例えば、8RM＝100kgの人が8回狙いでセットを組む場合、100kgより少し重い102.5～105kgの範囲で重量を選択し、その重量で8回挙げるつもりでセットを組みます。（パワーリフターやベンチプレッサーの間では、8回狙いのセットを行っている人が多い）

　なお、常に限界に近い重量を扱い続けるとフォームが乱れたり、疲労の蓄積によりオーバートレーニングになり、記録が伸びなくなるどころか、反対に記録が落ちてしまうこともあります。このため、意図的に重量を落として一定期間トレーニングを行い、少しずつ重量を上げて改めてセットベスト更新を狙うことが多くなっています。

　このような意図的に重量を落とす方法は継続して記録を伸ばすために非常に有効で、初心者・中級者・上級者、どのような人でも積極的に取り入れる必要があります。

　この方法については、『やり直し』の項で詳しく紹介したいと思います。

・セット数

　セット数は多ければ多いほど良いと思い、ひたすらにセットを重ねている人がいるかもしれません。しかし、ベンチプレスが強くなりたいのであれば、ただなんとなくセットをこなすのではなく、すべてのセットで自己ベストを出すなどの目的を持ってトレーニングを行うこととなり、そうなればそれほど多くのセットを行うことはできない、行う必要がなくなってきます。

　基本的には6RM～8RMの重量でセットを組む場合は2～3セット、多くても5セットほどでセットを組むことになります。

・インターバル

　一般的なトレーニングではセットごとのインターバルは1分半から3分ぐらいが通常でしょう。当然、そのようなインターバルで同重量でセットを組む場合、1セット目が7回、2セット目が5回、3セット目が3回といったように、挙がる回数が極端に減ってしまいます。

　こういった方法は筋肉に効かすことを目的としたトレーニングとしては正しいのかもしれませんが、挙上方法で述べたように、ベンチプレスを強くするトレーニングでは筋肉に対する効

きを意識する必要はそれほどありません。筋肉に効かすことよりも、毎セットごとに「全力を出す」ことに重点を置いているため、インターバルは基本的に前のセットの疲れが抜けるまで取るようにします。

目安としては7分〜15分程度、最低でも5分はインターバルを取るようにします。

・ウォーミングアップ

ウォーミングアップはメインとなるセットで全力を出せるのであれば、どんな方法でもかまいません。

基本的にはMAX重量（1回の自己ベスト重量＝1RM）の50％以下からはじめ、少しずつ重量を上げて最終的に2〜5セットほど行います。MAX重量＝100kgであれば、40〜50kg×6〜10回×1〜2セット、60kg×3〜6回×1〜2セット、70kg×2〜4回×1セット。大体このような感じでしょうか。

ほとんどの人がこのようなウォーミングアップで十分だとは思いますが、これだけのウォーミングアップだと「1回目が重く感じる」、「1セット目より2セット目の方が力が入る」という人も中には出てくるはずです。
このような場合、単純にウォーミングアップのセット数や回数を増やせばいいのですが、それ以外にもメインセット前にMAX重量の90〜95％の重量を持ってからメインセットを行う方法もあります。
メインセットよりも重い重量をウォーミングアップで扱うことで、より挙げやすい状態を作る。これによりほとんどの人がメインセットの「1回目が重く感じる」ことや、「2セット目の方が力が入る」ということを改善できるようになります。

■トレーニングの頻度

トレーニングの頻度は、基本的には週に2回〜3回程度。中1日や中2日、中3日でベンチプレスを行います。

ただし、これは全身のトレーニングをベンチプレスと同様に行っている場合の話で、ベンチプレスしか行わない人や、ベンチプレスが特に強くなりたい人の場合は話が変わってきます。

トップクラスのベンチプレスの選手の中には、週に4回以上ベンチプレスを行う人もいますし、200kg以上を軽く押し挙げる海外のディスエイブルの選手の多くは、週に5回以上のトレーニングを行っています。

「使用重量が重くなると週に1度のトレーニングでなければ回復が間に合わなくなる」
こういったことを言う人もいるようですが、高重量を扱う＝低頻度で良いとは一概に言えません。回復が間に合うかどうかは、個々人の持つ回復力の差、トレーニング内容によります。

ボディビル的な効きを意識した筋肉を追い込むトレーニングを行うのであれば、週に2回のベンチプレスが限界かもしれません。
しかし、ベンチプレスを強くするためのトレーニングを行うのであれば、週に2〜3回のベンチプレスにこだわる必要はありません。

■実際のセットの組み方

それでは具体例をあげてセットの組み方を紹介します。

MAX重量＝120kg
8RM＝100kg

このような人が8回狙い×3セットというセットを組んだ場合の、具体的なトレーニング内容が表1となります。

まず、ウォーミングアップ（一例として）は50〜60kg×6〜10回×1〜2セット、70〜80kg×3〜6回×1〜2セット、90kg×2〜4回、体を温めつつ疲れないように行います。（最後の90kgのセットが必要ない人は行わない）

メインセットの1回目、1セット目の挙がりが悪く感じる人は110〜115kg×1回をメインセット前に持つようにします。

次に、メインセットである8回狙い×3セットを行いますが、重量は8RM（100kg）よりも重い102.5kgを選択します。

表1では、1セット目が7回、インターバル7分後の2セット目が6回、同じくインターバル7分後の3セット目が5回挙がっています。このような場合であれば、次回も102.5kgでセットを組み、どのセットも8回を目標にして今よりも回数を増やせるようにします。

重量を上げる目安は、「1セット目が8回挙がれば重量を上げる」、「3セット8回挙がれば重量を上げる」といったように、あらかじめ決めておき、成功した場合に次回のトレーニングから2.5kg〜5kg重量を増やします。

原則として、重量を増やす目安を「2セット以上○回挙がれば重量を上げる」とする場合、1セット目が○回以上挙がりそうでも○回で抑え、残りのセットで○回こなせるように余力を残すようにします。

そして、これが重要となってくるのですが、目標とする回数が挙がらないからといって、補助の人に引っ張ってもらい無理やり挙げるということは絶対に行いません。（フォースト・レップスを行わない）

トレーニングを行ううえでの注意点

■自分の現在の実力を知る

トレーニングを行ううえで最も重要なのが、自分自身の実力を知ることです。

この自分自身の実力を知るということには2つの意味があり、1つは単純に「現在の自分が何kgで何回挙がるか？」ということを知ることになります。

これがわからないと、セットを組む際に適切な重量設定が行えません。15回挙がる重量で8回でセットを組んでも仕方がありませんし、4回しか挙がらない重量で8回狙いのセットを組むのも無理があります。重量設定が適切でなければ、トレーニングによって得られる効果も限られてしまいます。

もう1つの意味が、「現在の自分の体がどれだけの重量を挙げる可能性を持っているか？」ということを知ること、つまり自身の持つ地力を知ることです。

自身の地力がわかっていない例をあげるとすると、低回数ばかりでセットを組んでいる初心者が一番分かりやすいでしょうか。

ベンチプレスをはじめたばかりの初心者の場合、言ってみればどんなトレーニングをしても記録は伸びてきます。当然ながら、これは地力が上

ウォーミングアップ
　50〜60kg×6〜10回×1〜2セット
　70〜80kg×3〜6回×1〜2セット
　90kg×2〜4回
　（110〜115kg×1レップ）

メインセット
　102.5kg×7回
　　↓　　インターバル7分
　102.5kg×6回
　　↓　　インターバル7分
　102.5kg×5回

【表1】 実際のセットの組み方

がったから記録が伸びたのではなく、ベンチプレスに慣れて力の入れ方が分かってきたこと、自身の持つ力を引き出せたことによります。

しかし、力を引き出し切ってしまった後は筋量を増やし、地力を上げないと記録は伸びてきません。そのことに気づかず筋量を増やすトレーニングを行わず、力を引き出すための1RM～5RMといった低回数のトレーニングばかりを行っている初心者を多く見かけます。

地力を上げるのであれば、最低でも6RM、初心者であれば10RMでセットを組んでもいいぐらいです。

この、自身の地力を知るということは、初心者だけでなく上級者にとっても、非常に難しいことだと思います。重量にこだわってしまい、知らないうちに地力を上げるトレーニングを怠ってしまっている人も多いのではないでしょうか。

■計画的に目標を立ててトレーニングを行う

気分やその時の調子によってトレーニングメニューが毎回違うような人がいますが、強くなりたいのであれば、「○週間は必ずこのトレーニングメニューを行う」というように、トレーニングメニューとそれを行う期間を、あらかじめ決めておく必要があります。

期間としては4週間から長くて10週間、記録の伸びが持続しているのであれば、12週間ほど同じメニューでトレーニングを行います。

また、これが非常に重要になってくるのですが、ただなんとなく同じメニューのトレーニングを行うのではなく、常にトレーニングでの目標を立てながらトレーニングを行います。

例えば、ある人が120kg×7回狙い×3セット、3セット7回挙がれば重量を上げるという内容でトレーニングを行い、1週目が6回、6回、5回だったとします。

このような場合、次の週にすべてのセットで7回挙げるのは難しいので、まずは1セットでもいいので7回挙げることを目標にします。

何週間かかるかはわかりませんが、それができるようになれば今度は2セット7挙げることを目標にし、それができたら3セットとも挙げることを目標にします。そして3セットとも7回挙がれば重量を上げ、同様に目標を立てながらトレーニングを続けていきます。

100kgしか挙がらない人が「150kgを挙げる」といったような、いつ達成できるかもわからない大きな目標を立てたとすれば、毎回のトレーニングに対するモチベーションを維持することは難しくなってきます。

反対に、小さな目標を立ててそれを少しずつ達成するようにすれば、高いモチベーションを維持しながらトレーニングが行えるようになります。

■無駄な追い込みをしない

恐らくこの部分がベンチプレスを強くするためのトレーニングで、最も重要になってきます。

フィットネスクラブなどで行われている代表的な「無駄な追い込み」のトレーニングが、フォースト・レップスでしょう。

フォースト・レップスは自身の力で挙がらなくなってから、補助者にサポートしてもらって繰り返し挙げるため、確かにトレーニングを頑張った気にはなれます。

しかし、補助者によってトレーニングの強度は変わってきますし、何よりも自身の力で挙げることを体が忘れてしまいます。

よくフォースト・レップスを行っている人は、「補助についてもらって○回挙げた」といったような言い方をしますが、ベンチプレスのトレーニングではあくまで自身だけで挙げた回数だけを数えるため、「補助についてもらって○回挙げた」

という言葉は存在しません。

　また、フォースト・レップスとまでいかなくても、限界がきて挙がらなくなくなり、補助に軽く引いてもらいジワジワと挙げている人もいますが、これもそれほど必要ありません。
例えば、8回狙いのセットで7回目がぎりぎり挙がり、「8回目は挙がらないだろう」と思った場合は7回でバーをラックに戻し、潰れるようなことがないようにします。
また、「8回目が挙がると思って挑戦したが挙がらなかった」という場合は、軽く補助についてもらうのではなく、次のセットに疲れが残らないようすぐに引き上げてもらいます。

　フォースト・レップスと並ぶ「無駄な追い込み」のトレーニングとなるのが、トレーニングの最後に行う重量を下げてのトレーニングです。

　例えば、100 kgで8回狙い×3セットといったセットを組んでいる人がいたとします。
この人が100 kgで3セット終えた後に、「筋肉を追い込みたい」という理由で重量を80 kgに落とし、さらに2セット行ったとします。
80 kgのセットを追加することで筋肉は張るでしょうし、筋肉を追い込んだという気にはなれるでしょう。
しかし、100 kgでセットを組めるような人が80 kgという低重量でセットを組んだとしても、それはただ単に筋肉を張らすトレーニングになってしまい、ベンチプレスが強くなることにはほとんどつながらず、「トレーニングを頑張った」という自己満足にしかならないのです。

　フォースト・レップスなどの追い込みのトレーニングを日常的に行っている人であれば、「それだと筋肉痛にならないんじゃないか？」と思うかもしれませんが、「筋肉痛になる＝強くなる」ということではありません。

　これは極論かもしれませんが、メインとなるセットでしっかりと自身の力を出すことができれば、追い込むトレーニングそのものが必要ないのかもしません。

　ここでは、ベンチプレスの基本的なトレーニング方法を紹介してきましたが、いかがでしたでしょうか？
インターバルの長さや、追い込まないという点を除けば、なんら一般のトレーニングとかわらないことに気づくはずです。
特にベンチプレスのトレーニングに慣れてきて、様々なトレーニングを試しているような人であれば退屈な内容に感じるでしょうし、下積みのような印象を受けるかもしれません。

　しかし、こういった下積みのようなトレーニングを行うことが、ベンチプレスを強くするために最も必要となってきます。

　なお、ここで紹介した基本的なトレーニング方法は、フォームや力の出し方などをある程度マスターした中級者以上の人を対象としており、完全に初心者の段階や、体を作る段階ではその内容は変わってきます。

　次項からは、そういった個々人のレベル＝ステップに合わせたトレーニングについて、詳しく紹介したいと思います。

Chapter 2
STEPごとのトレーニング方法 ～STEP1～

　前項では、ベンチプレスの基本的なトレーニング方法として、6RM～8RMの重量でインターバルを長めに取り、少ないセットで全力を出す方法を紹介しました。この方法はフォームや力の出し方などを習得した、中級者以上を対象とした内容となっています。

　当然、ベンチプレスをはじめたばかりの初心者であれば、フォームは安定していませんし、そうなると自分の力を出し切ることも難しくなってきます。
そういった場合、まずはフォームを安定させ、しっかりと全力を出し切れるようになるためのトレーニングを行う必要があります。

　また、上級者になってくれば基本的なトレーニングのような比較的高回数のいわゆる地力を上げるトレーニング以外にも、神経系を強化する力を引き出すトレーニングも必要となってきます。

　ここでは、そういった個々人のレベル、ステップに合わせたトレーニング方法を、児玉選手が実践、K'sジムで指導している内容で紹介していきたいと思います。

ベンチプレスにおけるステップ

　児玉選手が考える、ベンチプレスのトレーニングを行っていくうえでのステップを示すと、表1のようになります。

　STEP1～STEP3までに分かれ、STEP1からSTEP2へ、STEP2からSTEP3へと順を追って移行していきます。STEPごとのトレーニング内容として、STEP1がトレーニングA＝慣れるトレー

【表1】 ベンチプレスにおけるステップとそのトレーニング

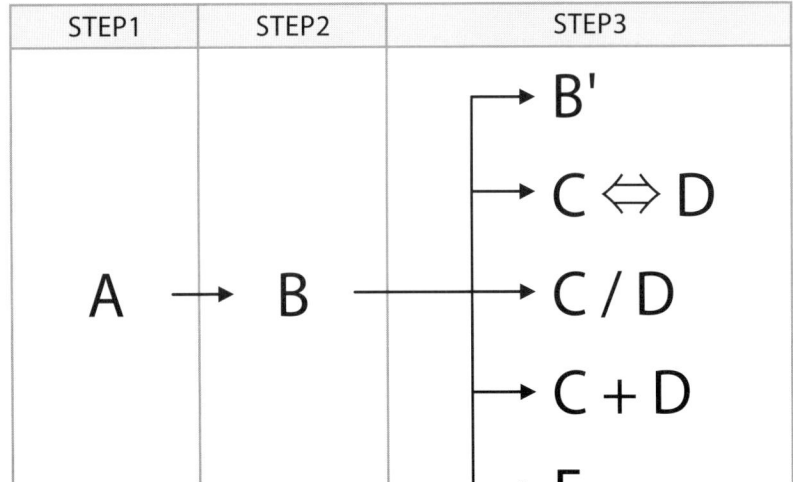

ニング、STEP2がトレーニングB＝体を作るトレーニングとなっており、STEP3に入るとその人のトレーニングの目的やトレーニング実施可能回数、または好みにより様々なパターンでトレーニングを行うことになります。
STEP2と同じようにトレーニングB＝体を作るトレーニングを継続するパターン。
トレーニングC＝筋力・筋量アップ（地力アップ）の基本的なトレーニングを行い、定期的にトレーニングD＝筋力アップ・神経系強化のトレーニング（力を引き出すトレーニング）を行うパターン。
日によってトレーニングCとトレーニングDを分けて行うパターン。
一度のトレーニングでトレーニングCとトレーニングDを同時に行うパターン。
トレーニングE＝サイクルトレーニングやピリオダイゼーションなど一定期間内でトレーニングの強度やトレーニング内容を変えながら行うパターン。以上のように、様々なパターンでトレーニングを行うことになります。

なお、STEP3でのパターン分けはあくまである一定期間でのトレーニングを示すもので、同じ人が常に同じパターンのトレーニングを行うわけではありません。
記録の伸びやその人の状態によって、様々なパターンのトレーニングを行うことになります。

STEP1のトレーニング方法

STEP1＝ベンチプレスをはじめたばかりの初心者のためのトレーニング方法を紹介します。

■トレーニングの目的
・まずはベンチプレスに慣れること

STEP1のトレーニングの目的はベンチプレスに慣れることです。このベンチプレスに慣れるということには2つの意味があり、1つは安定感を出すということになります。

当然ながら、ベンチプレスをはじめたばかりであれば、フォームは定まりません。周りから見れば一目でわかる、非常に不安定で危なっかしいベンチプレスのはずです。強くなることも大切ですが、まずはこういった不安定さをなくし、安全にトレーニングを行えるようしなければなりません。

ベンチプレスに慣れる2つ目の意味は、ベンチプレスでの力の出し方を覚えることです。これはフォームが安定していないことも原因になりますが、根本的に力を出し切れない場合も多々あり、自身の持っている力を出し切れなければ、本来の自分に見合った強度でトレーニングが行えず、トレーニングの効果も限られてしまいます。

こういったことがないように、STEP1の期間でベンチプレスでの力の出し方、力の出し切り方を覚える必要があります。

■フォーム
・ベタ寝ベンチで行う

STEP1でのベンチプレスのフォームは、肩甲骨を寄せず、腰にアーチも作らない一般的なベンチプレスのフォーム、ベタ寝ベンチのフォームで行います。（写真1・2）

この理由を、「初心者の段階でフォームを組んでトレーニングを行うと、可動域が制限されてしまい筋肉が発達しにくいから」と思う人もいるかもしれませんが、そうではありません。

前項でも述べましたが、パワーフォームを組んだとしても、通常はそれほど可動域も変わりませんし、それほど挙がる重量も変わりません。挙上の角度が少しデクライン気味になるだけでバーを胸に付くまで下ろすということは変わらないため、そもそも可動域が制限されるという考

PART 1　ステップごとのトレーニング

【写真1】　STEP1のフォーム＝ベタ寝ベンチ

【写真2】　ベタ寝ベンチでの上体の型（横側）

え方自体がおかしいのかもしれません。
パワーフォームを組まない理由の1つは、安定感を得るためです。

また、前項で肩甲骨を寄せることで、拳上時の肩の関与を減らすことができ、肩の怪我を激減させることができると述べましたが、これは言いかえればベンチプレスに必要となる肩の筋肉のトレーニングを、ベンチプレスで行えないということになります。

STEP1の期間では、フォームの安定感を得るため、またベンチプレスに必要な肩の筋肉をベンチプレスのトレーニングでつけるため、ベタ寝ベンチのフォームでトレーニングを行います。

■重量と回数

・9RM～11RMの重量で10回～12回狙いのセットを組む

STEP1では9RM～11RMの重量で10回～12回狙いのセットを組みます。（基本は10回狙い）このような高回数でセットを組む理由は、低回数しか挙がらない高重量だとフォームが安定しにくいこと。そして、ベンチプレスを挙げるための筋力・筋量をつけることを目的としているためです。

■セット数

・3～5セット、メインとなるセットは絶対に重量を下げずに行う

セット数は基本的には3～5セット、メインとなるセットは必ず同重量で行い、1セット目が70kg、2セット目が65kg、3セット目が60kgといったように、重量を下げながらセットを組むことはありません。

なお、基本的なトレーニング方法と比べてセット数が多くなっている理由は、フォームの安定感を出す、力の出し方を覚える機会を増やすことを目的としているためです。

■インターバル

・インターバルは前のセットの疲れが抜けるまで

インターバルは基本的なトレーニング方法と同様に、毎回のセットで全力を出せるようにある程度長めに取ります。初心者の場合は力を出し切っているつもりでも出し切れていない場合が多いことや、上級者と比べて1セットでの疲労度が少ないこと考えて3分～5分程度。

目安としては1セット目が10回、2セット目が7回といったように、セットごとで3回以上の差が出ないように設定します。

■補助種目
・特に補助種目を行う必要はない

　ベンチプレスの補助種目には、ダンベルプレスやディップス、フライなどがありますが、STEP1 では特に補助種目を行う必要はありません。初心者の段階で多くの種目に手を出してしまうと、ひとつひとつのトレーニングをただなんとなくこなしてしまう可能性が高くなってしまうからです。

　まずはベンチプレスで力を出し切れるようになり、体を作る段階である STEP2 に入ってから、地力の底上げとして補助種目を行うこととなります。

■他の STEP との違い
・MAX 挑戦を高頻度で行っても良い

　STEP1 のトレーニングが他の STEP のトレーニングと大きく異なる点が 1 つあります。それは 1RM 更新、MAX 挑戦を積極的に行っても良いという点です。

　「低回数しか挙がらない高重量だとフォームが安定しないと言ったばかりじゃないか？」
こう思うかもしれませんが、MAX 重量に挑戦する場合であれば、話は変わってきます。
10RM 前後の重量でしかトレーニングを行っていない人が、突然 1RM 以上の重量を持つとなると、恐怖心などからフォームを安定させること、特にバーの軌道を安定させることは難しくなってきます。しかし、そういった重量を高頻度で持つことで、「本当の意味での軌道の安定」を得ることができます。

　ベンチプレスをはじめたばかりの人がよくする質問としては、「バーのどの部分を握ればいいの？」、「重りを下ろすときのスピードはどれぐらいがいいの？」、はたまた「胸に付くまで下ろさないとダメなの？」といったことがありますが、最も多いのは「胸のどの部分にバーを下ろせばいいの？」という質問ではないでしょうか。

　この質問に対して、「乳首の上〜みぞおち辺り」、「胸の一番高い所」といった答えが一般的な答えとなりますが、正しい答えとしてはやはり「一番重量が挙がる位置」となります。

　初心者の段階でひたすら 10RM 前後の重量でトレーニングを行えば、自然に軌道を安定させることができるでしょう。しかし、そのトレーニングで得た軌道が、最も重量が挙がる軌道とは限りません。10RM 前後といった比較的軽めの重量であれば、言ってみればどんな軌道で挙げたとしてもある程度は挙げることができます。そうなると、知らないうちに自身が最も挙げやすい軌道とは違う軌道で挙げることを身につけてしまう可能性もあるわけです。

　これに対して、MAX 重量に挑戦する場合は、最も力が入る位置に下ろし、最も力が入る軌道で挙げるようにしないと、うまく挙げることはできません。自分の MAX 重量に高頻度で挑戦すれば、「乳首の上にバーを下ろせばこの重量は挙がらないが、この位置に下ろせば軽く挙がる」、「バーをまっすぐに押すと軽く感じる」といったように、自然に最も力が入るバーの下ろす位置や軌道を身につけることができます。

　また MAX 挑戦を行うと神経系を刺激し、自身の持っている力を引き出すこともできます。

　「フォーム（軌道）の安定」と「力を出し切ること」という、STEP1 のトレーニングの 2 つの目的を同時に達成できるわけです。

■実際のセットの組み方

　それでは具体例をあげてセットの組み方を紹介します。

MAX 重量＝ 80kg
10RM ＝ 60kg
セットクリア条件＝ 3 セット 10 回挙げる

このような人がセットを組んだとすると、表2のようになります。

まず、ウォーミングアップは基本的なトレーニングと同様にMAX重量の50％以下からはじめ、2セット～4セットほど。フォームがベタ寝ベンチのため、パワーフォームほどウォーミングアップを行う必要はありません。筋肉が温まれば大丈夫です。

次に、MAX挑戦を行いますが、挑戦する前にMAX重量の90～95％の重量を、MAX重量を持っていると想定しつつ持ち、その後に現在のMAX重量を持ちます。それが挙がれば、調子次第でその上の重量、MAX挑戦を行うことになります。その間のインターバルもメインセット同様、疲れが抜けるまで取ります。

MAX挑戦の後に、メインセットを行います。重量は10RMの60kg、3セットすべて10回挙げることがセットクリア条件になります。
「3セット10回挙げる」といったセットクリア条件の場合、原則として1セット目が10回以上挙がりそうでも10回で抑え、残りのセットに余力を残すようにします。

注意点としては短いインターバルで10回→7回→4回といったように、挙がる回数が極端に減らないようにすることです。10回→8回→7回が10回→9回→8回になり、そのうちに3セットすべて10回挙がるようになるはずです。

こうなればセットクリアということで次回から重量を上げ、同様に3セットすべて10回挙げることを目標にセットを組みます。

また、別のセットクリア条件として、1セット目が11回（もしくは12回）あるというセットの組み方もあります。どちらのセットの組み方でも基本的なトレーニングと同様で、間違っても目標とする回数が挙がらないからといってフォースト・レップスを行ったりしません。

なお、STEP1の期間であれば通常は少しずつ記録が伸びてくることになりますが、常に伸び続けるわけではないため、別項で紹介する『やり直し』という期間を設け、重量に変化をつけてトレーニングを続けていくこととなります。

■頻度
・基本は週に2回、できれば3回

以上の様なトレーニングを週に何回行うか？となると、基本的には少なくても週に2回、できれば3回は行いたいところです。
初心者の段階である程度の頻度でトレーニングを行うことは、ベンチプレスに慣れる機会を増やすため、力を出し切れていない分だけ、回復が早いということからです。

なお、MAX挑戦に関しては毎回のトレーニングで行う必要は特にありません。
週に3回トレーニングを行ったとしても、そのうちの1回をMAX挑戦の日にし、他の日はMAX挑戦を行わずにメインセットからトレーニングを開始します。例えば、月・水・金曜日にトレーニングを行うとすると、月曜日＝MAX挑戦とメインセット、水曜日＝メインセット、金

```
ウォーミングアップ
    20～40kg×10回×1～2セット
    50～60kg×3～6回×1セット
         ↓
MAX挑戦
    70～75kg×1回
    80kg×1回
    82.5kgに挑戦（調子しだいで）
         ↓
メインセット
    60kg×10回狙い×3セット
```

【表2】 実際のセットの組み方

曜日＝メインセット。
以上のような形で、MAX挑戦を行っていきます。

■ STEP1のトレーニングを行う期間
・STEP1の目的を達成するまで
　STEP1のトレーニングを行う期間は、STEP1の目的であるベンチプレスに慣れること、つまり「フォームの安定」、「力を出し切ること」ができるようになるまでです。

　これは人によりますが、最低でも「3ヶ月程度」、またSTEP1の目的が達成できたとしても「記録が伸びている限り」は同様のトレーニングを続けることとなります。

　どれだけ記録が伸びてくるかはその人の根本的な筋力や骨格、これまでのスポーツ暦などにもより、60kgで止まる人もいれば100kg以上挙げる人もいます。60kgで止まった人からすれば、同じ内容で100kg以上挙げた人を見て、「自分には才能が無いのか」と思うかもしれません。

　しかし、勘違いしないで欲しいのが、この段階は「自分がどれだけの地力を持っているか？」ということを知るための期間でしかないということです。
STEP2が本当の意味でのスタートだとすれば、STEP1は自身のスタートラインを知るためのトレーニングにすぎません。
たとえ、スタートラインが人よりも多少後ろだったとしても、トレーニングを継続することでいくらでも抜かせるチャンスはあります。

■ STEP1での注意点
・ベンチプレス用のストリクトな挙げ方で
　まず、フォームと挙げ方での注意点ですが、挙上途中で尻が浮くようなことがないようにし、挙げる際に胸でバウンドさせないようにします。この期間にチーティング的なことを体が覚えてしまうと、後に矯正するのが難しくなってくるためです。

　挙げ方としては、基本的なトレーニングと同様にネガティブを意識してゆっくり下ろすようなことはせず、下ろす位置や軌道が安定する程度のスピードで下ろし、胸にバーが触れたら一気に押し挙げるようにします。また、当然のことですが、必ず胸に付くまでバーを下ろします。

　トレーナーの指導を受けていないような人だと、胸に付くまでバーを下ろさない人もいるようですが、言ってみればこれはベンチプレスではなく、「ベンチプレスらしきもの」でしかありません。恥をかくこともありますので、間違ってもこういった方法で挙げた重量で「俺は何キロ挙がる」と言わないようにしましょう。

　中には普段得られないような刺激を筋肉に与えるということで、胸まで下ろさない方法を行っている人もいると思います。
確かにこういった方法は、プラトーを脱出するために有効なのですが、このような方法は初心者の段階であるSTEP1で行う必要はありません。

・フォースト・レップスを行わない
　セットを組む際の注意点ですが、目標とする回数が挙がらないからといって、フォースト・レップスで無理やり挙げるようなことは絶対にしません。
フィットネスクラブなどでは、フォースト・レップスを行うことが一般化されていますが、パワーリフターやベンチプレッサーは余程のことがなければ、フォースト・レップスは行いません。

　普段からフォースト・レップスを行っているような人であれば、「力の出し方を覚え、力を出し切れるようにするにはフォースト・レップスは有効なのでは？」と思うかもしれません。
しかし、自身だけで力を出し切るのと、他人の力を借りて出し切ったつもりになるのとでは、全く話が違います。

- **あらかじめ決めたトレーニングを一定期間継続して行う**

　トレーニングを行っていくうえでの注意点で最も重要なのが、あらかじめ自分の行うトレーニングの内容を決めておき、それを一定期間継続して行うということです。
継続して記録を伸ばすためには基本的には4〜10週程度のサイクルでトレーニングを行っていきますが、STEP1では話が変わってきます。STEP1では記録を伸ばすことよりも、ベンチプレスに慣れるという目的が最優先となり、STEP1での短い期間の場合だと、ほぼ同一のメニューを継続して行うことになります。（後に紹介するやり直しの期間を除く）

　「トレーニング内容に変化をつけないと体が慣れてしまい記録が伸びなくなる」という意見を鵜呑みにして、トレーニング内容をころころと変える初心者もいるようですが、そういったことは同じトレーニングを継続し、なんらかの結果を得た後に行うことです。
また、「今日は調子が悪いから重量を軽くしてトレーニングをする」、「気分が乗らないから今日はトレーニングしない」といったようなことでは話になりません。

　同じトレーニングを継続して行い、継続することの大切さを知っている人だけが、大きな結果を得ることができます。

■ベンチプレッサー的には
- **より高頻度、多セットで行う**

　児玉選手は、以上のようなトレーニング方法を、STEP1のトレーニングとしてベンチプレスをはじめたばかりの人に指導しています。
また、ある程度ベンチプレスをかじっているものの、正しいトレーニング方法を知らなかったため記録が伸ばせなかった人に対しても、はじめからやり直してもらうという意味で、同様の内容で指導しています。

　ただし、「何が何でもベンチプレスが強くなりたい」という人を指導する場合は少し方法が変わり、この方法は単純に頻度とセット数を増やす方法となります。

　基本的にSTEP1でのトレーニングの頻度は週に2回〜3回ですが、それに対して「何が何でもベンチプレスが強くなりたい」というベンチプレッサー的な考えであれば、最低でも週に4回、できれば5回以上行いたいところです。
例えば、5回行う場合であれば、3日トレーニングを行い1日休み、2日トレーニングを行い1日休むという「エブリベンチ」と呼ばれる形をとります。この場合であれば、オフ後のトレーニング時はMAX挑戦を重視し、他の日はメインセットでの地力アップを重視します。
セット数も3セットだけでなく、最低でも5セット、多い場合は10セットほど行います。

　「週に5回もトレーニングを行い、しかもそんなにセット数を重ねて回復が追いつくのか？」そう思うでしょう。
確かに、ある程度の重量を扱うようになってから、高頻度・多セットでトレーニングを行おうとすると、うまく行えないことが多く、うまく行うためには導入の際に工夫が必要になってきます。

　しかし、この時期であれば比較的に簡単に高頻度・多セットでトレーニングを行っても疲労の残らない体を作ることができます。

　「なんでも多くやればいいってもんじゃないだろう」と思う人もいるでしょうが、海外の選手やディスエイブルのトップ選手は、高頻度でトレーニングを行い、結果を残している人も多くいます。
ボディビル的な少ないセットで追い込み、超回復のためしっかりと休むというトレーニング方法は間違いないのかもしれません。

しかし、それをそっくりそのままベンチプレスにあてはめてしまうのはどうかと思います。

本当に強くなりたいのであれば、常識や常識と思われていること。こういったことを平気でやぶってしまうことも、時には必要なのではないでしょうか。

Chapter 3
STEPごとのトレーニング方法 ～STEP2～

STEP2のトレーニング方法

STEP1の目標を達成した後に移行する、STEP2のトレーニング方法を紹介したいと思います。

■トレーニングの目的
・より高重量を挙げるための体を作る

STEP1の目的が達成できたらSTEP2に移ります。このSTEP2のトレーニングの目的はより高重量を挙げるための体を作ることです。
STEP1の時期では、言ってみればどんなトレーニングを行っても勝手に強くなってきます。初めてベンチプレスをしたときに40kgしか挙がらなかったとしても、ベンチプレスに慣れることで、3ヶ月後には30kgアップの70kgが挙がるということもあるでしょう。

このような短期間での大幅な記録の向上は、単純に力の出し方がうまくなったことによるもので、トレーニングで体が作られることによる効果は微々たるものです。力の出し方を覚え、自身の持っている力を引き出せるようになった後は、地道にベンチプレスを挙げるための体を作っていかなければ記録は伸びてきません。

一般的に「パワーリフターやベンチプレッサーは低回数の神経系強化のトレーニングを中心に行っている」と思われがちですが、そうではありません。いくら神経系強化のトレーニングを行っても、引き出せる力が自身の体に元々なければ、ほとんど意味がないのです。
筋量・筋力をアップさせるトレーニングを地道に行い、より高重量が挙がる可能性を持った体を作ることが、何もより大切になってきます。

これは極端な例かもしれませんが、児玉選手は試合形式のトレーニング以外で、低回数のセットを組むことはほとんどなく、必ず8回以上狙いという高回数でセットを組みます。
また児玉選手がオーナーを務めるK'sジムでも、低回数でセットを組む選手はほとんどいません。

基本的には8回～10回狙い、少なくても6回狙いでセットを組み、中には15回狙いでセットを組む選手もいます。

■フォーム
・しっかりと肩甲骨を寄せる

STEP1では肩甲骨の寄せも、腰のアーチも作らない、ベタ寝ベンチのフォームでトレーニングを行いましたが、STEP2では肩甲骨を寄せたフォームでトレーニングを行います。（写真1・2）

これはSTEP1で力の出し方を覚え、扱う重量が上がってきたことによる肩の怪我の可能性を減らすためです。また、肩甲骨を寄せることで、より胸の筋肉を効率良く使えるようになるため、扱う重量も増します。（通常は5kg前後）

ベタ寝ベンチのフォームだと背中全体で重りを支えますが、肩甲骨を寄せたフォームでは両肩で重さを支えることになり、最初はフォームを安定させることが難しいかもしれません。
しかし、より高重量で、より安全にトレーニングを行うためには、肩甲骨の寄せは必要不可欠になってきます。

なお、フォームが変わってもSTEP1同様、挙上時に絶対に尻を浮かさないようにします。

Chapter 3　ステップごとのトレーニング方法　～STEP2～

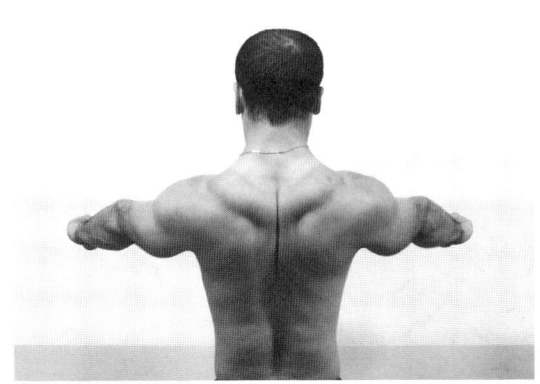
【写真1】肩甲骨を寄せた状態（背中側）

【写真2】肩甲骨を寄せた状態（横側）

■重量と回数
・7RM～9RMの重量で8回～10回狙いの
　セットを組む

　STEP2では7RM～9RMの重量で8回～10回狙いのセットを組みます。（基本は8回狙い）

　「体を作る＝筋量を増やすためにはSTEP1の10回～12回狙いの方が良いのでは？」と思う人もいるかもしれませんが、この回数の設定はSTEP1と違い補助種目を行うことによります。

　補助種目をしっかりと行う場合、筋力アップも期待できる8回狙いでセットを組み、補助種目を軽くしか行わない場合、主に筋量アップが期待できる10回狙いでセットを組むといったように、補助種目の実施状況によってセットの組み方を変えてみるのも良いかもしれません。

■セット数
・2～3セット、メインとなるセットは絶対に
　重量を下げずに行う

　セット数は基本的には2～3セット、STEP1と同様にメインとなるセットは必ず同重量で行います。
　STEP1に比べセット数が少ないのは、STEP1で力の出し切り方を覚え、少ないセットで力を出し切れるため、補助種目を行うためです。

■インターバル
・インターバルはSTEP1同様、前のセットの
　疲れが抜けるまで

　インターバルはSTEP1同様、前のセットの疲れが抜けるまで取り、STEP1のときよりも1セット毎の疲労度が上がっているため、インターバルも少し長め取ります。
　目安としては5分～7分程度で、1セット目が10回で2セット目が7回といったように、1セット目と2セット目で3回以上の差が出ないように設定します。

■補助種目
・あまり多くの種目を行わない

　STEP1からSTEP2に移ると、地力の底上げとして補助種目を行いますが、ここで気をつけなければいけないのが、あまり多くの種目を行わないということです。
　種目が多くなるとなんとなくセットをこなすだけ、筋肉の張りを意識するだけといったことに陥りやすくなります。
　補助種目を「ベンチプレスを伸ばすための補助種目」として行う場合は、ストリクトなフォームで行いつつ、しっかりと重量と回数にこだわってトレーニングを行う必要があります。

補助種目を選択する際に、基本的にはベンチプレスに必要となってくる「胸・上腕三頭の補助種目」、「胸の補助種目」、「上腕三頭の補助種目」の3つのうち、それぞれ1種目ずつ選択するようにします。

～胸・上腕三頭～
　ダンベルプレス、ディップスなど
～胸～
　マシンフライ、ダンベルフライなど
～上腕三頭～
　プレスダウン、トライセプスエクステンションなど

　胸・上腕三頭の補助種目については、ベンチプレスと同様に、「○kgで何回が挙がれば次回から重量を増やす」といったセットクリア条件を明確に決めておき、トレーニングを行います。基本的にはどの補助種目でも重量は10RM～12RMの範囲で設定し、セット数は2～3セット、インターバルは3分以上は取るようにします。
　なお、児玉選手が好んで行っていたのが、胸・上腕三頭の種目＝ダンベルプレス、胸の種目＝マシンフライ、上腕三頭の種目＝プレスダウンとなります。特に、ダンベルプレスはベンチプレスでのスティッキングポイントになりやすい部分の強化につながるということで、重点的に行っていました。
方法としては肘を曲げてダンベルを下げる際に、肩甲骨を寄せながら胸を張り、肘をこれ以上下げられないぐらいまで下げ、胸のストレッチを効かす。その一番きつい部分で1秒止め、そこから爆発的に押し挙げます。
　マシンフライやプレスダウンを選択している理由は、怪我の可能性の低い種目であるということ、また高重量を扱いやすいということからです。

【写真3】
ダンベルプレスは可動域を最大に使い、ボトムで1秒止めて一気に押し挙げる。

■実際のセットの組み方
　それでは具体例をあげてセットの組み方を紹介します。

MAX重量＝120kg
8RM＝100kg
セットクリア条件＝2セット以上8回挙げる

このような人がセットを組むと、表1のようになります。

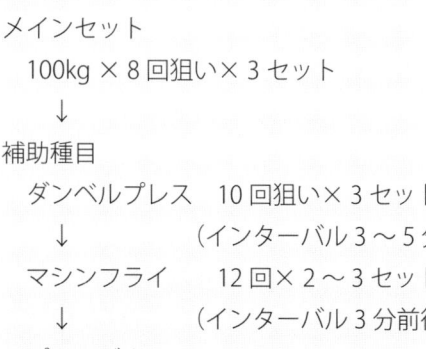

【表1】　実際のセットの組み方

ウォーミングアップは基本的なトレーニングと同様の形で行い、その後にメインセットに移ります。
重量は8RMの100kg、この場合は2セット以上8回挙げるのがセットクリア条件になり、クリアできた場合に次回から重量を上げます。

ベンチプレス終了後、補助種目を行います。どの補助種目もストリクトなフォームで行いながらも、ただ単にこなすだけ、筋肉を張らすだけということがないようにします。

ベンチプレスでは当然のことながら、補助種目でもフォースト・レップスを行ったりはしません。また、MAX挑戦もSTEP1のように高頻度で行いません。1ヶ月に一度、2ヶ月に一度といったように、あらかじめMAX挑戦する日を決めておき、定期的に行うようにします。

■頻度
・基本は週に2回、多くても3回

以上のようなトレーニングを、STEP1と同様に週に2回から3回行います。ただし、週に2回のトレーニングの場合はベンチプレスと補助種目の両方を行っても問題ないのですが、週に3回トレーニングをする場合、毎回のトレーニングで補助種目を行うと通常はオーバートレーニングになってしまいます。

例えば、月・水・金曜日にトレーニングを行う場合、月曜日=ベンチプレスと補助種目、水曜日=ベンチプレスのみ、金曜日=ベンチプレスと補助種目といったように、トレーニングに変化をつける必要があります。

■STEP2のトレーニングを行う期間
・体を作るため最低でも半年以上は行う

STEP2のトレーニングを行う期間はSTEP1と違い、明確に「○ヶ月行うべき」とは言えません。それはSTEP2のトレーニングの目的が、『より高重量を挙げるための体を作る』という、言ってみればどこまでいけば達成したことになるのかわからない目的だからです。

ベンチプレスの記録を伸ばすためにベンチプレスのトレーニングを行うのではなく、胸のトレーニングとしてベンチプレスを行うのであれば、STEP2のトレーニングを行い続けても問題ないかもしれません。

しかし、STEP2のトレーニングを行っているうちに完全に記録が停滞してしまった場合や、さらに記録の伸ばしたい場合、そして試合に出て好記録を出したい場合。

このような場合は、胸のトレーニングとしてのベンチプレスではなく、ベンチプレスの記録を伸ばすためのベンチプレスのトレーニングとなる、STEP3に移ることになります。

ただし、STEP2のトレーニングを短期間行い、ちょっと記録が停滞したからといってすぐにSTEP3に移ることはないようにします。

『より高重量を挙げる体を作る』ためには、最低でも半年以上はSTEP2のトレーニングを行う必要があります。

■STEP2での注意点
・ただなんとなく行なわない

基本的にSTEP1とSTEP2のトレーニングを行ううえでの注意点は変わりません。
ただし、STEP2では補助種目を行い、全体のトレーニング量が増えるため、ベンチプレスに対する集中力が減ってしまう可能性が高くなります。

毎回のトレーニングでベンチプレス、補助種目ともに高いモチベーションを保ちながらトレーニングを行うのは難しいかもしれません。しかし、最低でもベンチプレスだけはあらかじめ決めたセットクリア条件に挑戦するつもりで行う必要があります。

ベンチプレスのトレーニング中に「あ〜、これ

が終わったら補助種目だな〜」なんてことを考えているようでは、ベンチプレスは強くなりません。

・**定期的にトレーニングに変化をつける**

　STEP1と違いSTEP2のトレーニングは、最低でも半年以上の長期にわたって行うことになります。その間ずっと同じメニューでトレーニングを行っていると、体が慣れてしまい記録が伸びなくなるため、トレーニングメニューに変化をつける必要があります。

　基本的にはあらかじめ同一のメニューを行う期間を4週間から10週間の範囲で決めておき、その期間が終わればベンチプレスや補助種目の回数やセット数、補助種目の種類を変えることになります。

　また、別の方法として同一のメニューを行い続け、記録が完全に停滞したり、調子が維持できなくなってきたときにメニューを変える方法があります。

　児玉選手は後者の方法を取り入れており、同一のメニューを行う期間を明確に決めず、記録が完全に停滞したり、調子が維持できなくなってきたときにメニューに変化をつけています。これが別項で紹介する『やり直し』となります。

　なお、メニューに変化をつける際には、ベンチプレスでは10回狙い×3セット→8回狙い×3セットに、といったようにSTEP2で行うセットの組み方の範囲内で変化をつけます。

　「たったそれだけしかメニューを変更しなくてよいのか？」と思う人もいるかもしれませんが、体に対する刺激の面でみると、10回狙い→8回狙いという変化は、非常に大きな変化となってきます。

■**ベンチプレッサー的には**

・**ベンチプレスと補助種目を行う日を分けて高頻度・多セットで行う**

　児玉選手が実際に指導している、STEP2での「何が何でもベンチプレスが強くなりたい」場合のトレーニング方法を紹介します。

　この方法もSTEP1と同様に頻度とセット数を増やす方法になるわけですが、STEP2では補助種目を行っているため、STEP1と同じように単純に頻度やセット数を増やしてしまうと疲労がたまり、回復が追いつかなくなってくるのが通常です。

　そういったことがないよう、トレーニング日をベンチプレスだけを行う日、補助種目だけを行う日に分け、トレーニングを行います。

例えば、1週間のうち月・火・木・金曜日の4日間トレーニングを行うとすると、

〜月曜日・木曜日〜
　ベンチプレス＝8回狙い×3〜10セット
〜火曜日・金曜日〜
　ダンベルプレス＝10回狙い×3〜10セット
　マシンフライ＝12回×2〜3セット
　プレスダウン＝12回×2〜3セット

　以上のように、中1日後、中2日後でのオフの後のトレーニング日はベンチプレスを、2日連続となるトレーニング日は補助種目を行うようにします。

　見て分かるようにベンチプレスではセット数が3〜10セット、ダンベルプレスでも5〜10セットとセット数に幅があります。これは個々人の回復力の差によって10セットでも回復できる人、3セットでしか回復できない人がいるためです。

　「補助種目を行いながらそれだけ頻度を上げて本当に疲労が残らないのか？」と思う人も多いでしょう。

Chapter 3　ステップごとのトレーニング方法　〜STEP2〜

確かに、今まで週に2回程度のトレーニングを基本としている人が、いきなりこのようなメニューでトレーニングを行えば、全く回復できずに記録がどんどん落ちてしまうのが通常です。

しかし、このようなメニューをうまく行うことでしだいに適応し、回復できるようになった場合に、通常では考えられないような大幅な記録の伸びがみられることもあります。

ステップごとのトレーニング方法ということで、前項で初心者の段階のSTEP1、体を作る段階のSTEP2のトレーニング方法を紹介してきました。
基本的なトレーニング方法と同様に、オーソドックスなセットの組み方ということがわかるはずです。

フォースト・レップスやネガティブ法、ドロップセットやディセンディングセットといったような、より短時間で筋肉を追い込むトレーニングを普段から行っている人であれば「もっと効率良く筋肉を追い込んだほうがいいんじゃないのか？」と思うかもしれません。

また、最近ではトレーニング雑誌などで、より筋肉を追い込むための新しいトレーニング方法も数多く紹介されていますが、そういった目新しいトレーニング方法と比べると、退屈な内容だったと思います。

しかし、そういった筋肉を追い込むトレーニング方法がベンチプレスを強くするために本当に有効かどうかとなると疑問符がつきます。

以下は児玉選手の言葉です。

「自分が知っている国内の世界記録保持者や日本記録保持者の中で、追い込むようなトレーニング、目新しいトレーニングを行っている人は誰もいない。誰もがオーソドックスなトレーニングを行っている。その退屈とも言える積み重ねのトレーニングの中で楽しさを見いだし、それを高いモチベーションを保って継続できる人だけが強くなれる。」

実際に児玉選手は追い込むトレーニングも目新しいレーニングも行わず、非常にオーソドックスなトレーニングを行っています。
よくベンチプレスが強くなれない人に対して、「追い込めば絶対伸びる」、「追い込みが足りない」ということを言う人もいますが、はたして本当にそうなのでしょうか？
世界一という結果を残した人の方法が、間違いなく正しいとは言いきれません。
しかし、そういった方法を行っていた結果、世界一になれた事実は間違いないのです。

PART 1　ステップごとのトレーニング

Chapter 4
STEPごとのトレーニング方法　〜STEP3〜

STEP2からSTEP3への移行

　ベンチプレスに慣れるためのSTEP1、より高重量を挙げるための体を作るSTEP2を経て、STEP3に移行するわけですが、誰もがSTEP3に移行するわけではありません。
これはSTEP3のトレーニングが、『ベンチプレスを強くするためのベンチプレスのトレーニング』だからです。
　STEP3ではベンチプレスに比重を置いたうえでトレーニングを行うことになり、肩や背中などのトレーニングも、ベンチプレスのトレーニングに影響が出ないように、あくまでベンチプレスの補助としてしか行わなくなります。
　スポーツの補強や、ボディビル的な胸のトレーニングとしてベンチプレスを行うのであれば、STEP2からSTEP3に移行する必要はありません。もしも、STEP3のトレーニングを行なうとしても、STEP3のトレーニング内容をそっくりそのまま行うのではなく、自身が良いと思った部分だけを選び、行うようにしてください。
　ただし、「何が何でもベンチプレスが強くなりたい」と思っている人、パワーリフターやベンチプレッサーといった競技でベンチプレスを行うような人は、STEP2からSTEP3に移行することになります。

パワーフォームの導入

　STEP3に移ると、基本的にメインとなるトレーニングでは、肩甲骨を寄せ、腰にアーチを作った「パワーフォーム」と呼ばれるフォームでトレーニングを行うことになります。（写真1）
（肩甲骨の寄せと上半身のブリッジの作り方についてはPART3を参照）
　このパワーフォームの利点として、以下の2つがあげることができます。

『肩甲骨を寄せることで、拳上時の肩の関与を減らすことができ、肩の怪我を激減させることができる』
『普段よりも高重量を扱うことができ、結果的に強度の高いトレーニングが行える』

【写真1】
STEP3では、基本的にメインとなるトレーニングでは「パワーフォーム」と呼ばれるフォームでトレーニングを行うことになる。

特に「肩の怪我を激減させることができる」ということは、ベンチプレスのトレーニングを継続するうえで非常に重要になってきます。
パワーフォームを組まない人や組めない人の中には、パワーフォームのことを、「インチキくさい」、「パワーフォームだからあれだけの重量が挙がる」、「あんな可動域の狭いフォームで筋肉がつくわけがない」と考える人もいるでしょう。

しかし、実際にパワーフォームを組むようになればわかりますが、パワーフォームを組むことでそれほど使用重量が変わるわけではありません。

K'sジムではパワーリフティングやベンチプレスの試合に出るような人のほとんどが、メインのトレーニングをパワーフォームで行っていますが、ボディビルダーがよく行うような足を床から浮かした状態で行う足上げベンチと比べて使用重量が10kg以上変わるような人はほとんどおらず、完璧とも言えるパワーフォームを組む児玉選手の場合でさえ、パワーフォームで210kgがMAX重量のときに足上げベンチで200kgを挙げているため、ちょうど10kgしか変わらないのです。

また、使用重量の差を考えればわかると思いますが、フルスクワットがクォータースクワットになるように大幅に可動域に違いが出ているわけではなく、挙上時の角度が変わることで使用する筋肉、鍛える筋肉が変わったと考えるほうが正しいのかもしれません。

「パワーフォームというテクニックによって、より安全に、より強度の高いトレーニングを行える」

ベンチプレスが強くなりたいと思うのであれば、頭からパワーフォームを否定するのではなく、考え方を変えてパワーフォームを取り入れてトレーニングを行うべきです。

ただし、ここで気をつけなければならないのが、パワーフォームを導入する時期です。
ベタ寝ベンチや肩甲骨を寄せただけのフォームに比べ、パワーフォームの方が重い重量が挙がるからといって、STEP1やSTEP2の段階の人がパワーフォームでトレーニングを行うべきではありません。
STEP1、STEP2でしっかりと下積み的なトレーニングを行い、下地を作ってからパワーフォームを導入すべきです。

「早い段階でテクニックを覚えてしまうと
限界が早く来る」

これは児玉選手が常日頃言っている言葉です。

STEP3のトレーニングパターン

児玉選手の考えるSTEP3の基本的なトレーニングパターンは、表1のような5つのトレーニングパターンに分かれています。

どのパターンでトレーニングを行うのが一番良いということはありません。自身が最も行いやすい、最も記録の伸びが良いパターンでトレーニングを行うのが通常です。

なお、この5つのパターンの中で児玉選手が実際に行い、K'sジムで主に指導しているのはパターン1からパターン3になります。
残りのパターンのうちパターン4は記録が伸び悩んだときに体を作り直すという意味で行うことはありますが、パターン5をベンチプレスで本格的に行っている人はほとんどいません。

以上のようなことから、ここではパターン1からパターン3のトレーニングを紹介していきたいと思います。

【表1】 STEP3のトレーニングパターンとトレーニング内容

パターン	トレーニング内容
パターン1	筋力・筋量アップ（地力アップ）の基本的なトレーニング方法であるトレーニングCを中心に行い、定期的に筋力アップ・神経系強化の力を引き出すトレーニングDを行う
パターン2	トレーニングCとトレーニングDを日ごとに分けて行う
パターン3	トレーニングCとトレーニングDの両方を一度のトレーニングで行う
パターン4	STEP2に近いトレーニングBをパワーフォームを導入して行う
パターン5	サイクルトレーニングやピリオダイゼーションなど一定期間内で強度や内容に変化をつけてトレーニングを行う

■パターン1のトレーニング方法

パターン1は、Chapter1で紹介した基本的なトレーニング方法＝トレーニングCを中心に行い、トレーニングCでつけた地力を活かせるように定期的に筋力アップ・神経系強化を目的としたトレーニングDを行うパターンです。

地力を上げるトレーニングCを重点的に行えるというメリットがありますが、トレーニングDをうまく行わなければ、トレーニングCでつけた地力をMAX重量を挙げる際に活かせないことがあるというデメリットがあります。

なお、トレーニングを行う頻度としては週に2回から3回が基本となります。

・トレーニングCでの目標回数の違いによるセットの組み方の違い

パターン1では6RMから8RMの重量に設定し、6回から8回狙いのセットを組む基本的なトレーニングを中心に行います。何回狙いでセットを組むかは自身の最もやりやすい回数、最も記録の伸びが良い回数を選択するのが通常です。

あらかじめ目標回数を決め、それに合わせてセット数やセットクリア条件を決めてしまい、セット重量以外を完全に固定にして継続してトレーニングを行います。

ただし、ここで気を注意しなければならないのが目標回数によってセット数、インターバル、セットクリア条件に違いがあるということです。6回狙いと8回狙い、たった2回の差ですが、この2回の差で大きくトレーニングの方法が変わってきます。

目標回数ごとのセット数・インターバル・セットクリア条件の目安を示すと表2のようになります。

目標回数によるセット数の違いを見てみると、6回の場合が3～4セット、9回の場合が2セットと、回数が少ないほどセット数が多く、回数が多いほどセット数が少なくなっています。

回数が多いほどセット数が少なくなるのは、高回数でトレーニングを行うと1セット毎の疲労度が大きくなり、セット数が多くなると回復に時間がかかり、次回のトレーニングに影響が出

【表2】 目標回数別 セット数・インターバル・セットクリア条件の目安

目標回数	セット数	インターバル	セットクリア条件
6回	3〜4セット	5〜10分	3〜4セット 6回挙げる
7回	2〜3セット	5〜12分	2〜3セット 7回挙げる
8回	2〜3セット	7〜15分	2〜3セット 8回挙げる
9回	2セット	7〜15分	1セット 9回挙げる

てしまうためです。

　インターバルの違いを見てみると、回数が少ないほどインターバルが短く、回数が多いほど長くなっています。これは1セットの疲労度の違いによるもので、すべてのセットに全力を出せる目安として、上記のようにインターバルを取ります。

　最後にセットクリア条件ですが、これを守らないと基本的なトレーニングの範囲から外れたトレーニングになってしまうので、注意して設定する必要があります。

まずは、基本的なトレーニングの中でも基本となる、目標回数が8回の場合を見てみましょう。目標回数が8回の場合はセットクリア条件＝「1〜3セット8回挙げる」となっています。セットクリア条件＝「1セット8回挙げる」の場合は現在のセット重量＝8RMにするのが目的で、「2〜3セット8回挙げる」場合は現在のセット重量＝8RM以上にするのが目的になります。
セットクリア条件＝「2〜3セット以上8回挙げる」の場合は、原則として1セット目（2セット目）が8回以上挙がりそうでも8回で抑えます。8回で抑えるということがどうしても嫌な人のためのセットの組み方にあたるのが、目標回数が9回、セットクリア条件＝「1セット9回挙げる」になります。

　目標回数が9回の場合は8回の時のようにセットクリア条件を「2〜3セット挙げる」にはしません。セットクリア条件を「3セット9回挙げる」にしてしまったら、基本的なトレーニングの範囲外である9RMという筋量アップ重視のトレーニングを行うことになってしまうからです。

　このケースと反対になりやすいのが、目標回数が6回や7回の場合です。

例えば、目標回数が6回の場合はセットクリア条件＝「3〜4セット6回挙げる」となっています。3〜4セット同じ重量が挙がるのであれば通常は1セットは7回挙がるので、現在のセット重量＝7RM以上にすることが目的になります。こうなればセットクリアし、2.5kg重量を上げて同様のセットを組んだとしても、1セット目は6回は挙がるので基本的なトレーニングの範囲内でトレーニングを行えます。

　しかし、セットクリア条件を「1〜2セット6回挙げる」にしてしまったら、セットクリアし、2.5kg重量を上げてセットを組んだときに良くて5回しか挙がらないはずです。そういった重量で4セット行ったとすると、5回→4回→4回→3回といったように、基本的なトレーニングとは異なる、筋力アップ・神経系強化のトレーニングとなっていまいます。

　あらかじめそういった目的を持ったトレーニングとして行うのであれば問題ありませんが、基本的なトレーニングと勘違いしてそのような

トレーニングばかりを行っているようでは問題があります。
児玉選手の考えでは、あくまでベンチプレスの記録を伸ばしていくには、地力を上げる基本的なトレーニングを重点的に行う必要があります。

セット数やインターバルに関しては、回復力の差などにより、上記の方法から多少外れてもかまいません。しかし、セットクリア条件に関しては上記の範囲内で行う必要があります。
これはパターン1だけでなく、すべてのパターンでのトレーニングC、基本的なトレーニングで言えることです。

・トレーニングDを行うタイミングと意味

パターン1ではトレーニングCを中心に継続して行い、定期的にトレーニングDにメニューを切り替えるわけですが、このトレーニングCをトレーニングDに切り替えるタイミングは、以下の3つがあります。

① 4～10週間サイクルでトレーニングCを行い、そのサイクル終了後
② トレーニングCである程度のセット重量の伸びが見られたとき
③ トレーニングCでセット重量の伸びる傾向が全くなくなったとき

それぞれのタイミングによって、トレーニングDを行う意味も異なってきます。
例えば、①はサイクル間での気持ちや体の状態の入れ替え、②は地力の伸びをMAX重量の伸びに生かすため、③はプラトー脱出のための手段といったように様々です。

なお、児玉選手も含めて、K'sジムではトレーニングを行うサイクルを決めている選手はほとんどいないため、②と③のタイミングでトレーニングDを行うことが多くなっています。

・MAX×1回×10セット法

それではパターン1でのトレーニングD、筋力アップ・神経系強化の力を引き出すためのトレーニング方法を紹介します。

ここでは児玉選手がトレーニングをはじめた当時から好んで行っていた、『MAX×1回×10セット法』を紹介したいと思います。
この方法は名前の通り自分のMAX重量、またはMAX重量に近い重量で1回×10セットという形でトレーニングを行います。

ただし、今までトレーニングCのような比較的高回数のトレーニングを行っていた人が突然MAX重量を中心にトレーニングを行うのは無理があるため、表3のような形でトレーニングを進めていくことになります。

【表3】「MAX×1回×10セット法」の例　MAX重量=150kg　頻度=週2回

実施	使用重量	セット数	インターバル
1週目 -1回目-	140kg	10セット	5分前後
1週目 -2回目-	145kg	7～10セット	5～7分
2週目 -1回目-	147.5kg	5～10セット	7～10分
2週目 -2回目-	150kg	5～10セット	10分以上
3週目 -1回目-	150～152.5kg	5～10セット	10分以上

1週目の1回目は、ウォーミングアップ終了後にMAX重量－10kgという比較的軽めの重量で1回×10セットを行い、1週目の2回目は、1回目よりも5kg重量を上げてMAX重量－5kgの重量で7～10セット行います。この最初の1週間は高重量に体を慣らす期間と考えてください。

　2週目の1回目は、MAX重量－2.5kgで5～10セット行いますが、このあたりから規定のセット数が挙がらなくなってくることがあります。そういう場合、重量を2.5kgずつ落として規定のセット数をこなすようにします。

　2週目の2回目、ここからが本番で、MAX重量で5～10セット行います。
このときにMAX重量を更新できそうな感覚がなければ、3週目にも同様のセットを組んでMAX×1回×10セット法を終了。更新できそうな感覚があれば、3週目の1回目にMAX重量更新を狙うということでMAX重量＋2.5kgの重量に挑戦。それを1セットでも成功させ、さらに更新できそうな感覚があれば、3週目の2回目にまたMAX重量更新を狙う。このような形でMAX×1回×10セット法を続けていくことになります。

　基本的には3週目の1回目、第5回目に終わってしまうことが多いのですが、今まで自分の持っている地力を高重量で活かせなかった人や、トレーニングCである程度セット重量の伸びが見られた人の場合は、MAX×1回×10セット法で5kg以上記録を更新することもあります。
また、3週目の1回目に終わってしまった場合も無意味で終わるわけでなく、刺激の変化によって、トレーニングDからトレーニングCに切り替えたときに記録が伸びてくるということもあります。

　なお、パワーリフティングやベンチプレスの試合に出ている、出る予定のある人は、胸で止めて挙げる試合形式でMAX×1回×10セット法を行うようにしてください。

・トレーニングDを行う期間と注意点
　トレーニングDを行う期間は、あくまでパターン1ではトレーニングCを中心に行っていくため長くて1ヶ月程度。先に紹介したMAX×1回×10セット法であれば、3週間から1ヶ月程度の短い期間になります。

　ただし、このような短い期間であっても、今まで行っていたトレーニングと全く異なるトレーニングを行うため、急激に調子を崩してしまう人もいるでしょう。
これがパターン1でのトレーニングDの難しい点になるのですが、ちょっとした工夫でほとんどの人が調子を崩さず、トレーニングDを行えるようになります。

　例えば、トレーニングCで8回狙い×3セットでトレーニングを行っていた人が、MAX×1回×10セット法を行ったとします。本来ならMAX×1回×10セット法だけでトレーニングを終了するところですが、その後にトレーニングCで扱っている重量の5～10kg軽い重量で8回×1セットだけ行います。

　たったこれだけでトレーニングCを行っていたときの感覚を忘れなくなり、調子を崩さずにトレーニングDを行えるようになります。

■パターン2のトレーニング方法
　パターン2は、基本的なトレーニング方法であるトレーニングCと、筋力アップ・神経系強化を目的としたトレーニングDを、日ごとに分けて行うパターンになります。

　トレーニングを行う頻度は週に2回から3回で、例えば月曜日と木曜日の週に2回トレーニングを行う場合であれば、月曜日＝トレーニングC、木曜日＝トレーニングDを行うといった形をとります。
トレーニングDを常に行っているため、高重量を扱える力を引き出した状態でトレーニングが

行えるというメリットがありますが、トレーニングCを行う頻度が減るため、パターン1と比べて地力を伸ばせる機会が減る可能性があるというデメリットがあります。

・トレーニングCを行う際の注意点

パターン2でのトレーニングCも、パターン1と同様の形でトレーニングを行います。ただし、パターン2では通常は目標回数で6回を選択せず、できる限り8回以上を選択してトレーニングを行います。

これはトレーニングCで目標回数が6回という筋力アップ寄りの効果が得られるトレーニングを行ってしまうと、トレーニングCとトレーニングDの両方が筋力アップのトレーニングになっていまい、筋量を上げるトレーニングができなくなってしまうからです。

筋力・筋量の両方を上げる＝地力を上げるトレーニングを中心に行うことが強くなるための一番の早道という児玉選手の考えからも、パターン2でのトレーニングCは、8回以上狙いでセットを組むようにします。

・5回×5セット法

それではパターン2でのトレーニングD、筋力アップ・神経系強化のトレーニング方法として、『5回×5セット法』を紹介したいと思います。

5回×5セット法は名前から想像のつくように、目標回数＝5回、セット数＝5セット、セットクリア条件＝5セット5回挙げるというトレーニング方法で、筋力アップ、神経系強化の効果があるだけでなく、高重量低回数のトレーニングを多セット行うことにより、フォームを固めるという効果もあります。

回数は違いますが、セットの組み方としては基本的なトレーニングと同じで、ウォーミングアップ終了後に5回狙いで5セット行います。

インターバルは回数が少ないことから考えて5分程度、5回以上挙がりそうな場合でも5回で抑え、5セットすべてで5回挙げることを目標にトレーニングを行います。

ただし、やってみればわかると思いますが、5セットという多めのセットすべてで、規定回数を挙げるということは精神的に非常に厳しく、ただ単にすべてのセットで5回挙げるということだけを考えてトレーニングを行っていては、モチベーションが保てなくなってきます。

そこで5回×5セット法のような多めのセットを行うトレーニングの場合は、すべてのセットのトータル回数を段階として考え、その段階を少しずつ上げていくつもりでトレーニングを行います。

5回×5セット法の場合は5×5＝25で25段階。例えば、4回→4回→3回→3回→3回の場合であれば、4＋4＋3＋3＋3＝17で17段階目、17／25ということになります。

これを、17／25→19／25→21／25→23／25→25／25（セットクリア）といった形で、少しずつ段階を上げていきます。

セットクリアした場合、通常は2.5kg重量を上げて同様にセットを組むわけですが、多くの場合は15～20／25辺りからはじまるようです。

このように段階に分けてトレーニングを行い、高いモチベーションを保っていたとしても、5回という比較的低回数の場合、ちょっとした体調の変化で普段通り挙がらなくなったりします。ウォーミングアップの時点でどう考えてもいつも通り挙がらない感触がある。前回は1セット目に5回挙がったのに今日は4回しか挙がらない。このようなこともよくあると思います。

そういった場合は、最初から5回狙いでトレーニングを行わず、4回×5セットや3回×5セットという形にトレーニングを変更し、それを完遂するようにする。こうすることで調子の悪い

日にもモチベーションを保ってトレーニングを行えるようになります。

なお、ここではパターン2でのトレーニングDとして、5回×5セット法を紹介していますが、パターン1のトレーニングDとして実施することも当然可能です。

・パターン2のトレーニングを行う際の注意点

パターン2のトレーニングを行う際に必ず注意する必要のある点が1つあります。それは「トレーニングCとトレーニングDのどちらをメインに行うか？」ということを決めておく必要があるということです。

「両方をメインとして行えばいいのでは？」と思う人もいるかもしれません。しかし、実際にパターン2のトレーニングを行ってみると、どちらか一方に比重を置いてしかトレーニングを行えないということがわかるはずです。このことは、2つの異なるトレーニングを同時期にこなそうとする精神的な厳しさ、その人の高回数のセットや低回数のセットでの得手不得手など、様々な要因によって引き起こされています。

どちらをメインとするかということは、通常は地力を上げるトレーニングCをメインとしたいところですが、人によってトレーニングDの方が行いやすいということもありますので、自身の行いやすい、自身が得意と感じるトレーニングをメインとして行うこととなります。

トレーニングCとトレーニングDの両方で、挑戦する気持ちでトレーニングを行うことは変わりません。ただし、自身の中ではどちらか一方のトレーニングをメインとし、そのトレーニングでセットクリアを目指し、セットクリアすることでもう一方のトレーニングでも自然にセットクリアする。

こういった流れでトレーニングを行うことになります。

■パターン3のトレーニング方法

パターン3は、筋力・筋量アップを目的とした基本的なトレーニング方法であるトレーニングCと、筋力アップ・神経系強化を目的としたトレーニングDを、一度のトレーニングで同時に行うパターンです。

トレーニングDを常に行うことで、力を引き出した状態でトレーニングCを行えるというメリットがありますが、他のパターンに比べて疲労度が高いため、自身に合ったメニューでトレーニングを行わないと知らないうちに疲労がたまり、調子を崩してしまうことがあるというデメリットがあります。

ここではパターン3のトレーニングとして、基本的なトレーニング＋αを紹介したいと思います。

・基本的なトレーニング＋α

『基本的なトレーニング＋α』は、名前から見てわかるように、基本的なトレーニング方法のトレーニングCにプラスし、筋力アップ・神経系強化のトレーニングDを行う方法となります。

ただし、一般的なトレーニング方法では低回数しか挙がらない高重量のセットを先に行いますが、基本的なトレーニング＋αでは高重量のセットであるトレーニングDをトレーニングCの後に行います。

これは、あくまで地力を上げるトレーニングCを主とするメインセットとして行い、トレーニングDは高重量を扱える力を引き出した状態を維持するための補助的な意味合いのサブセットとして行うためです。

基本的なトレーニング＋αのセットの組み方を示すと、表4のようになります。

ウォーミングアップ終了後、メインセットとしてトレーニングCを行います。セットの組み方に関しては表2を参考にしてください。

【表4】 基本的なトレーニング+α

```
ウォーミングアップ
    ↓
メインセット
  基本的なトレーニング
    ↓
サブセット
  3〜5回×1〜2セット
```

　メインセット終了後にサブセットとしてトレーニングDを行いますが、メインセットのように何回狙いという形でセットを組むのではなく、あらかじめ決めた回数がちょうど挙がるように重量を設定します。
　例えば、3回でセットを組む場合は、3RMの重量からメインセットで疲れている分を差し引いた重量（これは人それぞれ異なり2.5kg〜10kg程度）で設定し、1〜2セット行います。
　回数を設定する目安としては、メインセットの最終セットで挙がった回数と2回以上の差がつくように設定します。
　例えば、メインセットの最終セットの回数が6回であれば3〜4回、最終セットが7回であれば3〜5回でサブセットを組むようにします。最終セットの回数はその時々変わりますのでサブセットの内容をその時々変えても構いませんし、あらかじめ内容を決めておいても構いません。あくまで地力を上げるトレーニングCをメインとして行い、トレーニングDは力を引き出した状態を保つための補助として行うため、それほど厳密に行う必要はありません。
　また、週に3回以上トレーニングを行う場合は、疲労のことも考えてトレーニングDを毎回行わず、2回を基本的なトレーニング+α、もう1回を基本的なトレーニングだけを行うといったようにします。

　ここでは、STEP3のトレーニングとして3つのパターンのトレーニング方法、その中でもそれぞれのパターンでの筋力アップ・神経系強化のトレーニング方法を中心に紹介してきました。
　単純に、筋力アップ・神経系強化のトレーニングと言っても、パターンによっては実施の意味が異なり、またパターン2でトレーニングDをメインとする場合を除き、あくまで地力を上げる基本的なトレーニングであるトレーニングCをトレーニングのベース、基礎としているのがわかるはずです。
　これは、地力を上げる比較的高回数をメインとしたトレーニングが、強くなるために最も必要であり、低回数はあくまでその補助であるという児玉選手の考えによります。

PART 1　ステップごとのトレーニング

Chapter 5
K's式メイントレーニング

　前項ではSTEP3のトレーニング方法として、パターン1からパターン3のトレーニング方法を紹介してきました。
ここでは、地力アップのトレーニングと、筋力アップ・神経系強化のトレーニングを一度のトレーニングで行うパターン3の変形。
『K's式メイントレーニング』を紹介したいと思います。
　このトレーニング方法は児玉選手がメイントレーニングで基本とするトレーニング方法で、児玉選手だけでなく、K'sジムの多くの選手が行い、記録を伸ばしているトレーニング方法になります。

K's式メイントレーニング

■児玉選手のK's式メイントレーニング

　K's式メイントレーニングの具体例として、実際に児玉選手が2004年に行っていたトレーニングを紹介します。(表1)
　ウォーミングアップ終了後にベンチプレスの試合を想定して、胸の上で止めて挙げる試合形式のセットを3セット行います。
インターバルは試合を想定して10分前後、ここでは1セット目に210kg、2セット目に215kg、そして3セット目にMAX重量となる220kg、そして220kgの挙がりからMAX重量更新が狙えそうであれば、4セット目に222.5kgを持つことになります。
　試合形式で3セット(4セット)行った後にメインセットを行います。重量は190kg、セ

【表1】児玉選手のK's式メイントレーニング(2004年)

```
ウォーミングアップ
　　↓
試合形式
  210kg × 1回
  215kg × 1回
  220kg × 1回
  (222.5kg)
　　↓
メインセット
  190kg × 7回
  190kg × 7回
  190kg × 6回
  190kg × 6回
  190kg × 5回
  → 190kg × 3回 (10セット目)

サブセット
  試合形式
  200kg × 1回
  205kg × 1回
  207.5kg × 1回
```

トクリア条件は「1セット8回挙げる」になります。インターバルは7分から15分で、ここでは1セット目から7回、7回、6回、6回、5回、そして3回しか挙がらなくなる10セット目でメインセットを終了しています。

メインセット終了後、サブセットとしてメインセット前と同様に試合形式で3セット行います。1セット目はメインセットの最終セットの挙がり具合から判断して200kg、2セット目は1セット目の挙がり具合から判断して205kg、そして3セット目に207.5kgを持ってトレーニング終了です。

アップを除いたセット数がトータルで16セット（17セット）、時間にして3時間ほどのボリュームの多いトレーニングになっています。

■セットの組み方とセットの目的

K's メイントレーニングのセットの組み方とセットの目的を紹介します。

ウォーミングアップ終了後にセットAに入ります。セット内容は試合形式で3～4セット。ベンチプレスの試合に出ない、出るつもりのない人は胸で止める必要はありません。

1セット目はMAX重量－7.5kg～10kgの調子が悪くても挙がる重量に設定。2セット目は1セット目の挙がり具合から判断しながら、MAX重量－2.5kg～5kgの重量に設定します。

この1セット目、2セット目は必ず挙げ、失敗しないようにします。3セット目はMAX重量を持ちますが、この挙がり具合をみてMAX重量が更新できそうであれば、4セット目にMAX重量＋2.5kgの重量を持つ、もしくは挙がらなかったり、更新できそうになければ、3セットでセットAを終了します。

【表2】 K's 式メイントレーニングのセットの組み方とセットの目的

セット	セット内容	目的
A	【試合形式×3セット（4セット）】 1セット目＝MAX重量－7.5～10kg 2セット目＝MAX重量－2.5～5kg 3セット目＝MAX重量 （4セット目＝MAX重量＋2.5kg）	神経系強化 筋出力調整 MAX重量更新
B	【メインセット】 目標回数＝8回 セット数＝規定回数が挙がらなくなるまで セットクリア条件＝1セット 8回挙げる	筋力・筋量アップ （地力アップ） フォーム固め
C	【試合形式×2～3セット】 1セット目＝メインセットの挙がりで設定 2セット目＝1セット目の挙がりで設定 3セット目＝2セット目＋2.5～5kg	神経系強化

セットAの目的は、高重量を持つことによる神経系強化、メインセットの1セット目から全力を出すための筋出力の調整、そしてMAX重量更新になりますが、メインセット前にMAX重量やそれに近い重量を持つと疲労によりメインセットが挙がらなくなる人や、メインセット前に高重量を持たなくてもメインセットの1セット目から全力を出せる人は、特にセットAを行う必要はありません。

セットAの1〜2セット目まで行ったり、完全にセットAを省略して、すぐにセットBを行ってもかまいません。

ただし、メインセットの1セット目に全力が出し切れていない感じがする場合には、セットAを行うようにしてください。

セットA終了後、セットB＝メインセットを行います。セット内容は目標回数＝8回（原則8回）、セットクリア条件＝「1セット8回挙げる」といった基本的なトレーニングと同じようなセットの組み方になりますが、セット数が「規定回数が挙がらなくなるまで」という、通常のセットの組み方とは大きく異なります。

例えば、セット数を「6回が挙がらなくなるまで」に設定した場合、1セット目から7回→6回→6回→6回→5回であれば、6回が挙がらなくなった5セット目でセットBは終了、7回→6回→5回であれば、3セット目でセットBは終了となるわけです。

規定回数は6回から4回の範囲で設定しますが、セット数が多くなると回復が追いつかない人は6回、トレーニングの時間が多く取れる人や回復が早い人は4回に設定します。自身の回復の早さを見極め、いったん規定回数を決めた後は固定にしてしまい、トレーニングごとに変えたりしないようにします。

ここで注意しなければならないのが、間違っても短時間で規定回数が挙がらなくなるようにインターバルを短くしないことです。

インターバルは基本的なトレーニングと同じで、全力を出せるように前のセットの疲れが抜けるまで取るようにします。（7分〜15分程度）インターバルを短くして筋肉を張らせたり、ただなんとなくセットをこなすのではなく、規定回数以上挙がるセット数を増やしながら、「1セット8回挙げる」というセットクリア条件を目指すことになります。

ただし、「1セット目に8回挙がりそうだった」、「2セット以上7回挙がった」というセットクリア目前の場合は、疲労を残さず、次回のトレーニング時にセットクリアするため、規定回数にかかわらず5セット以内でメインセットを終了するようにします。

セットBのトレーニングの目的は、基本的なトレーニングと同じ地力アップになりますが、セット数を多くこなすことにより、より挙げやすいフォームを身につけるというフォーム固めの目的もあります。

セットB終了後、セットC＝サブセットを行います。セット内容は試合形式で2〜3セット。1セット目はメインセットの挙がり具合で判断し、絶対に挙がる重量に、2セット目は1セット目の挙がり具合で判断し、ぎりぎり挙がる重量に設定します。この2セット目が挙がり、まだ挙がりそうであれば重量を増やして3セット目を行い、これ以上挙がりそうな気配がない場合、また挙がらなかった場合は2セットでセットCを終了。トレーニング終了となります。

「メインセット後に試合形式のトレーニングを行う」ことが、セットBの「規定回数が挙がらなくなるまで」と並ぶ、K's式メイントレーニングの大きな特徴となり、これにより、表2のトレーニングの目的にあるように神経系強化、つまり力を引き出した状態でトレーニングが行えるようになります。

「メインセット後に1回しか挙がらないような重量を持つのか？」と気が引ける人もいるかもしれませんが、メインセットで体が温まっており、軌道も安定しているため、そういった点ではメインセット前よりも高重量を扱いやすい状態になっています。

メインセットで疲労しているため、当然ながらメインセット前のような重量は挙がりませんが、「これだけ疲れた状態でもこの重量が挙がる」という自信になり、それがMAX重量更新に挑戦する際に役立つこともあります。

　以上が、K's式メイントレーニングのセットの組み方と目的になります。

　疲労度を考えてトレーニングの頻度は週に2回が基本で、週に3回以上トレーニングを行っている人の場合も、K'sメイントレーニングは2回だけ行い、他の日は別のトレーニングを行うようにします。

　『高頻度でMAX重量更新に挑戦する』
　『メインセットは規定回数が挙がらなくなるまで行う』
　『メインセット後に必ず1回しか挙がらない重量を持つ』

　こういったトレーニング方法が、K'sメイントレーニングになるわけですが、「こんな方法で強くなれるはずがない」、「回復が早い特別な人にしかできない」と、頭から否定する人もいるでしょう。

確かに、すべての人がK's式トレーニングで効率良く強くなれるわけではなく、根本的にこのトレーニング方法が合わない人もいるでしょう。

　しかし、ベンチプレスを強くしたいのであれば、一度は試してみる価値のあるトレーニング方法だと思っています。

Chapter 6
K's 式トレーニングサイクル　〜やり直し〜

　ここでは、トレーニング方法と同じぐらい重要となる、そのトレーニングをどれだけの期間行い、どのタイミングでメニューを組み直していくかというトレーニングサイクルの決定方法、K's 式のトレーニングサイクルの決定方法を紹介したいと思います。

K's 式のトレーニングサイクル

　あるトレーニングを行う期間を決めておき、その期間が終了すれば一定の休息期間を取り、休息後にまた新しいトレーニングを開始する。このような方法が一般的なトレーニングサイクルとなりますが、K's 式ではあらかじめそのトレーニングを行う期間を決めるようなことはありません。トレーニングを行い、ある決まった状態・状況になるタイミングが来るまで現在行っているトレーニングを続け、そのタイミングが来たら現在行っているトレーニングをいったん終了。次のサイクルの移ることになります。

　現在行っているトレーニングを終了するタイミングは、表1のような3つのタイミングとなります。

　例えば、8回狙い×3セットというトレーニングを行っていて、7回→7回→6回からどうしても伸びず、日によっては7回→6回→6回や、6回→6回→5回になったりする状態が1ヶ月以上続いたときが①。

【表1】　現在行っているトレーニングを終了する3つのタイミング

①セット重量が伸びる傾向が1ヶ月以上見られないとき
②調子を崩した状態が2週間以上続いたとき
③現在のトレーニングに限界を感じたとき

【表2】　やり直しの効果

・蓄積された疲労を取り除く
・フォームの改善
・刺激のマンネリ化を防ぐ
・新しいトレーニングメニューの導入を円滑にする
・一度クリアした重量をやり直すことでベストの状態まで戻す

今まで1セット目に7回挙がっていたのに、5回しか挙がらなくなるような状態が2週間以上続いたとき②。

③に関しては長年トレーニングを続けてきた人だけがわかる感覚になりますが、「このトレーニングをこのまま続けても記録が伸びる気がしない」と感じたときがあてはまります。

①②③すべてが調子が良くない状態であり、この状態に陥ったときは今まで行っているトレーニングをいったん終了します。

終了後、トレーニング内容を変更せずに同じメニューでトレーニングを行うか、8回狙いのセットを6回狙いに変更するといったようにトレーニング内容を変更して新しいメニューでトレーニングを行うかを決めるわけですが、終了してすぐに今までと同じようにトレーニングを行わず、まずは『やり直し』と呼ばれる期間を設け、その後に通常のトレーニングを再開することになります。

なお、疲労がたまりすぎている場合などは、『やり直し』開始前に3日から1週間程オフを取り、そのうえで『やり直し』を行うことになります。

やり直しの効果

やり直しは、現在多くのパワーリフターやベンチプレッサーの間で行われているサイクルトレーニングに近い内容のトレーニング方法で、サイクルトレーニングよりも短い期間、2週間から4週間程度の期間行います。

やり直しには、重量を下げることにより蓄積された疲労を取り除く、乱れてきたフォームを改善する、刺激のマンネリ化を防ぐ、新しいトレーニングメニューの導入を円滑にする、そして一度クリアした重量でのトレーニングをもう一度やり直すことでベストの状態まで戻すといった様々な効果があり、トレーニングの切り替え期に必ず行うことになります。(表2)

やり直しの方法

■トレーニング内容を変更しない場合

今まで行っていたトレーニングをいったん終了した後に、トレーニング内容を変更しない場合のやり直しの方法を紹介します。

【表3】 やり直しの具体例　セットベスト＝130kgの場合

実施	セット重量	セット内容	セットクリア条件
1週目 -1回目-	120kg	8回狙い×3セット	3セット 8回挙げる
1週目 -2回目-	122.5kg	8回狙い×3セット	3セット 8回挙げる
2週目 -1回目-	125kg	8回狙い×3セット	3セット 8回挙げる
2週目 -2回目-	127.5kg	8回狙い×3セット	3セット 8回挙げる
3週目 -1回目-	130kg	8回狙い×2セット	2セット 8回挙げる
3週目 -2回目-	132.5kg	8回狙い×2セット	2セット 8回挙げる

表3は、

> セット内容＝8回狙い×2セット
> セットクリア条件＝2セット8回挙げる
> セットベスト＝130 kg×8回×2セット
> 頻度＝週2回

以上のような人の、トレーニング内容を変更しない場合のやり直しの方法です。

1週目の1回目（1回目）はセットベスト－10 kgの重量でセットを組みますが、セット数を2セットから3セットへ1セット増やし、またそれに伴いセットクリア条件も「2セット8回挙げる」から「3セット8回挙げる」に変更します。セットクリアできた場合は1週目の2回目（2回目）には重量を2.5 kg上げてセットベスト－7.5 kgの重量でセットを組み、1回目と同じように「3セット8回挙げる」というセットクリアを目指します。セットクリアできなかった場合はセットクリアできるまでその重量でトレーニングを行います。

順調にセットクリアし、毎回重量を上げていけばに2週目の1回目（3回目）はセットベスト－5 kgの重量、2週目の2回目（4回目）はセットベスト－2.5 kgの重量、そして3週目の1回目（5回目）にはセットベスト重量である130 kgでセットを組むことになります。

セット重量がセットベストまで戻れば、セット数を本来のセット数である2セットに戻し、セットクリア条件も「3セット8回挙げる」から「2セット8回挙げる」に戻します。
セットベスト－10 kgから－2.5 kgの重量のトレーニングで、セット数とセットクリア条件を上げてトレーニングを行うのは、今まで一度クリアした重量を難度を上げながらもクリアし、万全の状態でセットベストの重量でトレーニングを行えるようにするためです。

セットベストである130 kgをクリアすれば、3週目の2回目（6回目）にはやり直し前に行き詰まったセット重量の132.5 kgで普段通りのトレーニングを行うことになり、ここでやり直しは終了となります。

すべてがこのように順調にベストの状態に戻せるわけではありませんが、ほとんどの人が1ヶ月程度でベストの状態か、ベストの一歩手前の状態まで戻せるはずです。

「重量を下げてトレーニングすることに意味があるのか？」と思う人もいるかもしれませんが、いったん重量を下げてトレーニングをすることには、知らないうちにたまっていた疲労の軽減、高重量を扱うことによって崩れていたフォームの改善、重量に変化をつけることで新しい刺激を体に与える。以上のようなことで、調子を戻したり、記録を更新する引き金としての効果があります。

今までどうしても132.5 kgが8回挙がらなかったのに、やり直しを行うことで132.5 kgだけでなく、135 kgが8回挙がるようになっていた。そういったこともあるわけです。

表3でのやり直しは、やり直し前のセットの組み方のセット数（2セット）とセットクリア条件（2セット8回挙げる）のセットの数（2セット）が同じため、ベスト－2.5 kgの重量まではセット数とセットクリア条件の両方の難度を上げていますが、セット数とセットクリア条件のセットの数が異なる場合は（セット数＝3セット、セットクリア条件＝1セット8回挙げるなど）、セット数を増やさずにセットクリア条件の難度だけを上げてやり直しを行ってもかまいません。
（3セット8回挙げるなど）
また、やり直しで難度を上げるためにメインセットのセット数を増やしたとしても、あまり増やしすぎないようにします。重量が軽くなっているからとはいえ、セット数が多くなりすぎると

疲労がたまりやすくなり、やり直しがうまくいかなくなってしまうからです。

　なお、表3では、セットベスト重量－10kgの重量からやり直しを開始し、2.5kgずつ重量を上げていますが、－20kgから開始して5kgずつ重量を上げていく方法、5kgずつ上げていき途中から2.5kgずつ上げていく方法などもあります。

■トレーニング内容を変更する場合

　今まで行っていたトレーニングをいったん終了した後に、トレーニング内容を変更する場合のやり直しの方法を紹介します。

　方法としてはトレーニング内容を変更しない場合のやり直しとほとんど同じで、セットベストの－10kg、もしくは－20kgからはじめ、セットクリアするごとに2.5kgずつ、もしくは5kgずつ重量上げていくことになります。

　ただし、トレーニング内容を変更しないやり直しと違い、新しいトレーニングでのセットベストがわからないため、推定のセットベストを算出してからやり直しを行うことになります。

　「そんなのやってみればわかるだろう？」と思う人もいるでしょう。

　確かに新しいトレーニングメニューで重量をさぐりながら1、2回トレーニングすれば、新しいトレーニングでの大体のセットベストはわかります。しかし、やり直しを行うタイミングというのは調子が悪いときになるため、その状態で新しいトレーニングメニューを行っても本来挙がるはずの重量は挙がりません。

　それに、たとえ調子が良いときに新しいトレーニングメニューを行ったとしても、今まで行っていたトレーニングに体が慣れてしまっているので、そのたった1、2回のトレーニングでは本当のセットベストはわからないのです。

　それだったらわざわざ貴重なトレーニングの時間を、重量をさぐるためだけに費やすのなら、最初から新しいトレーニングでの推定のセットベストを算出し、すぐにやり直しの期間に入ったほうが良いということになります。

　この新しいトレーニングでの推定のセットベストは、今まで行っていたトレーニングのセットベストと、新しく行うトレーニングの回数とセットクリア条件の差を考えて算出します。

例えば、セット内容＝8回狙い×2セット、セットクリア条件＝2セット8回挙げる、セットベスト＝100kg×8回×2セット。

このような人が、セット内容＝6回狙い×4セット、セットクリア条件＝4セット6回挙げる。以上のような内容に更する場合を説明します。

【表4】　やり直しの方法

実施	セット重量	セット数	セットクリア条件
1回目	セットベスト－10（20）kg	本来のセット数＋0〜2セット	難度を上げる
2回目	セットベスト－7.5（15）kg	本来のセット数＋0〜2セット	難度を上げる
3回目	セットベスト－5（10）kg	本来のセット数＋0〜2セット	難度を上げる
4回目	セットベスト－2.5（5）kg	本来のセット数＋0〜2セット	難度を上げる
5回目	セットベスト重量	本来のセット数	本来のセットクリア条件
6回目	やり直し前の重量	本来のセット数	本来のセットクリア条件

まず最初に回数の差を考えます。この場合は8回→6回と回数が2回減ることになり、その2回分重い重量が挙がることになります。あくまで目安としてですが、一般的に5回から9回の範囲であれば1回につき2.5kgの差が出るので、この場合は2.5kg×2回で5kg、100kg+5kgで105kgが6回挙がることになります。

次にセットクリア条件の差を考えます。これもあくまで目安になりますが、セットクリア条件では2セットごとに2.5kgの差が出ます。例えば、「1セット○回挙げる」から「3セット○回挙げる」に変更するのであれば、セットクリア条件に2セット差があるので、2.5kg分だけ難度が上がります。上の場合では「2セット挙げる」から「4セット挙げる」に変更となり、セットクリア条件に2セットの差が出るので、2.5kg分だけ難度が上がります。

回数の差を考えて＋5kg、ここからセットクリア条件の難度が上がることで－2.5kg。
100kg＋5kg－2.5kgで102.5kg。
以上のことから、100kg×8回×2セット＝102.5kg×6回×4セット。あくまで目安としてですが、このようになるわけです。

トレーニング内容を変更しない場合のやり直し同様、この推定のセットベスト－10kg、もしくは－20kgの重量からはじめ、セット数やセットクリア条件の難度を上げたりしながら、やり直しを行います。（表4）

トレーニング内容を変更する場合のやり直しと、トレーニング内容を変更しない場合のやり直しの効果はほとんど同じですが、トレーニング内容を変更する場合のやり直しにはそれにプラスして、新しいトレーニングの導入を円滑にするという効果があります。

ずっと記録が伸びていないのに、全くトレーニングメニューを変えようとしない人。このような人を見たことはないでしょうか。

そういった人の多くは、同じトレーニングを続けたいと思って続けているわけでなく、他のトレーニングをしようと思ってもうまくいかず、仕方なく同じトレーニングを続けてしまっています。

記録が伸びなくなってきたら誰もがトレーニング内容を変え、新しいトレーニングを試そうとします。ただ、このときにほとんどの人が重量を下げず、重い重量のまま新しいトレーニングを行ってしまいます。

新しいトレーニングを試そうしているときは通常はあまり調子が良くないときで、そのうえ自身が慣れたトレーニングではないため、思い描いているようにトレーニングを進めることができません。

思い描いているようにトレーニングを進めることができず、結果が得られないとなると、「このトレーニングは自分に合ってないのか？」、「前のトレーニングの方が自分に合っている」と考えるようになり、新しいトレーニングに慣れ、そのトレーニングで少しの結果も得ないまま、元のトレーニングに戻してしまいます。

そして、記録も伸びないのに仕方なく同じトレーニングを続けるという悪循環に陥ってしまうのです。

このような悪循環に陥らないためにも、新しいトレーニングを導入する際にはやり直しを行い、軽い重量からしっかりと体を慣らしながらトレーニングを進めていくことになります。

なお、今まで行っていたトレーニングと異なるトレーニングを行うのに、やり直しと呼ぶのはおかしいと思う人もいるかもしれませんが、方法そのものがほとんど同じのため、やり直しと呼んでいます。

【表5】 K's式メイントレーニングでのやり直しの方法

実施	セット重量	セット数	セットクリア条件
1回目	セットベスト－10（20）kg	5セット	5セット8回挙げる
2回目	セットベスト－7.5（15）kg	5セット	4セット8回挙げる
3回目	セットベスト－5（10）kg	5セット	3セット8回挙げる
4回目	セットベスト－2.5（5）kg	5セット	2セット8回挙げる
5回目	セットベスト重量	規定回数が挙がらなくなるまで	1セット8回挙げる
6回目	やり直し前の重量	規定回数が挙がらなくなるまで	1セット8回挙げる

■ K's式メイントレーニングでのやり直し

K's式メイントレーニングでのやり直しを簡単に紹介します。（表5）

やり直し期間中はセットAは行わず、ウォーミングアップ終了後すぐにセットBのメインセットを行います。重量の設定は通常のやり直しと同じですが、セット数を「規定回数が挙がらなくなるまで」から5セットに変更し、合わせてセットクリア条件も「1セット8回挙げる」から「5セット8回挙げる」に難度を上げ、セットクリアするごとに難度を低くしていきます。

セットベスト重量でセットを組むときにはセットAを普段通り行うようになり、セットBのメイントレーニングのセット数、セットクリア条件も通常のK's式メイントレーニングの方法に戻します。

なお、セットCに関しては、やり直し期間中も通常のK's式メイントレーニングと同じように設定し、通常通り行うようにします。

やり直し期間のサブセットと補助種目

STEP3のパターン3のように、メインセット後にサブセットを行うようなトレーニングの場合、メインセットと同時にサブセットでもやり直しを行います。（K's式メイントレーニングを除く）重量はメインセットのやり直し同様、サブセットのセットベスト重量（推定でのセットベスト重量）－10kg、もしくは－20kgからはじめますが、セット数やセットクリア条件は通常時のトレーニングと同じに設定します。

補助種目に関しては、やり直し期間中も通常通り行います。やり直し期間中の前半は通常のトレーニングと比べてトレーニングが物足りなく感じる分、どうしても補助種目で頑張りたくなるでしょう。しかし、補助種目で頑張りすぎてしまうと疲労がたまってしまい、やり直しの効果が薄れてしまうため、あくまで通常通り行うようにします。

やり直しを行ううえでの注意点

やり直しを行ううえでの注意点をいくつかあげたいと思います。

まず、あらかじめ決めた回数が軽く挙がったからといって、それ以上の回数は決して挙げないことです。やり直しを開始したばかりであれば、セットベストよりもはるかに軽い重量を扱うことになり、いくらセット数やセットクリア条件の難度を上げていたとしても、軽くこなせるはずです。しかし、ここであらかじめ決めた回数以上を挙げてしまうと、やり直しによる疲労の軽減やフォームの改善につながりにくくなってきます。

次に、インターバルを極端に短くしないことです。通常のトレーニングと比べると重量が軽い分、インターバルも短くてすみますが、インターバルを元々10分取っていたのを、いくら重量が軽いからといって3分にするなど、極端に短くしないようにします。

間違っても、「軽い重量でもインターバルを短くすれば筋肉を追い込んでパンプ感を得られる」といったような、ベンチプレスを強くするためのトレーニングからはずれたトレーニングを行わないようにします。

そして、これは当然のことになりますが、セットクリアできた場合だけ、重量を上げるようにします。

サイクルトレーニングとの違い

K'sジムで行われているやり直しは、一見するとサイクルトレーニングに近いものになっていますが、その大きな違いはトレーニングを行う目的になります。サイクルトレーニングでは軽い重量からトレーニングをはじめ、フォームや挙上動作を改善しながら重量を上げていき、最終的にあらかじめ決めておいた日（週）にピークを合わせて記録を更新することを目的にしています。そのため、その日（週）までのトレーニングはほぼ必ずと言っていいほどクリアできる内容となっています。

これに対してやり直しでは、セットベストまでの重量では、セット数を増やしたり、セットクリア条件の難度を上げたりして、あえてクリアしにくい状況を作ります。

つまり、自身が今まで長い時間をかけて少しずつ記録を伸ばし、こなしてきたトレーニングを、さらに難しい状況で文字通りやり直す。
やり直すことによって、本来持っているはずの実力を出せるようにすること、その実力をさらに引き上げることを目的としています。

PART1では、【ステップごとのトレーニング】ということで、様々な状態＝ステップに合わせたトレーニング方法、やり直しというK'sジム独自とも言えるトレーニングサイクルなどを紹介してきました。

ここで紹介した内容を、「そっくりそのままやれば絶対にベンチプレスが強くなる」と言うつもりはありません。トレーニングというものは、試行錯誤し、自身の求める結果を出すもの、そしてその試行錯誤そのものを楽しむものです。

ここで紹介した内容は、その試行錯誤をする際の手助けとして、多少なりとも役に立つのではないでしょうか。

PART 2
高頻度トレーニング

ここでは【高頻度トレーニング】ということで、週に4回以上の頻度でベンチプレスのトレーニングを行う方法の、様々なバリエーションを紹介します。

Chapter 1　高頻度トレーニングとは？
Chapter 2　高頻度トレーニングの導入
Chapter 3　高頻度トレーニングの実践
Chapter 4　高頻度トレーニングの具体例
Chapter 5　エブリベンチ・トレーニング
Chapter 6　エブリ・サイクルトレーニングとは？
Chapter 7　エブリ・サイクルトレーニングの導入と実践
Chapter 8　2週間を1サイクルとするエブリ・サイクルトレーニング

Chapter 1
高頻度トレーニングとは？

「トレーニングを行ったら超回復のため休まなければならない」、「休まずにトレーニングを行っても筋肉は成長しない」
こういったことは、ウエイトトレーニングをはじめたときに誰もが耳にする言葉でしょう。
しっかりと筋肉を追い込んだトレーニングを行い、しっかりと休む。同じ部位のトレーニングを行うのは多くて週に2回までで、回復が追いつかない人なら週に1回でもかまわない。
また、高重量を扱う人は回復に時間がかかるため、同じ部位のトレーニングは週に1回だけしか行わなくて良い。
このようなことが当たり前のように言われ、トレーニングを行ううえでの常識となってしまっているのではないでしょうか。

しかし、その一方で週に4回や5回、中には毎日同じ部位のトレーニングを行い、信じられないような高重量を扱い、パワーリフティングやベンチプレスの試合で高記録を出している選手も多くいます。
このような高頻度のトレーニングを行っている有名な選手と言えば、やはり児玉選手でしょう。
彼は週に5回という高頻度のトレーニングによって記録を伸ばし、世界ベンチプレス選手権大会で5連覇と偉業を成し遂げました。
しかし、児玉選手のことを例にあげると多くの人が決まってこう言うのではないでしょうか。
「高頻度のトレーニングで記録を伸ばしているのは彼が特別だから」と。
確かに児玉選手は高頻度トレーニングを行い、圧倒的とも言える記録を誇っています。

ただ、彼に特別な才能があったから高頻度でトレーニングが行えるということではありません。
彼の才能はベンチプレスで他の人よりも高重量を挙げる才能であり、他の人よりも高頻度でトレーニングが行えるという才能ではないのです。
実際、彼が指導するK'sジムの多くの選手が、週に4回以上の頻度でベンチプレスのトレーニングを行い、記録を伸ばしています。
すべての人が高頻度トレーニングで結果を出せるとは言い切れません。
しかし、やり方さえ間違えなければ、多くの人が記録を伸ばすことができる効果的な方法の1つとして、高頻度トレーニングを取り入れることができるはずです。

現在、高頻度トレーニングに対して多くの誤解が生まれてしまっています。また、高頻度トレーニングへの疑問もあるでしょう。
ここではそういった誤解や疑問を解いた後、高頻度トレーニング導入までの流れを紹介したいと思います。

高頻度トレーニングへの誤解と疑問

■どこからが高頻度トレーニングか？

「週に何回ベンチプレスを行えば、高頻度トレーニングになるのか？」ということですが、基本的には週に4回以上ベンチプレスのトレーニングを行う場合から、高頻度トレーニングと呼ぶことになります。

週に2回ベンチプレスのトレーニングを行う場合、月曜日にトレーニングを行い2日間オフ、

木曜日にトレーニングを行い3日オフといったように、トレーニング日の前後に必ずオフを設けるけ、週に3回の場合も同様で、トレーニング日の前後に1日、もしくは2日のオフを設けることになります。

これに対して週に4回以上ベンチプレスを行う場合は、2日連続以上で行うことになります。例えば、週に4回の場合であれば、1週間で、トレーニング－オフ－トレーニング－オフ－トレーニング－トレーニング－オフ。またはトレーニング－トレーニング－オフ－トレーニング－トレーニング－オフ－オフといったように、必ず2日連続以上で行うこととなり、このような2日連続以上でベンチプレスのトレーニングを行う週に4回以上のトレーニングを、高頻度トレーニングと呼んでいます。

なお、週に5回以上の頻度で行う場合は、エブリベンチと呼ぶこともあります。

■重い日と軽い日を分けるか？

「一週間に4回や5回もベンチプレスが行えるのは、トレーニングを重い日と軽い日に分け、軽い日はほとんど触る程度にしかトレーニングをしないからだ」
高頻度トレーニングを行っている人が、「トレーニングを分けて行っている」ということだけが情報として出てしまっているため、このような誤解をしている人も多いはずです。
確かに、高頻度トレーニングを行う場合、すべてのトレーニングを同様の内容で行うことは稀で、トレーニングを分けて行うことが多くなっています。
ただし、「重い日と軽い日」といったような分け方ではなく、状態に合わせてトレーニングの目的とトレーニング内容を変え、地力アップ（筋力・筋量アップ）のトレーニングを行う日、体を作るトレーニングを行う日（筋量アップ）、力

を引き出すトレーニングを行う日（筋力アップ・神経系強化）いったようにメニューを分け、数種類のトレーニングを行うことが多くなっています。また、どのメニューも軽く触るだけといったようなことはほとんどなく、基本的にはその状態で扱える最も重い重量でトレーニングを行うことになります。

「重い日と軽い日に分けてトレーニングを行う」ということではなく、「日によって目的や内容を分けてトレーニングを行う」。
これが高頻度トレーニングの正しい考え方になります。

■常に疲れた状態で
　トレーニングを行うのか？

「毎日トレーニングを行っていて疲労が残らないのですか？」
児玉選手はこういった質問をよく受けますが、彼は決まってこう言います。
「慣れれば大丈夫です」と。
この言葉だけを聞くと、どうしても「児玉選手だから・・・」なんて思ってしまうでしょうが、K'sジムで高頻度トレーニングを行っている選手のほぼ全員が、ほとんど疲労を感じずに高頻度トレーニングを行っています。
オフの後にトレーニングを行う方が、2日以上続けてトレーニングを行う場合よりも重い重量が挙がることが多いのですが、ほとんどの場合でその差は2.5kg程度で、人によっては全く変わらない、オフを取らない方が挙がるということもあります。

また、「それだけ毎日トレーニングをしていて筋肉痛にならないんですか？」という質問をする人もいますが、高頻度トレーニングを行っている人のほとんどが、筋肉痛になっていません。これはしっかりとトレーニングを行っている人なら誰もが知っていることですが、筋肉痛にな

るトレーニングが良いトレーニングとは限りませんし、筋肉痛にならないと筋肉は成長しないというわけではありません。

適切なトレーニングを行ってさえいれば、筋肉痛になる、ならないということは、重要視する必要はないのです。

■回復の早い限られた人だけが可能なのか？

「毎日トレーニングを行っても疲労が残らないのは回復が早い限られた人だけでは？」
そう思うでしょう。

確かに、すべての人が高頻度トレーニングに対応できるわけではありません。回復の遅い人は、どうしても高頻度トレーニングでは疲労を残した状態でトレーニングをすることになり、その効果も得られないでしょう。

ただ、回復が早い「限られた人」だけが可能か？と言うと、そうではありません。

高頻度トレーニングに対応できるかどうかで最も重要なのは、その導入方法と実施方法です。この2つを正しく行えば、「限られた人」だけでなく、多くの人が高頻度トレーニングを行えるはずです。高頻度トレーニングで効果を得られている人は、回復の早い限られた人ではなく、高頻度トレーニングをうまく行っている人なのです。

そういった人たちが誤った高頻度トレーニングの導入方法や実施方法を行っていたとしたら、回復の遅い人と同様に高頻度トレーニングで効果を得られていなかったでしょう。

■高頻度トレーニングの効果は？

「高頻度トレーニングはその労力に見合うだけの効果があるのか？」
当然、多くの人がこう思うはずです。

週に2回ベンチプレスのトレーニングを行っていた人が、高頻度トレーニングを取り入れて週に4回トレーニングを行うとなると、様々な面で今までよりもきつくなってきます。

ジムに通う時間を作るのも大変でしょうし、他の部位のトレーニングもどうしてもおざなりになってしまうでしょう。

しかし、高頻度トレーニングを取り入れ、対応できた場合、それらの労力に見合っただけの効果は得られる可能性は充分にあります。

知る限りでは週に2回程度のトレーニングから高頻度トレーニングに変更し、うまく対応できた人のほとんどが、短期間で通常ではありえないような記録の伸びを示しています。

トレーニングをはじめたばかりであっても、1年で50kgから75kgになるように、25kgも伸びればいいところです。そこから先は1年で5kgから10kg程度しか伸びず、トレーニング年数が長くなるにつれて体重を増やしたりしない限りほとんど記録は伸びなくなってきます。

しかし、高頻度トレーニングを取り入れ、対応できた場合、うまくいけば数年分に値する記録の伸びを、短期間で得られることもあります。例えば、児玉選手の場合、高頻度トレーニングを取り入れる前はノーギア（専用のシャツを着用しない試技）で185kgという記録で2年近く停滞していました。しかし、高頻度トレーニングを取り入れ、それにうまく対応できたことで3ヵ月後には15kgも記録を伸ばして200kgに、そしてその3ヶ月後にはさらに10kg記録を伸ばし210kgを挙げるようになっていました。

たった半年間で185kgという高いレベルから、ベンチプレスをはじめたばかりの人の1年分の記録の伸びを見せたわけです。

この児玉選手の例は極端かもしれませんが、高頻度トレーニングに対応できた人の多くが、半年程度の短い期間で平均して10kg以上も記録を伸ばしています。

ただし、高頻度トレーニングを取り入れ、対応

できた後の半年間は、トレーニングの頻度を2倍にした分だけ効果も2倍になったような記録の伸びがありますが、そういった記録の伸びのほとんどは力を引き出すことによる効果で、そこから先は地道に体を作り、地力を上げていかないと記録は伸びません。体を作る場合、トレーニングの頻度を2倍にしたからといって、その分だけ体が作れるということはありません。

　高頻度トレーニングに否定的な人は、「多くトレーニングすればいいってもんでもないだろう」とよく言いますが、確かにその通りです。
他の人の何倍もトレーニングをしたからといって、他の人の何倍も結果が得られるとは思いません。ただ、人よりも多くトレーニングを行うことで、記録を伸ばすきっかけ、記録を伸ばすヒントを得る機会が増えるのは間違いないと思います。
それがフォーム的なことであったり、トレーニングの方法であったりと様々ですが、それらが記録を伸ばすチャンスとなり、結果的に通常のトレーニングではないような記録の伸びにつながってくるのです。

```
┌─────────────────────────────┐
│  トレーニングの頻度を決める     │
│           ↓                 │
│  メイントレーニングの日と       │
│  サブトレーニングの日を決める   │
│           ↓                 │
│  それぞれのトレーニング内容を決める │
│           ↓                 │
│  高頻度トレーニングの導入       │
└─────────────────────────────┘
```

【表1】　高頻度トレーニング導入までの流れ

高頻度トレーニング導入までの流れ

　高頻度トレーニングを導入する場合、導入までにいくつかの項目を順序だって決めることになり、その導入までに決めなければならない項目と順序は、表1のようになります。

■トレーニング頻度を決める

　高頻度トレーニングを導入する場合、まずは「週に何回トレーニングを行うか？」という、頻度を決めることになります。
先に述べたように週に4回以上の頻度から高頻度トレーニングとなるため、少なくて4回。
また、回復やルーティンの組み立てを考えて週に2回はオフの日が必要になるため、多くて5回。
週に4回、もしくは5回の頻度でベンチプレスのトレーニングを行うことになります。

　ただし、今まで週に2回程度の頻度でトレーニングを行っていた人が、突然週に5回の頻度でトレーニングを行うと、通常は回復が追いつかなくなってしまいます。
このため、週に5回の頻度でトレーニングを行う場合、まずは週に4回の頻度の高頻度トレーニングを導入し、対応できた後で頻度を5回に増やすようにします。

　なお、高頻度トレーニングでの頻度別のトレーニングルーティンの基本形は、表2のようになります。

■メイントレーニングの日と
　サブトレーニングの日を決める

　トレーニングの頻度を決めたら次は、意識的に重点を置くメイントレーニングを行う日と、補助的な意識で行うサブトレーニングの日を決めることになります。
基本的にオフ日の後の日にメイントレーニングを行い、2日連続以上となるときにサブトレーニ

PART 2　高頻度トレーニング

【表2】　高頻度トレーニングでの頻度別のオンとオフの振り当て

頻度	1日目	2日目	3日目	4日目	5日目	6日目	7日目
4回 -A-	オン	オン	オフ	オン	オン	オフ	オフ
4回 -B-	オン	オン	オン	オフ	オン	オフ	オフ
4回 -C-	オン	オフ	オン	オフ	オン	オン	オフ
5回	オン	オン	オン	オフ	オン	オン	オフ

ングを行います。

基本的な頻度別のメイントレーニングとサブトレーニングの振り当てを示すと、表3のようになります。

　オフの後の日がメイントレーニング、前日にトレーニングを行っている日がサブトレーニングになるわけですが、頻度が週に4日のパターンCの場合だけオフの後の日にサブトレーニングを行っている日があります。通常で考えればオフを取り、回復した状態だとメイントレーニングを行いたいところですが、パターンCの場合はオフの日の後にトレーニングを行う日が週に3日もあります。通常、メイントレーニングはトレーニングの強度が高くなり、肉体的にも精神的にもサブトレーニングよりきついトレー

ニングになります。そのため高頻度トレーニングで3日もメイントレーニングを行ってしまうと、疲労がたまり、モチベーションを保つのも難しくなってきます。

このような理由から、高頻度トレーニングでは頻度にかかわらずメイントレーニングは2回までとし、残りはサブトレーニングを行うようにします。（特殊な高頻度トレーニングを除く）

■トレーニング内容を決める
・トレーニング内容を決める際の注意点

　メイントレーニングを行う日とサブトレーニングを行う日を決めたら、それぞれのトレーニング内容を決めることになります。

順番としては先にメイントレーニングの内容を

【表3】　高頻度トレーニングでの頻度別のメイントレーニングとサブトレーニングの振り当て

頻度	1日目	2日目	3日目	4日目	5日目	6日目	7日目
4回 -A-	メイン	サブ	オフ	メイン	サブ	オフ	オフ
4回 -B-	メイン	サブA	サブB	オフ	メイン	オフ	オフ
4回 -C-	メイン	オフ	サブ	オフ	メイン	サブ	オフ
5回	メイン	サブA	サブB	オフ	メイン	サブB	オフ

決め、その後にサブトレーニングの内容に応じてサブトレーニングの内容を決めることになるわけですが、それぞれのトレーニング内容を決める際に注意しなければならない点が、いくつかあります。

まず、メイントレーニングを決める際の注意点ですが、週に2回のメイントレーニングのうち、1回を地力アップを目的とした8回狙いのトレーニング、もう1回を筋力アップを目的とした5回狙いのトレーニングといったように、2つの異なる目的を持った別々のメイントレーニングを行わず、必ず同一の目的とメニューのトレーニング、それもできるだけ地力アップをメインとするトレーニングを2回行うようにします。

先に述べたように高頻度トレーニングでは週に4回から5回のトレーニングのうち2日メイントレーニングを行うわけですが、週に4日の高頻度トレーニングで1日を地力アップ、もう1日を筋力アップといったように別々のメイントレーニングを行った場合、意識的に重点を置いて行うメイントレーニングで地力アップのトレーニングが行えるのが1週間に1回。

週に4回のトレーニングのうちの1回ということで、1週間での割合は1／4になり、残りの日に行うトレーニングの1週間での割合が3／4になってしまいます。

「記録を伸ばすために最も重要となる地力アップのトレーニングの割合より、その他の補助的なトレーニングの割合の方がはるかに多い」状態になってしまうわけです。

こう聞くと分かりにくいかもしれませんが、「スクワットの記録を伸ばしたいのにレッグ・エクステンションばかり行っている」と言ったらどうでしょうか。明らかに間違っていることがわかるはずです。

こういったことがないように、高頻度トレーニングでのメイントレーニングは、同一の目的とメニューの、地力アップを目的としたトレーニングを行うようにします。（ただし、同一の目的とメニューの、力を引き出す筋力アップ・神経系強化のトレーニングを行うパターンもある）

次に、サブトレーニングを決める際の注意点ですが、連続でトレーニングを行う日が最高で2日の場合は同一のサブトレーニングを行い、連続でトレーニングを行う日が最高で3日の場合は2種類のサブトレーニングを行います。

頻度が4回のパターンAであれば、2日目と5日目に行っているサブトレーニングは同じ内容となり、頻度が5回であれば、2日目に行っているサブトレーニングと、3日目と6日目に行っているサブトレーニングは、別々のトレーニングを行うことになります。

・メイントレーニングの内容

高頻度トレーニングでのメイントレーニングは、筋力アップ・神経系強化のトレーニングを行うこともありますが、基本的にはパワーフォームでの基本的なトレーニング、基本的なトレーニング＋α、K's式メイントレーニングなどの、地力を上げるトレーニングを行うことがほとんどです。

ただし、通常のトレーニングのように次の日にオフを取らないため、メインセットやサブセットで無駄にセット数を多くしないようにし、ただ単に追い込むだけセットは絶対に行わないようにします。

また、補助種目もメイントレーニングの日には行わず、サブトレーニングの日にだけ行います。

・サブトレーニングの内容

高頻度トレーニングでのサブトレーニングは、基本的には体を作ることを目的にしたトレーニングや、力を引き出すことを目的としたトレーニングを行うことになります。

体を作るためのトレーニングとしては、ダンベルプレスなどの補助種目を取り入れることもありますが、高頻度トレーニングの場合は、肩甲骨の寄せと上半身のブリッジを作ったうえで床から足を浮かせた状態でベンチプレスを行う、「足上げベンチ」を取り入れることが多くなっています。(写真1・2)

この足上げベンチは、パワーフォームなどの全身の力を使って挙上するフォームと比べて不利な状態の挙上の難しいフォームとなり、体作りに役立ちます。

ただし、パワーフォームと比べて肩甲骨の寄せが甘くなること、挙上の角度からどうしても肩の関与が増えるということから、うまく行わないと肩を怪我する可能性もあり、取り入れる場合は注意が必要になってきます。

　力を引き出すためのトレーニングとしては、パワーフォームでの高重量・低回数のトレーニングが基本になりますが、その他にも「トップサイドベンチ」や「尻上げベンチ」といったような挙上幅を制限したり、挙上角度を変えることで普段よりも高重量が扱えるトレーニングを取り入れることもあります。(写真3・4・5)

トップサイドベンチは通常はパワーフォームを組み、胸の上に厚みのある板等を置いて挙上幅を制限して普段よりも高重量でベンチプレスを行います。胸の上に物を置く方法だと挙上時にそれがずれたり、バーが見えずらくなることもあるので、そうならないようにバーにクッション等を巻いて行う方法もあります。

トップサイドベンチを行っている人の中には、胸に板等を置いたり、バーにクッション等を巻いたりせずに、自身の感覚だけでトップサイドベンチを行っている人もいますが、感覚だけに頼ると挙上幅が一定にならず、トレーニングの強度も変わってくるため、必ず器具を使ってトップサイドベンチを行うようにしてください。

　尻上げベンチはその名の通り尻を浮かした状態で行うベンチプレスで、トップサイドベンチと同様に挙上幅が減ることで普段よりも高重量が扱えるだけでなく、挙上角度がデクライン気味になることで肩の負担が軽減するため、肩を怪我していても行える可能性があること、肩甲骨の寄せを意識しやすく、肩甲骨を寄せる練習になること。足をしっかりと踏ん張り、足からの連動によって挙上する意識が持ちやすいことなど、様々な特徴があります。

　ただし、トップサイドベンチや尻上げベンチといった、パワーフォームを基準とした際により有利となるフォームばかりでトレーニングを行っていると、肝心のパワーフォームでの挙げ方を体が忘れてしまうため、あくまでサブトレーニングの中で、補助的な意味合いで行うようにします。

　ここでは、高頻度トレーニングに対する疑問と誤解を解き、その後に高頻度トレーニングの導入までの流れを紹介してきました。

トレーニングを行う頻度を決め、その後にメイントレーニングを行う日とサブトレーニングを行う日を決め、最後にそれぞれのトレーニング内容を決める。

ここまで決まれば、「それじゃ高頻度トレーニングをやってみようか!」となるわけですが、今まで週に2回程度のベンチプレスのトレーニングを行っていた人が、突然週に4回から5回トレーニングを行うと、通常は回復が追いつかず、どんどん調子を落としてしまいます。

そういったことにならないように、PART1で紹介した『やり直し』を活用し、重量を下げたトレーニングで徐々に体を高頻度トレーニングに慣らしていくことになります。

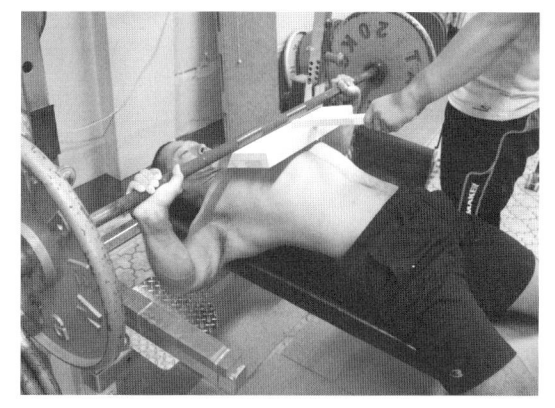

Chapter 1　高頻度トレーニングとは？

【写真1・2】
肩甲骨の寄せと上半身のブリッジを作ったうえで床から足を浮かせた状態で行う「足上げベンチ」。

【写真3・4】
胸の上に板等を置く、バーにクッション等を巻くことによって挙上幅を制限して行う「トップサイドベンチ」。

【写真5】
両足をしっかりと踏ん張り、尻をベンチ台から浮かして行う「尻上げベンチ」。

Chapter 2
高頻度トレーニングの導入

高頻度トレーニング導入までの流れとして、まず最初にトレーニングを行う頻度を決め、次にメイントレーニングの日とサブトレーニングの日を決め、最後にそれぞれのトレーニング内容を決める。
先に述べたように、今まで週に2回程度ベンチプレスのトレーニングを行っていた人が、突然週に4回や5回行うとなると、通常は回復が追いつかずにどんどん調子を落としてしまいます。何も考えずに今まで行っていたトレーニングをそのまま頻度を上げて行い、結果を出せずに「自分には向いていない」と高頻度トレーニングを諦めてしまった人もいるかもしれません。
そういったことのないように、高頻度トレーニングに体を慣らす期間を設ける必要があります。
それがここで紹介する、「やり直しを活用した高頻度トレーニングの導入」となります。

やり直しを活用した導入

表1は、以下のような人のやり直しを活用した高頻度トレーニングの導入方法の具体例となります。

頻度＝週4回
メイントレーニングの日
　＝月曜日・木曜日
サブトレーニングの日
　＝火曜日・金曜日
メイントレーニング
　＝パワーフォームで8回狙い×2セット
サブトレーニング
　＝足上げベンチで10回狙い×3セット
メイントレーニングのセットベスト
　＝120kg×8回×2セット
サブトレーニングのセットベスト
　＝105kg×10回×3セット

【表1】 やり直しを活用した高頻度トレーニング導入の具体例

週	月曜日（メイン1回目）		木曜日（メイン2回目）		火・金曜日（サブ）	
	セット重量	セット内容	セット重量	セット内容	セット重量	セット内容
1週目	100kg	8回狙い×2セット	100kg	8回狙い×5セット	82.5kg	10回狙い×5セット
2週目	105kg	8回狙い×2セット	105kg	8回狙い×4セット	87.5kg	10回狙い×5セット
3週目	110kg	8回狙い×2セット	110kg	8回狙い×3セット	92.5kg	10回狙い×4セット
4週目	115kg	8回狙い×2セット	115kg	8回狙い×2セット	97.5kg	10回狙い×3セット
5週目	120kg	8回狙い×2セット	120kg	8回狙い×2セット	102.5kg	10回狙い×3セット
6週目	122.5kg	8回狙い×2セット	122.5kg	8回狙い×2セット	105kg	10回狙い×3セット

■セット内容の決め方

　表1の場合での、メイントレーニングとサブトレーニングのそれぞれのセット内容の決め方を紹介します。

　月曜日・木曜日はオフの後のメイントレーニングの日で、パワーフォームでの8回狙いという地力を上げる基本的なトレーニングを選択。火曜日・金曜日は2日連続でトレーニングを行こうサブトレーニングの日で、足上げベンチでの10回狙いという、より高重量を挙げるための体を作るトレーニングを選択しています。

　オフの後のメイントレーニングの日は、パワーフォームで少ないセット数で全力を出し切り、2日連続でトレーニングを行うことになるサブトレーニングの日は、足上げベンチで体を作るトレーニングを行い、その後にオフを取って体を回復させる。

　うまく導入できたときには、基本形とも言える高頻度トレーニングが完成することになります。

　セット内容を決めるときに気をつけなければいけないことがあります。それは「今まで行っていたトレーニング」、「今までに行ったことのあるトレーニング」から、セット内容を決めることです。

　今まで行ったことのないトレーニングであれば、当然ながら正確なセットベストはわからず、高頻度トレーニングの導入期間でのやり直しの重量を設定が難しくなってきます。

　また、それ以上に問題なのが、今まで行ったことがないトレーニングに体を慣らすのに精一杯になり、高頻度トレーニングに体を慣らすどころではなくなってしまうということです。

　例えば、今まで足上げベンチでまともにセットを組んだことのない人が、高頻度トレーニングの導入期間にはじめて足上げベンチで高回数のセットを組んだとします。

　やり直しにより重量が下がっているとは言え、足上げベンチのような単純に筋力だけを使って挙げるフォーム、しかもそのフォームで高回数のセットを行うとなると、慣れるまでは回復に時間がかかるのが通常です。

　また、トレーニング内容にかかわらず、今まで行ったことのないトレーニングによる疲労というのは意外にやっかいなものです。

　「いつもは2日で回復するが、今まで行ったことのないトレーニング内容のせいか3日休んだのに疲れが取れていない」

　ある程度トレーニングを続けている人であれば、誰もがこういったことを経験しているはずです。今まで行ったことのないトレーニングを行うとなると、どうしても普段よりも回復に時間がかかってしまうのです。

　しかし、高頻度トレーニングの場合、回復のためのオフを取る機会が通常のトレーニングよりも少ないため、今までに行ったことのないトレーニングによる疲労の回復が追いつかなくなってきます。その状態でトレーニングを続けているとどんどん体調を崩し、結果的に高頻度トレーニングに対応できる体、適応できる体を作ることが難しくなってきます。

　そういったことのないように、高頻度トレーニングを導入する際のセット内容は、「今まで行っていたトレーニング」、「今までに行ったことのあるトレーニング」から決める必要があります。

■メイントレーニングと
　サブトレーニングの重量設定

　通常のやり直しでは、セットベストの重量から−10kg、もしくは−20kgで開始しますが、高頻度トレーニング導入のためのやり直しでは、基本的に−20kgから開始することになります。メイントレーニングのセット重量はセットベスト重量である120kgから−20kgした100kgか

ら、サブトレーニングのセット重量はセットベスト重量である 105kg から− 22.5kg した 82.5kg からはじめることになります。

サブトレーニングでの− 22.5kg というのは「2日連続の疲れた状態でのセットベスト」と本来のセットベストの重量差を 2.5kg と仮定し、さらにそこからやり直しの− 20kg を合わせることによって求められています。

「本来のセットベストと 2 日連続の疲れた状態でのセットベストが 2.5kg しか変わらないのはおかしいのでは？」と思うかもしれませんが、高頻度トレーニングに適応できた場合、オフの日の後と 2 日連続でトレーニングを行ったときの重量差はほとんどの人で 2.5kg しかなく、人によっては全く変わらない、オフを取らない方が挙がるという人もいます。

中には 5kg の重量差が出る人もいますが、そのほとんどがメイントレーニングの日のトレーニング量が多いことによるもので、メイントレーニングのトレーニング量が適切であれば、通常は 2.5kg の重量差になってきます。

■**重量を上げるタイミング**

通常のやり直しでは、セットクリアする度に毎回重量を 2.5 〜 5kg ずつ上げていきます。

これに対して高頻度トレーニング導入時には、「回（日）」ではなく「週」で考え、その週のトレーニングのセット重量を、セットクリアできたかどうかにかかわらず固定にします。

表 1 の場合だと、1 週目のメイントレーニングの重量は月曜日・木曜日ともに 100kg を扱い、月曜日と木曜日の両方でセットクリアした場合に、次の週からセット重量を 5kg 上げて 105kg に。サブトレーニングの重量も火曜日・金曜日ともに 82.5kg を扱い、火曜日と金曜日の両方でセットクリアした場合に、次の週からセット重量を 5kg 上げて 87.5kg としています。

メイントレーニングとサブトレーニングはそれぞれ別々で考え、「メイントレーニングでセットクリアしたが、サブトレーニングでセットクリアできなかった」という場合は、次の週からメイントレーニングの重量だけを 5kg 上げ、サブトレーニングはそのままの重量でトレーニングを行うことになります。

■**セット数とセットクリア条件**

やり直しを活用した高頻度トレーニングの導入時も、通常のやり直しと同様にセット数とセットクリア条件の難度を上げてトレーニングを行うことになります。

表 1 の場合だと、メイントレーニングであれば、本来のセット数が 2 セットで、セット重量がセットベスト− 20kg のときに 5 セット、− 15kg のときに 4 セット、ベスト− 10kg のときに 3 セット、そしてベスト− 5kg のときの本来のセット数である 2 セット。

サブトレーニングであれば、本来のセット数が 3 セットで、セット重量がセットベスト− 22.5kg のときに 5 セット（セット数が多くなりすぎると疲労がたまるため、ここでは 5 セット）、セットベスト− 17.5kg のときに 5 セット、セットベスト− 12.5kg のときに 4 セット、そしてセットベスト− 7.5kg のときに本来のセット数である 3 セットとなっています。

ただし、すべてのトレーニングでセット数とセットクリア条件の難度を上げるわけではありません。

メイントレーニングの 2 回目（木曜日）とサブトレーニングの 1 回目と 2 回目（火曜日・金曜日）のセット数とセットクリア条件の難度を上げ、メイントレーニングの 1 回目（月曜日）のセット数とセットクリア条件の難度は上げずに、本来のセット数とセットクリア条件でトレーニングを行います。

メイントレーニングの1回目（月曜日）は、本来のセット数で、ある程度余裕を持ってセットクリアできる予行演習のトレーニング。メイントレーニングの2回目（木曜日）が、セット数とセットクリア条件の難度を上げた、次のステップ（重量）に進むための本番のトレーニングという捉え方となります。

また、メイントレーニングの1回目（月曜日）の疲労度が低く、比較的疲労の少ない状態でサブトレーニングの1回目（火曜日）を行えるため、メイントレーニングと同様にサブトレーニングも1回目（火曜日）が予行演習となり、2回目（金曜日）が本番ということになります。

■導入期間の終了

やり直しを活用した高頻度トレーニングの導入期間の終了、つまり「高頻度トレーニングに適応できたかどうか？」という判別は非常に単純で、以下の場合に高頻度トレーニングに適応できたということになります。

①メイントレーニングのセットベストとサブトレーニングの疲れた状態でのセットベストの両方をクリアできた場合
②メイントレーニングでセットベスト更新となる重量がクリアできた場合

例えば、表1であれば、メイントレーニングで120kg×8回×2セット、サブトレーニングで102.5kg×10回×3セットの両方をセットクリアできた場合が①。

メイントレーニングで122.5kgの重量でセットクリアできた場合が②。

これで、導入期間の終了＝高頻度トレーニングに適応できたということになります。

表1では5週目でメイントレーニングとサブトレーニングの両方でセットベスト（疲れた状態でのセットベスト）をこなし、6週目にはさらに2.5kg重い重量でセットを組んでいる、最短期間で高頻度トレーニングに適応できたケースとなります。こまでうまく適応できるケースは稀ですが、適応できる人の場合のほとんどが、2ヶ月程度の期間で導入期間を終了できるはずです。反対に言えば、それ以上の期間がかかる場合、かかりそうな場合は、トレーニング内容に問題があるか、高頻度トレーニングに向いていなかったということになります。

なお、ここではセット数とセットクリア条件の難度上げる方法を紹介していますが、メイントレーニングだけ難度を上げる、サブトレーニングだけ難度を上げる、どちらも上げないといったように、より円滑に導入が行えるように、セット数とセットクリア条件を調整する方法もあります。

【表2】 やり直しを活用した高頻度トレーニング導入期の重量設定とセット内容（セットベスト＝0とした場合）

週	メイン1回目		メイン2回目（サブ）	
	セット重量	セット内容	セット重量	セット内容
1週目	−20kg	本来のセット数セットクリア条件	−20kg（−22.5kg）	セット数・セットクリア条件の難度を上げる
2週目	−15kg		−15kg（−17.5kg）	セット数・セットクリア条件の難度を上げる
3週目	−10kg		−10kg（−12.5kg）	セット数・セットクリア条件の難度を上げる
4週目	−5kg		−5kg（−7.5kg）	本来のセット数・セットクリア条件
5週目	0kg		0kg（−2.5kg）	本来のセット数・セットクリア条件
6週目	+2.5kg		+2.5kg（0kg）	本来のセット数・セットクリア条件

導入期間のトレーニングでの注意点

高頻度トレーニングの導入期間でのトレーニングの注意点として最も重要なのが、「疲れを残さないように」トレーニングを行うということです。週に2回程度のトレーニングから高頻度トレーニングに移行すると、今までに経験したことのない疲労感を感じるようになります。この疲労があまりに酷くとなると、扱う重量が軽い導入期前半はセットクリアできても、扱う重量が重くなってくる導入期後半はセットクリアできなくなり、いつまでたっても導入期間が終わらないということになります。

疲労を如何に軽減しながらトレーニングを行うか？ということが、高頻度トレーニングをうまく導入し、適応するための大きなポイントとなってきます。

■必ずあらかじめ決めた回数とセット数でトレーニングを行う

やり直しを活用した高頻度トレーニングの導入では、メイントレーニングではセットベスト−20kgの重量から、サブトレーニングはセットベスト−22.5kgの重量からトレーニングをはじめることになります。

このため導入期前半では、トレーニングに物足りなさを感じる人は多いと思います

しかし、だからと言ってあらかじめ決めた回数やセット数以上のトレーニングは絶対に行わないようにします。

例えば、8回狙い×4セットというトレーニング内容であれば、どれだけ8回目が軽く挙がっても絶対に9回目は挙げないようにし、4セットだけでトレーニングを終わることが物足りないと感じても、きっちりと4セットでトレーニングを終えるようにします。

メイントレーニングの日に余計なトレーニングを行うと、その分だけ疲労がたまってサブトレーニングに影響が出てしまい、その状態でサブトレーニングを行うと、さらに疲労がたまって次回のメイントレーニングに影響が出るという悪循環に陥ってしまうのです。

こういったことがないためにも、あらかじめ決めた回数とセット数で必ずトレーニングを行う必要があります。

■インターバルを短くしすぎない

やり直しを活用した高頻度トレーニングの導入期前半は扱う重量が軽くなります。このため1セット毎の疲労度は軽くなり、回復のためのインターバルも短くなってきます。

セットベストの重量を扱っているときの1セッ

【表3】 高頻度トレーニング導入期間のトレーニングでの注意点

> - 必ずあらかじめ決めた回数とセット数でトレーニングを行う
> - インターバルを短くしすぎない
> - サブセットは行わない
> - メイントレーニングの日に補助種目は行わない

ト毎のインターバルが10分だったのに対して、インターバルが7分になるということもあるでしょう。しかし、いくら扱う重量が軽くなったからといって、極端にインターバルを短くするようなことは決してしません。

例えば、今まで1セット毎に10分のインターバルを取っていた人が、インターバルを3分にしたとします。確かに、導入期前半であればインターバルを10分から3分にしたとしてもセットクリアは可能かもしれません。

しかし、インターバルを短くしすぎると、無駄に追い込むトレーニングになってしまい、それだけ無駄に疲れてしまいます。

こうなるとあらかじめ決めた回数とセット数よりも多くトレーニングを行ったときと同様に、次回のトレーニングに影響が出る悪循環に陥ってしまいます。

また、インターバルを短くしすぎるということで、1セット目から2セット目、2セット目から3セット目へと、どんどんあらかじめ決めた回数を挙げる余裕がなくなってきて、最終セットがぎりぎり挙がるということもあるでしょう。このようなトレーニングだと確かにトレーニングを頑張ったという満足感はあるでしょうが、次回以降に重量を上げてトレーニングを行うときのことを考えるとどうでしょうか？

いくらインターバルを短くしているからといって、最終セットをぎりぎり挙げている状態だと、重量を上げたトレーニングでセットクリアできるイメージが湧きにくいはずです。

これは通常のやり直しでも同じですが、やり直しの前半部分では極力余裕を持ってセットクリアし、「今回のトレーニングでこれだけ余裕を持ってセットクリアできたから、重量を上げても同様にセットクリアできるはず」という、次回につながるイメージを持てるトレーニングを行う必要があります。

インターバルを短くしすぎ、その場の満足感を得るためだけのトレーニングは決して行いません。

■サブセットを行わない

やり直しを活用した高頻度トレーニングの導入期間では、メイントレーニングの日、サブトレーニングの日ともに、メインセット後にサブセットを行いません。これは、サブセットを行ってしまうトレーニング量が多くなり、疲労がたまり、次回のトレーニングに影響が出てしまうからです。

高頻度トレーニングの導入期間ではメインセットでセットクリアすることに全力を尽くし、メインセットが終わったらバーベルを使ったベンチプレスのトレーニングを終了します。
サブセットは導入期間が終了し、高頻度トレーニングに適応できた後に、メインセットに足りない部分を補うトレーニングとして取り入れることになります。

■メイントレーニングの日に
　補助種目を行わない

基本的にメイントレーニングの日には、ダンベルプレスなどの補助種目は行いません。
これは、補助種目が体を作る、回復に時間がかかるトレーニングとなるためで、補助種目を取り入れる場合は、次の日がオフとなるサブトレーニングの日に取り入れることになります。
これは導入期間だけでなく、高頻度トレーニングに適応できた後も同様です。

また、高頻度トレーニングの導入期間中は回復のことも考えてサブトレーニングの日のメインセット後に行う補助種目は一種目に絞り、導入期間が終了した後に必要に応じて種目数を増やすようにします。（基本は1種目）

なお、補助種目に関しては導入期間、導入後

にかかわらず、通常のトレーニング通りの重量を扱うことになります。

以上が、疲れを残さないための注意点になるわけですが、中には「疲れが残らないようにトレーニングを行う意味があるのか？」と思う人もいるかもしれません。
確かに、週に2回程度の通常のトレーニングを行っている人が、「強くなるためのトレーニング」として疲れが残らないように注意しながらトレーニングを行っているなら問題があるかもしれません。

しかし、ここではあくまで、「高頻度トレーニングに体を適応させるためのトレーニング」として、疲れが残らないようにトレーニングを行っています。疲れが残らないようにトレーニングを行い、少しずつ高頻度トレーニングに体を適応させることで、扱う重量とともに疲労度が増してくる導入期後半のトレーニングを、疲労を残さずに行えるようになるのです。

『疲れを残さないように高頻度でトレーニングを行うことで結果的に疲れを残さないような体を作る』
これが、やり直しを活用した高頻度トレーニングの導入で最も重要なコンセプトとなります。

導入がうまくいかない場合

高頻度トレーニングに適応できる人の場合、大体2ヶ月程度の短い期間で導入期間が終了し、高頻度トレーニングに適応できる体を作ることができます。
ただし、全ての人が2ヶ月という短い期間で適応できるわけではありません。適応までにもっと長い期間を要する人もいますし、いつまでたっても適応できない人もいます。

こういったときの主な理由として、「トレーニング内容に問題がある」ということがあげられますが、中には根本的に「高頻度トレーニングに向いていない」ということもあります。

■トレーニング内容に問題がある場合

トレーニング内容に問題があるということが、高頻度トレーニングがうまく導入できない一番の理由となります。
トレーニング内容に問題があると、どうしても疲労がたまりやすくなり、導入が難しくなってきます。メイントレーニングに関しては、通常は基本的なトレーニング方法の範囲内のトレーニングを行うことが多いため、それほど問題は出ません。

【表4】 高頻度トレーニングでのメインセット・サブセット・補助種目の振り当て

期間	メイントレーニング	サブトレーニング
導入期	・メインセットのみ	・メインセットのみ ・メインセット＋補助種目 （・補助種目のみ）
適応後	・メインセットのみ ・メインセット＋サブセット	・メインセットのみ ・メインセット＋サブセット ・メインセット＋補助種目 （・補助種目のみ）

しかし、サブトレーニングは回復に時間のかかる体を作るトレーニングを中心に行うこと、トレーニング後にオフを取るということから、知らないうちにトレーニングを頑張りすぎてしまい、疲労がたまって回復が追いつかなくなるということが起こりやすくなっています。

回復が追いつかない場合は、サブトレーニングのトレーニング内容を回復が間に合う内容に変更し、同時に疲労を抜くためのオフを設け、その後に一定の重量を下げて改めて高頻度トレーニングの導入をやり直すことになります。

サブトレーニングのトレーニング内容の変更方法として最初に行うべきなのが、「補助種目をなくす」ことです。

サブトレーニングでは次の日がオフになるため、どうしてもメインセット後に補助種目を頑張りすぎてしまうことが多くなります。

しかし、補助種目を頑張りすぎてしまうと回復が追いつかなくなり、肝心のメインセットでセットクリアできなくなってしまいます。

あくまで、補助種目は補助であり、メインセットでセットクリアしていくことが重要なので、このような場合は補助種目を行わないようにし、メインセットだけを行うようにします。

補助種目を行わなくなっても（最初から補助種目を行っていなくても）疲労がたまり、導入がうまくいかない場合に行うのが、サブトレーニングの「メインセットのトレーニング内容を変更する」ことです。

変更方法としては、単純にセット数を3セットから2セットといったように本来のセット数を減らす方法、やり直しでのセット数とセットクリア条件の難度の上げ幅を少なくする方法、回数やセット数を変えてトレーニングの目的を変える方法などがあります。

サブトレーニングのメインセットのトレーニング内容を変更しても導入がうまくいかない場合に、最後の手段となるトレーニング内容の変更方法が、「メインセットをなくして補助種目だけを行う」ことです。

本来、高頻度トレーニングではメイントレーニングとサブトレーニングの両方でベンチプレスのトレーニングを行い、導入部分ではメイントレーニングとサブトレーニングの両方でやり直しを活用し、少しずつ体を高頻度トレーニングに適応させていきます。

しかし、中にはベンチプレスのトレーニングだけを高頻度で行うことはできないが、ベンチプレスに関係する筋肉を鍛える補助種目のトレーニングを織り交ぜれば、高頻度でトレーニングが行えるという人がいます。

こういった人の場合、メイントレーニングの日にだけやり直しを活用しながらベンチプレスを行い、サブトレーニングの日にはベンチプレスを行わず、補助種目だけを通常のトレーニング通りに行うようにします。

トレーニング内容を変更する場合、特にサブトレーニングのトレーニング内容を変更し、「補助種目をなくす」、「メインセットのトレーニング内容を変更する」、「メインセットをなくして補助種目だけを行う」の順に変更を行っていくわけですが、いずれの変更後も3日から1週間のオフを取って疲労をある程度除き、その後にメイントレーニングとサブトレーニングともにある程度重量を下げて、改めてやり直しを活用した高頻度トレーニングの導入を再開します。

サブトレーニングのトレーニング内容を変更した際の重量の下げ幅は、メイントレーニングはいずれの場合も現在扱っている重量−5kg〜−10kg。

サブトレーニングは、補助種目をなくす場合は現在扱っている重量−5kg〜10kg。サブトレーニングのメインセットのトレーニング内容を変更する場合の、セット数やセットクリア条件の

難度の上げ幅を減らす、難度を上げないようにするといった、比較的少ない変更の場合は−5kg〜−10kg。トレーニングの目的を変えるほどの大きな変更の場合はセットベスト−22.5kgの最初の設定重量まで下げるようにします。

なお、サブトレーニングのトレーニング内容を変更するタイミングの目安としては、以下の3つがあります。

①メイントレーニングとサブトレーニングのセット重量がセットベスト−10kg程度の導入期前半でセットクリアに手間取る、またはセットクリアできない場合
②2週間同じ重量でトレーニングを行っていて、今よりも挙がる気配が全く無い場合
③疲労により明らかに調子が落ちてきた場合

あくまで大まかな目安ですが、このような状態に陥ったときはサブトレーニングのトレーニング内容を変更し、重量を下げたうえで高頻度トレーニングの導入を再開することになります。

■高頻度トレーニングに向いていない場合

高頻度トレーニングを導入したばかりのセットベスト−10kg〜−20kg程度の軽い重量でさえ、高頻度でトレーニングを行うと重く感じる。トレーニングを行うたびにどんどん調子を落としセットクリアができない。
常に疲労感を感じ、筋肉痛が全く取れない。
どんなにトレーニング内容を考えて、いくら疲れが残らないように注意しながらトレーニングを行っても、このような状態に陥ってしまう人はいるでしょう。
すべての人が高頻度トレーニングに適応できるわけはありませんので、こういった状態になってしまう人は、根本的に高頻度トレーニングに向いていないということで、高頻度トレーニングの実施を諦めるしかありません。

ただし、高頻度トレーニングができないからといって、悲観する必要はありません。
高頻度トレーニングは数多くのベンチプレスを強くするためのトレーニングの1つであり、週に2回程度の通常のトレーニングで結果を出している人も多くいますし、中には週に1回のトレーニングで結果を出している人もいます。
ベンチプレスを強くするために大切なのは、「週に何回トレーニングを行うか？」ということではなく、「自身に合ったトレーニングを行う」ということなのです。

ここでは、高頻度トレーニングの導入ということで、やり直しを活用した高頻度トレーニングの導入方法や、導入の際の注意点などを詳しく紹介してきました。
高頻度トレーニングをやってみようと思うが導入方法がわからない、また高頻度トレーニングを導入しようとしたがうまくいかなかった。
そういった人たちには、ある程度役に立つ内容だったのではないでしょうか。

【表5】 サブトレーニングの変更方法と高頻度トレーニング導入再開の流れ

> 高頻度トレーニングの導入がうまくいかない
> 　　↓
> 3日から1週間のオフを取り、たまった疲労を抜く
> 　　↓
> ①補助種目をなくす
> ②メインセットのトレーニング内容を変える
> ③メインセットをなくして補助種目だけを行う
> 　　↓
> メイントレーニングとサブトレーニングのセット重量を下げる
> 　　↓
> 高頻度トレーニングの導入を再開

①で駄目なら②、②で駄目なら③と「変更とやり直し」を順番に試し、変更するたびにオフを取る。

Chapter 3
高頻度トレーニングの実践

　高頻度トレーニングに適応できた場合、人によってはトレーニングを行うたびにセットベストを更新するような状態になり、3ヶ月程度の短い期間で10kgや20kgといった大幅な記録の伸びが見られることもあります。
　しかし、こういった短期間での大幅な記録の伸びは、神経系の改善、力を引き出されたことによるものが大きく、そこから先は通常のトレーニングと同じように地道に地力を上げていくしかありません。
　導入時のトレーニング内容を継続していき、少しずつでも記録が伸びていればいいのですが、全く伸びていない場合や調子が落ちてきた場合は、通常のトレーニングと同じように現在行っているトレーニングをいったん終了し、トレーニング内容の変更、そしてやり直しを行い、改めてトレーニングを再開することになります。
　ここでは、高頻度トレーニングで現在行っているトレーニングを終了するタイミングとやり直しの方法、新しいトレーニングを取り入れる際のヒントとして、高頻度トレーニングの基本パターンとそのトレーニング方法を紹介したいと思います。

トレーニングサイクル

■現在行っているトレーニングを終了するタイミング

　高頻度トレーニングでも通常のトレーニングと同様に、あらかじめそのトレーニングを行う期間を決めるようなことはほとんどありません。ある決まった状態・状況になるタイミングが来るまで、現在行っているトレーニングを続けることになります。（児玉選手の考えるK's式では）そのタイミングが来たら現在行っているトレーニングをいったん終了し、次のサイクルに移ることになります。
　現在行っているトレーニングを終了するタイミングは通常のトレーニングと同様で、以下の3つになります。（表1）
　①②③の状態・状況にある場合、通常のトレーニングと同様に、現在行っているトレーニングを継続するか、トレーニング内容を変更するかを決め、その後にやり直しを行っていくことになります。
　ただし、通常のトレーニングと異なり、メイントレーニングとサブトレーニングのそれぞれを別々に①②③の状態・状況にあてはまっている

【表1】現在行っているトレーニングを終了する3つのタイミング

①セット重量が伸びる傾向が1ヶ月以上見られないとき
②調子を崩した状態が2週間以上続いたとき
③現在のトレーニングに限界を感じたとき

かどうかをみることになります。

　メイントレーニングとサブトレーニングの両方があてはまる場合、メイントレーニングだけがあてはまる場合、サブトレーニングだけがあてはまる場合。以上の3つの場合があり、それぞれどのようにしてやり直しを行うか？という、やり直しの方法が異なります。

■メイントレーニングとサブトレーニングの両方があてはまる場合

　このパターンが一番多く、一番わかりやすいパターンとなり、このような場合は、メイントレーニングとサブトレーニングの両方でやり直しを行うことになります。

　やり直しの方法は、トレーニング内容を変更しない場合は、メイントレーニングとサブトレーニングともに、やり直し開始前に行っていた高頻度トレーニングでのセットベストー10kg、もしくはー20kgからやり直しを開始。（セット数やセットクリア条件などの難度を上げながら、もしくは上げずに開始）

トレーニング内容を変更する場合もほぼ同様ですが、今まで行ったことのないトレーニングを行う場合は、推定のセットベストを算出したうえでやり直しを開始します。

　高頻度トレーニングの導入時のやり直しでは、基本的にセットベストー20kgから開始していましたが、いったん導入できた後のやり直しではー10kgから開始してもかまいません。

また、導入時のやり直しでは、その週のセット重量を固定にし、セットクリアできた場合に週毎にセット重量を上げていましたが、いったん導入ができた後は通常のやり直しと同様に、セットクリアできたら毎回重量を上げていくことになります。

　では次に、「どういった場合にトレーニング内容を変更するか？」いうことを、あくまで一例として紹介したいと思います。

メイントレーニングとサブトレーニングが表1の①②③のいずれかの状態・状況にあてはまる場合、基本的にメイントレーニングとサブトレーニングの両方が同じ状態・状況にあてはまっていることが多くなっています。

メイントレーニングとサブトレーニングの両方が①の状態・状況、両方が②の状態・状況にあてはまっているわけです。

　両方が①の状態・状況にあてはまっている場合ですが、単純に疲労が溜まっているため①の状態・状況になってしまっていると感じた場合は、疲労を抜くためにも現在行っているトレーニング内容でやり直しを行います。

また、変更を行うとしてもトレーニング内容を大幅に変えず、セット数を減らすなどの疲労度を減らすような変更を行います。

ただ、全く記録を伸ばすことができずに両方が①の状態・状況に陥った場合は、トレーニング内容を変更してやり直しを行います。

この場合、メイントレーニングとサブトレーニングの両方でトレーニング内容の変更を行うことが多くなっています。

　両方が②の状態・状況にあてはまっている場合ですが、この場合は現在行っているトレーニングでやり直しを行うことが多くなっています。通常、②の状態・状況には突然陥り、トレーニングによる疲労が原因というよりも、日常生活での疲労やストレスなどが原因になることがほとんどです。このような場合、変にトレーニング内容を変更してしまうと疲労が抜けにくくなるということもあるので、疲労を抜くという意味で、現在行っているトレーニングでやり直しを行います。

ただし、トレーニング量が多いことにより②の状態に陥っていると感じた場合は、両方が①の状態・状況の場合と同じようにセット数を減ら

すなどの疲労度を減らすような変更を行います。
　両方が③の状態・状況にあてはまっている場合、つまり現在行っているトレーニングすべてに限界を感じた場合は、必ずトレーニング内容を変更してやり直しを行います。
変更する際はメイントレーニングとサブトレーニングの両方で変更を行い、少しの変更ではなく、トレーニングの目的を変えるような大幅な変更を行うことが多くなっています。

■メイントレーニングだけがあてはまる場合

　メイントレーニングだけがあてはまる場合は、メイントレーニングだけでなくメイントレーニングとサブトレーニングの両方でやり直しを行います。
　やり直しの方法としては、メイントレーニングとサブトレーニングの両方がにあてはまる場合と同様です。トレーニング内容を変更する場合は、基本的にメイントレーニングとサブトレーニングのどちらか一方のトレーニング内容を変更することになります。
どのような場合に、どちらのトレーニング内容を変更するかということですが、③の状態・状況にあてはまっている場合は、メイントレーニングのトレーニング内容を変更しますが、それ以外の①や②の状態・状況にあてはまる場合は、サブトレーニングのトレーニング内容を変更することが多くなっています。
　「メイントレーニングが不調なのにサブトレーニングのトレーニング内容を変える？」
と、不思議に思う人もいるかもしれません。
通常は、不調であるトレーニングの内容に問題があると判断するでしょう。
しかし、メイントレーニングだけが①②の状態・状況にあてはまる＝サブトレーニングは好調であるということは、根本的な体調自体は特に問題がないと判断でき、サブトレーニングの疲労

が原因で、メイントレーニングが不調になってしまっていると考えられるからです。
サブトレーニングを行った次の日は基本的にオフになるため、どうしてもサブトレーニングを頑張りすぎてしまい、その結果メイントレーニングに影響が出てしまうのです。
このような場合、サブトレーニングでいくら調子が良くても、トレーニング内容を変更し、やり直しを行うことになります。
ただし、変更方法としてはサブトレーニングのトレーニングフォームやトレーニングの目的を変更せずに、メインセットのセット数を減らす、サブセットをなくす、補助種目をなくすといった、疲労度を減らすような変更を行うことが多くなっています。

■サブトレーニングだけがあてはまる場合

　サブトレーニングだけがあてはまり、メイントレーニングがあてはまらない場合は、サブトレーニングだけでやり直しを行い、メイントレーニングは通常通りのセット内容でトレーニングを行います。
　サブトレーニングのトレーニング内容を変更するのは基本的に③にあてはまる場合だけで、①や②の場合は、現在行っているトレーニング内容でやり直しを行います。
これは変にサブトレーニングのトレーニング内容を変更してしまうと、メイントレーニングに影響が出る可能性があるためです。
現在行っているトレーニングに限界を感じる場合、つまり現在行っているトレーニングを行う意味がないと感じる場合にだけ、サブトレーニングのトレーニング内容を変更することになります。
　また、トレーニング内容を変更する場合も、疲労度の大きいトレーニング内容に変更してしまうと、好調であったメイントレーニングに影

響を与える可能性があるので、新しいサブトレーニングの疲労度が大きくなりすぎないように注意する必要があります。

■やり直しの前にオフを取るかどうか？

高頻度トレーニングの導入時では、導入がうまくいかないときには 3 日から 1 週間のオフを取り、疲労を抜いてからやり直しを行っていましたが、いったん高頻度トレーニングを導入、適応できた後は、基本的にやり直しの前にオフは取りません。

これには 2 つの理由があり、1 つは高頻度トレーニングに適応できた人の場合、やり直しの前にオフを取らなくても、やり直しを行いながら疲労の回復、体調の改善ができること。そしてもう 1 つは、導入時のように 1 週間もオフを取ってしまうと、高頻度でトレーニングを行える状態を元に戻してしまう可能性があり、改めてある程度の期間をかけて高頻度トレーニングに適応できる状態を作る必要が出てくるためです。

以上の 2 つの理由から、高頻度トレーニング導入後のやり直し前にはオフを取りませんが、どうしても現在の調子の悪い状態でトレーニングを続けたくない場合にだけ、やり直しの前に 3 日〜 4 日程だけオフを取るようにします。

基本頻度と基本パターン

高頻度トレーニングには様々なパターンのトレーニング方法があります。週に 4 回のトレーニングでメイントレーニングとサブトレーニングに分けて行う場合もあれば、ほとんど毎日同じようなトレーニングを行う場合もあります。しかし、何事にも基本があるように、高頻度トレーニングでも基本のパターン、基本のトレーニング方法というものが存在します。

ここでは、そういった高頻度トレーニングの基本、比較的実施しやすい高頻度トレーニングの基本内容を紹介したいと思います。

■高頻度トレーニングの基本頻度

週に 4 回以上ベンチプレスを行うトレーニングを高頻度トレーニングと呼ぶわけですが、その中でも週に 4 回の頻度が、高頻度トレーニングの基本頻度となります。

基本頻度が 4 回ということには様々な理由がありますが、5 回以上トレーニングを行うとほとんどの人が回復が追いつかなくなってしまうこと、通常は週に 5 回以上ベンチプレスを行う時間を作ることが難しいということ。
この 2 点が、大きな理由としてあげられます。

■高頻度トレーニングの基本パターン

基本頻度である頻度が 4 回の高頻度トレーニングの、メイントレーニングとサブトレーニングの振り当てを示すと、表 2 のようになります。

この表 2 の中でもパターン A が高頻度トレーニングの基本パターンとなります。

パターン A では、オフの後の日にメイントレーニング、次の日にサブトレーニング、そしてその後にオフを取るというような形をとります。オフの後の疲労の抜けた状態でメイントレーニングを行い、メイントレーニングの次の日にサ

PART 2　高頻度トレーニング

【表2】 頻度が4回の高頻度トレーニングでのメイントレーニングとサブトレーニングの振り当て

パターン	1日目	2日目	3日目	4日目	5日目	6日目	7日目
A	メイン	サブ	オフ	メイン	サブ	オフ	オフ
B	メイン	サブA	サブB	オフ	メイン	オフ	オフ
C	メイン	オフ	サブ	オフ	メイン	サブ	オフ
D	メイン	オフ	サブA	オフ	メイン	サブB	オフ
E	メイン	オフ	メイン	オフ	メイン	サブ	オフ

ブトレーニングを行う。そして、サブトレーニングの次の日はオフを取る。

オフの日が1日と2日の違いはありますが、週に2回ずつ行うメイントレーニングとサブトレーニングの両方を、ほとんど同じ条件で行うことができます。

これに対して他のパターンの場合、メイントレーニングとサブトレーニングを同じ条件で行えません。例えば、パターンCの場合であれば、3日目と6日目に同じサブトレーニングを行いますが、3日目のサブトレーニングでは前日にオフを取っているのに対して、6日目のサブトレーニングでは前日にメイントレーニングを行っています。オフの後の疲労の抜けた状態と、メイントレーニングを行った疲労の残った状態という、異なる条件でトレーニングを行うため、当然のようにトレーニングの結果は変わってきてしまい、「3日目のサブトレーニングではセットクリアまであと一歩だったが、6日目のサブトレーニングではセットクリアに程遠かった」ということが起きてしまいます。

こうなってしまうと6日目のサブトレーニングに対するモチベーションが下がってしまい、何のために6日目のサブトレーニングを行っているかわからなくなってしまいます。

「最初からパターンDのように、3日目と6日目のサブトレーニングの内容を別々にしたらいいのでは？」

こんな風に思う人もいるでしょう。

しかし、実際に週に4回のトレーニングでパターンBやパターンDのようにメイントレーニング・サブトレーニングA・サブトレーニングBといったように3種類のトレーニングを行うと、それぞれのトレーニングに対するモチベーションを維持するのが難しくなってくることがわかるはずです。

これは極端な言い方かもしれませんが、1週間にベンチプレス・スクワット・デッドリフトの3種目のトレーニングを行い、そのすべてで高いモチベーションを維持するのが難しいことと似ているかもしれません。

また、3日目と6日目のサブトレーニングで扱う重量をあらかじめ変えておく方法もありますが、オフの次の日とメイントレーニングの次の日という差がどれだけあるか？ということがはっきりしなければ、重量設定が行えません。

「じゃあ、せっかく前日にオフを取っているのだから、パターンEのように3日目のサブトレーニングをメイントレーニングに変更すればいいのでは？」

こう思う人もいるでしょう。

確かに、3日目のサブトレーニングをメイントレーニングに変更し、メイントレーニング−オ

フ−メイントレーニング−オフ−メイントレーニング−サブトレーニング−オフというトレーニングパターンに変えたとすると、オフの後にメイントレーニングを行い、サブトレーニングはメイントレーニングの次の日に行うことになるため、一見すると理にかなった高頻度トレーニングのように見えます。

しかし、メイントレーニングはその名の通り主となるトレーニングで、サブトレーニングに比べて特に精神的な疲労度が大きく、週に3回もメイントレーニングを行ってしまうとモチベーションの維持が難しくなってきます。

パターンAの利点というより、パターンA以外のパターンの欠点ばかり述べてきましたが、以上のようなことを踏まえて、メイントレーニングとサブトレーニングを週に2回ずつ、ほぼ同じ条件で行うことができるパターンAが、高頻度トレーニングの基本パターンとなります。

■基本パターンの中の3つのパターン

先に述べた高頻度トレーニングの基本パターン＝パターンAは、メイントレーニングとサブトレーニングのそれぞれのトレーニングの目的と内容により、さらに以下の3つのパターンに分けることができます。（表3）

パターン①はメイントレーニングの日に地力アップ（筋力・筋量アップ）のトレーニングを行い、サブトレーニングの日に体を作るトレーニングを行う高頻度トレーニングです。

このパターン①のようなトレーニング方法は、基本パターンの高頻度トレーニングだけでなく、その他のパターンでも行うことが多い、高頻度トレーニングの基本中の基本とも言えるトレーニング方法となります。

パターン②はメイントレーニングの日はパターン①と同じように地力アップ（筋力・筋量アップ）のトレーニングを行い、サブトレーニングの日は筋力アップ・神経系強化のトレーニングを行うトレーニング方法。

パターン③はメイントレーニングの日に筋力アップ・神経系強化のトレーニングを行い、サブトレーニングの日に体を作るトレーニングを行うトレーニング方法です。（地力アップのトレーニングを行わない珍しいパターン）

その他にもトレーニングの目的や内容によって数多くのパターン分けができますが、通常はこの3つのパターンの高頻度トレーニングを行うことが多くなっています。

なお、ここで示した3つのパターンのトレーニングの目的と内容はメインセットでのトレーニングの目的と内容であり、筋力アップ・神経強化を目的と示していても、実際にはメインセットの後にサブセットや補助種目で体を作ることを目的としたトレーニングを行うといったことも多々あります。

メイントレーニングの日とサブトレーニングの日の、それぞれで最も重要なトレーニングであるメインセットの目的と内容によるパターン分けと考えてください。

【表3】 基本パターンAの中の3つのパターン

パターン	メイントレーニング	サブトレーニング
①	地力アップ（筋力・筋量アップ）	体を作る
②	地力アップ（筋力・筋量アップ）	筋力アップ・神経系強化
③	筋力アップ・神経系強化	体を作る

基本パターンのトレーニング内容

高頻度トレーニングの基本パターンでのトレーニング内容を紹介したいと思います。表4はあくまで一例としてのトレーニング内容になりますが、通常はここに示した内容のトレーニングを行うことが多くなっています。

■パターン①のトレーニング内容
・パターン①のメイントレーニング

パターン①のメイントレーニングの目的は、地力アップ（筋力・筋量アップ）。パワーフォームでトレーニングを行うのが通常で、メインセットでは基本的なトレーニングを中心に行います。また、メインセットの後に筋力アップ・神経系強化のための低回数のサブセットを取り入れた基本的なトレーニング＋αや、基本的なトレーニングとは異なりますが、試合形式のサブセットを取り入れたK's式メイントレーニングなどを行うことが多くなっています。

サブセットを行う場合に注意点しなければならないのが、低回数のセットを行い、高回数のセットを行わないことです。これはメインセットの後に高回数のサブセットを行ってしまうと疲労度が大きくなりすぎ、次の日のサブトレーニングに影響が出てしまうからです。

パターン①のメイントレーニングでは、メインセットだけでトレーニングを終了してしまうか、サブセットを行っても次の日にそれほど疲れが残らないような、低回数のセットを行うようにします。

なお、高頻度トレーニングの導入方法の説明時でも述べましたが、高頻度トレーニングではどのパターンにかかわらず、原則としてメイントレーニングの日には補助種目を行いません。

・パターン①のサブトレーニング

パターン①のサブトレーニングの目的は、より高重量を挙げるための体を作ること。メインセットはパワーフォームではなく、肩甲骨を寄せただけのフォームや、肩甲骨を寄せたうえで床から足を浮かせた足上げベンチ等で行うのが

【表4】 基本パターンAでの具体的なトレーニング方法（一例）
※フォーム名の記載のないトレーニングは通常パワーフォームで行う

パターン	メイントレーニング		サブトレーニング		
	メインセット	サブセット	メインセット	サブセット	補助種目
①	基本的なトレーニング方法	基本的なトレーニング方法+α K's式メイントレーニング	肩甲骨を寄せただけ・足上げ 8回〜12回狙い×2〜5セット	足上げナロー 8回〜12回狙い×1〜2セット	ダンベルプレス ディップス マシンフライ プレスダウンなど 8回〜12回狙い×2〜3セット
②	基本的なトレーニング方法	基本的なトレーニング方法+α K's式メイントレーニング	トップサイド・尻上げ 5回〜10回狙い×2〜5セット	肩甲骨を寄せただけ・足上げ 8回〜12回狙い×1〜2セット ※ともにナローでも可	
③	5回×5セット法 トップサイド・尻上げ 5回〜10回狙い×2〜5セット	試合形式 1回狙い×1〜3セット	肩甲骨を寄せただけ・足上げ 8回〜12回狙い×2〜5セット	足上げナロー 8回〜12回狙い×1〜2セット	

通常です。

　この理由は、それらの上半身の力に頼って挙上するフォームの方が、全身の力を使って挙上するパワーフォームよりも体作りに向いていることがあげられます。

セット内容は8回から12回狙いの重量で2～5セット。フォームだけでなく、セット内容も体作りに適した内容でトレーニングを行います。メインセット後にサブセットや補助種目を行うわけですが、どちらも必ず行わなければならないというわけではありません。

反対に、メインセット・サブセット・補助種目のすべてを行ってしまうと、疲労がたまりすぎてしまうのが通常です。

サブトレーニングではメインセット・サブセット・補助種目のすべてを行わず、メインセットとサブセット、メインセットと補助種目、もしくはメインセットだけでトレーニングを終了するようにします。

　なお、補助種目に関してはパターンにかかわらず、表5にある種目を1種目だけ行うのが通常で、どんなに多くても2種目しか行いません。

■パターン②のトレーニング内容
・パターン②のメイントレーニング

　パターン②のメイントレーニングの目的は、パターン①のメイントレーニングと同じ地力アップ（筋力・筋量アップ）で、行うトレーニングの内容や注意点も、パターン①とほぼ同じです。ただし、パターン②では次の日のサブトレーニングで筋力アップ・神経系強化のトレーニングを行うため、メイントレーニングの日にはサブセットを行わずにメインセットだけでトレーニングを終了することが多くなっています。

・パターン②のサブトレーニング

　パターン②のサブトレーニングのトレーニングの目的は、筋力アップ・神経系強化で、メインセットではメイントレーニングの日のメインセットでは扱わないような高重量でトレーニングを行うことになります。

ただし、ここでは筋力アップ・神経系強化のトレーニングとして通常考えられるパワーフォームでの低回数のセットは行わず、パワーフォームでのトップサイドベンチや尻上げベンチなどの、挙上幅を制限することで高重量が扱えるフォームでのトレーニングを行います。

　パワーフォームでの低回数のセットを行わない理由は、高回数のセットと異なり、前日のメイントレーニングの疲労度によってトレーニングの結果が大きく変わってくるからです。

高回数のセットであれば、疲れていない状態のセットベスト－2.5kgの重量で、疲れていない状態と同じようにセットを組むことができますが、低回数のセットではセットベスト－2.5kgの重量でセットを組もうとすると、疲労度によっては「3回挙げるつもりが1回しか挙がらなかった」といったようなことが起こってしまい、そうなってしまうと自身が目的としているトレーニングが行えなくなります。

　これに対し、トップサイドベンチや尻上げベンチは、前日のメイントレーニングの疲労にそれほど影響を受けません。実際に行ってみればすぐにわかりますが、パワーフォームからトップサイドベンチや尻上げベンチにフォームを変えると、連日にトレーニングを行ったとしても、まるで別の種目のトレーニングを行うかのようにトレーニングを行えるのです。

　セット内容としては5回から10回狙いで2セットから5セット。

「筋力アップ・神経系強化のためには、低回数のトレーニングを行う必要があるのでは？」と思う人もいるでしょうが、ここでは挙上幅を制限したフォームでトレーニングを行い、通常では

組めないような高重量でセットを組むことによる筋力アップ・神経系強化を期待しています。

メインセットの後のサブセットと補助種目の取り入れ方は、パターン①のサブトレーニングと同じで、メインセット・サブセット・補助種目のすべてを行いません。

ただし、トップサイドベンチや尻上げベンチのような、パワーフォームと比べて挙上幅が制限された、より楽に挙げることができるフォームでトレーニングを終了してしまうと、その楽なフォームに体が慣れてしまい、オフの後のパワーフォームでのトレーニング時に違和感を感じることがあります。

そうならないようにパターン②では、メインセットだけでトレーニングを終了せずに、楽なフォームに慣れた体をリセットするという意味も含めて、サブセットに肩甲骨を寄せただけのフォームや足上げベンチなどのトレーニングを行ったり、補助種目でダンベルプレスを行ったりすることが多くなっています。

■パターン③のトレーニング内容
・パターン③のメイントレーニング

パターン③のメイントレーニングの目的は、筋力アップ・神経系強化。メインセットでは、パターン②のサブトレーニングのようにトップサイドベンチや尻上げベンチでトレーニングを行うこともありますが、通常はパワーフォームでの低回数のセットでトレーニングを行います。ただし、低回数のセットと言っても、1回から4回狙いではなく、5回×5セット法などの5回狙いでセットを組むことが多くなっています。

これは、1回から4回狙いという低回数のセットでは、調子によってはトレーニングの結果が大きく変わってしまい、トレーニングが進めにくくなってしまうためです。

メインセットの後にサブセットを行うわけですが、パターン③のメイントレーニングでは特にサブセットを行う必要はありません。

メインセットの後にサブセットを行う場合は、パターン①やパターン②のメイントレーニングと同様に、疲労度を考えて高回数のセットを行わず、低回数のセットを行うことになりますが、メインセットがすでに低回数のセットになっているため、サブセットではメインセットよりもさらに低回数の1回狙いのセット、胸の上で止めて挙げる試合形式のセットを行うことが多くなっています。

・パターン③のサブトレーニング

パターン③のサブトレーニングの目的は、パターン①のサブトレーニングと同じ、より高重量を挙げるための体を作ることで、行うトレーニングの内容や注意点もパターン①とほぼ同じです。前日のメイントレーニングの疲労度が少ないこともあり、メインセットだけでトレーニングを終了せずにサブセットや補助種目を行うことが多くなっていますが、メインセット・サブセット・補助種目のすべてを行わないように注意してください。

ここでは、高頻度トレーニングの実践ということで、高頻度トレーニングでの現在行っているトレーニングを終了するタイミング、やり直しの際のトレーニング内容の変更方法、そしてトレーニング内容を変更する際のヒントとして、高頻度トレーニングの基本パターンとそのトレーニング方法を紹介してきました。

ただ、「内容や注意点はわかったけど、実際にトレーニングを行うとなると、具体的にどれだけのトレーニングを行えばわからない」という人も多いのではないでしょうか。

次項では、そういった人のためのヒントとして、実際に行われている基本パターンのトレーニング、また基本パターンから少しはずれたトレーニングなどを、具体例をいくつかあげて詳しく紹介したいと思います。

Chapter 4
高頻度トレーニングの具体例

高頻度トレーニングの具体例を紹介する前に、高頻度トレーニングの基本形、基本パターンAの内容を簡単におさらいしたいと思います。

基本頻度は週に4回で、2日連続でトレーニングを行い1日から2日オフを取り、また2日連続でトレーニングを行うという流れを繰り返す。2日連続でトレーニングを行ううちの1日目がメイントレーニングで2日目がサブトレーニング、表1の場合であれば、1週間のうち1日目と4日目がメイントレーニングで、2日目と5日目がサブトレーニングということになり、1日目と4日目、2日目と5日目で、それぞれほぼ同一のトレーニングを行うことになります。

メイントレーニングとサブトレーニングのそれぞれのトレーニング内容は、その人のトレーニングの目的によって異なりますが、基本的にはパターンAの中の3つのパターンで、トレーニングを行うことが多くなっています。

高頻度トレーニングの具体例

高頻度トレーニングの具体例を、「トレーニングの目的とトレーニング内容」、「実際のトレーニング」、「そのトレーニングを行う理由」の3つを説明しながら紹介していきます。

■ Kさんの方法

体重＝70kg
試合形式のベスト＝115kg
トレーニング暦＝2年

競技としてのベンチプレスは行っていませんが、ベンチプレスを中心にトレーニングを行っているKさんの、高頻度トレーニングを紹介します。

【表1】 基本パターンAの中の3つのパターンでのトレーニングの振り当て

パターン	1日目（メイン）	2日目（サブ）	3日目	4日目（メイン）	5日目（サブ）	6・7日目
①	地力アップ（筋力・筋量アップ）	体を作る	オフ	地力アップ（筋力・筋量アップ）	体を作る	オフ
②	地力アップ（筋力・筋量アップ）	筋力アップ・神経系強化		地力アップ（筋力・筋量アップ）	筋力アップ・神経系強化	
③	筋力アップ・神経系強化	体を作る		筋力アップ・神経系強化	体を作る	

Chapter 4　高頻度トレーニングの具体例

【表2】 Kさんのトレーニングの目的とトレーニング内容

セット		メイントレーニング	サブトレーニング
目的		地力アップ（筋力・筋量アップ）	体を作る
内容	メインセット	パワーフォーム 　8回狙い×3セット 　2セット以上 8回挙げる	肩甲骨を寄せだけのフォーム 　10回狙い×3セット 　3セット 10回挙げる

・トレーニングの目的とトレーニング内容

　まず、Kさんのトレーニングの目的とトレーニング内容を示すと、表2のようになっています。

　Kさんのトレーニングの目的は、メイントレーニング＝地力アップ（筋力・筋量アップ）で、サブトレーニング＝体を作る、基本パターンAのパターン①にあてはまります。

　トレーニングの内容としてはメイントレーニングがパワーフォームでの8回狙い×3セットという基本的なトレーニング、サブトレーニングが肩甲骨を寄せだけのフォームでの10回狙い×3セット。

メイントレーニング・サブトレーニングともにメインセットだけを行い、サブセットや補助種目を一切行っていません。トレーニング量が全体的に多くなく、疲労度や所要時間といった点からも、比較的多くの人が行えるトレーニング内容となっています。

・実際のトレーニング

　次に、Kさんの実際のトレーニングを示すと、表3のようになっています。表3はメイントレーニング＝1日目、サブトレーニング＝2日目の、2日間の実際のトレーニングです。

【表3】 Kさんの実際のトレーニング

メイントレーニング	サブトレーニング
パワーフォーム 　ウォーミングアップ 　　60kg×6回、6回 　　80kg×5回 　　105kg×1回 　メインセット 　　95kg×8回、8回、7回 　　（インターバル7分以上）	肩甲骨を寄せだけのフォーム 　ウォーミングアップ 　　60kg×8回、8回 　メインセット 　　85kg×10回、10回、9回 　　（インターバル7分以上）

メイントレーニングから見ていきましょう。トレーニングフォームはパワーフォーム。当然ですが、ウォーミングアップからパワーフォームを組み、体を温めながら1セットずつ自身の最良のパワーフォームに近づけていきます。ウォーミングアップの内容は60kgで2セット、80kgで1セット、そしてメインセット前の最終アップとして、メインセットよりも重い重量である105kgを1セット。最後の105kgは、メインセットの1セット目から全力を出せるように体を高重量に慣らす、目覚めさせるという意味で行っています。
ウォーミングアップでのインターバルは決まっていませんが、メインセット前に疲労しないように、筋肉が張らないように、ある程度インターバルを取るようにします。

メインセットは95kgで8回狙い×3セット、セットクリア条件は2セット以上8回挙げるとなっています。表3の場合であれば、1セット目＝8回、2セット目＝8回、3セット目＝7回となっているのでセットクリア。
次回から2.5kg重量を上げてトレーニングを行うことになります。
メインセットでのインターバルは回数からみた疲労度を考えて通常は7分以上は必要で、しっかりとインターバルを取って筋肉の張りをとり、毎セット挑戦する気持ちでトレーニングを行います。また、何度も述べていますが、原則として○回狙い×△セットといったセットの組み方の場合、1セット目に○回以上挙がりそうでも○回で抑え、次のセットに余力を残してセットクリアを目指します。

次に、サブトレーニングを見ていきましょう。トレーニングフォームは肩甲骨を寄せただけのフォーム。パワーフォームほどフォームを作るためのウォーミングアップが必要ないため、ウォーミングアップも60kgで2セットだけで、メイントレーニングと比べて少なめのウォーミングアップとなっています。
メインセットは85kgで10回狙い×3セット。セットクリア条件は3セット10回挙げるで、表3の場合であれば、1セット目＝10回、2セット目＝10回、3セット目＝9回となっているので、次回も同重量でトレーニングを行うことになります。
メインセットでのインターバルは、メイントレーニングのメインセットのインターバルと同じ7分以上。しっかりとインターバルを取り、セットクリアを目指します。

・そのトレーニングを行う理由

最後に、Kさんが紹介したような高頻度トレーニングを行っている理由ですが、この理由のほとんどを、Kさんのトレーニング暦が2年と浅いということから説明することができます。
トレーニングの目的が、メイントレーニング＝地力アップ、サブトレーニング＝体を作るというパターン①の高頻度トレーニングを行っている理由ですが、これはパターン①の高頻度トレーニングが全体的に体の基盤を作るという内容になっており、トレーニング暦が2年と浅いKさんにとって、そのパターン①の高頻度トレーニングが必要となってくるからです。
フォーム的なことを考えると、基盤を作るという意味ではサブトレーニングで肩甲骨を寄せただけのフォームでトレーニングを行うより、足上げベンチを行う方が適切なのですが、足上げベンチを行わずに肩甲骨を寄せただけのフォームでトレーニングを行っている理由も、Kさんのトレーニング暦が浅いということによります。
「肩甲骨を寄せる」というテクニックは、パワーフォームや肩甲骨を寄せただけのフォーム、足上げベンチ、尻上げベンチといった、様々な

Chapter 4　高頻度トレーニングの具体例

【表4】 Y選手のトレーニングの目的とトレーニング内容

セット		メイントレーニング	サブトレーニング
目的		筋力アップ・神経系強化	体を作る
内容	メインセット	パワーフォーム 5回狙い×5セット 5セット 5回挙げる	足上げ・ナローベンチ 10回狙い×5セット 3セット 以上 10回挙げる
	サブセット	パワーフォーム 試合形式×2〜3セット	
	補助種目		ダンベルプレス 10回狙い×3セット

フォームに共通するテクニックで、怪我をしないようにトレーニングを行ううえで非常に重要となってきます。

Kさんの場合はトレーニング暦が浅いため、肩甲骨の寄せがうまくできていない＝肩甲骨の寄せが甘い状態となっています。そのため、足上げベンチのような肩甲骨の寄せがしっかりとできていないと怪我の可能性が増えるフォームでのトレーニングを避け、肩甲骨の寄せの練習という意味も込めて、サブトレーニングで肩甲骨を寄せただけのフォームでトレーニングを行っています。

　サブセットや補助種目を行わず、全体的にトレーニング量が少なめになっていることも、トレーニング暦が浅く、高頻度トレーニングを導入したばかりでトレーニング量の多い高頻度トレーニングに慣れていないことによります。

　以上のようなことから、Kさんの高頻度トレーニングは、高頻度トレーニングをはじめたばかりの人や、これから導入するという人が比較的行いやすい、行うべき高頻度トレーニングと言えます。

■ Y選手の方法

体重＝57kg
試合形式のベスト＝125kg
トレーニング暦＝5年

以上のようなY選手の高頻度トレーニングを紹介します。

・トレーニングの目的とトレーニング内容

　まず、Y選手のトレーニングの目的とトレーニング内容を示すと、表4のようになっています。

　Y選手のトレーニングの目的は、メイントレーニング＝筋力アップ・神経系強化で、サブトレーニング＝体を作る、基本パターンAのパターン③にあてはまります。

　トレーニングの内容としては、メイントレーニングのメインセットでパワーフォームでの5回狙い×5セットの5回×5セット法を行い、メインセット後にサブセットとして試合形式のセットを2〜3セット。

サブトレーニングのメインセットで足上げ・ナ

【表5】 Y選手の実際のトレーニング

メイントレーニング	サブトレーニング
パワーフォーム 　ウォーミングアップ 　　60kg×8回、8回 　　80kg×5回 　　100kg×3回 　メインセット 　　110kg×5回、5回、5回、5回、4回 　　（インターバル5分以上） 　サブセット 　　115kg×1回（試合形式） 　　120kg×1回（試合形式）	足上げ・ナローベンチ 　ウォーミングアップ 　　60kg×6回、6回 　メインセット 　　90kg×10回、10回、10回、10回、9回 　　（インターバル7分以上） 　補助種目 　　ダンベルプレス 　　　35kg×10回、10回、9回 　　（インターバル5分以上）

ローベンチで10回狙い×5セット行い、その後に補助種目にダンベルプレスを3セット。

メイントレーニングの筋力アップ・神経系強化という目的と、サブトレーニングの体を作るという目的をはっきりと分けたトレーニング内容となっています。

また、トレーニング量が多く、疲労度を考えると回復が早い人限定と言える高頻度トレーニングとなります。

・実際のトレーニング

次に、Y選手の実際のトレーニングを示すと、表5のようになっています。

メイントレーニングから見ていきましょう。トレーニングフォームはパワーフォーム。Kさんのときと同様に、ウォーミングアップからパワーフォームを組み、体を温めながら自身の最良のパワーフォームに近づけていくわけですが、低回数のセットを行う場合、ウォーミングアップでしっかりと自身の最良のパワーフォームを組める状態が作れていないと、トレーニングの結果が大きく変わってくるので注意が必要です。ウォーミングアップの内容は60kgで2セット、80kgで1セット、100kgで1セット。

Y選手はKさんのように高重量を持たなくても1セット目から全力を出せるため、ウォーミングアップでメインセットよりも重い重量を持たず、ウォーミングアップ終了後にすぐにメインセットを行います。

メインセットは110kgでの5回狙い×5セット、セットクリア条件は5セット5回挙げるという、5回×5セット法です。表5の場合であれば、1セット目〜4セット目で5回挙げていますが、5セット目は4回しか挙げていないため、次回も同重量でセットを組むことになります。

メインセットでのインターバルは、高回数のセッ

トに比べると比較的短めですむため5分程度。4セット目まで5回挙げているため、1セット目であれば6回挙げることが可能ですが、必ず5回で抑えるようにします。

メインセット後にサブセットとして胸で止めて挙げる試合形式のセットを2セット。表5の場合であれば、115kgと120kgの2セットで終了していますが、120kgに余裕があれば3セット目に122.5kgを持つことになります。この試合形式でのセットは、高重量を胸で止めて挙げる感覚を体に覚えさせることを主な目的としていますが、「メインセット後にこれだけ挙がれば、メインセット前にはもっと挙がる」という自信をつける意味も含んでいます。

サブトレーニングを見ていきましょう。トレーニングフォームは足上げ・ナローベンチ。ここでのナローは、「通常のベンチプレスよりも狭めのグリップ」ということで、普段握っているグリップよりもこぶし1つ分ずつ内側を握るグリップとなります。（写真1・2）

ウォーミングアップは60kgで2セット。足上げベンチはパワーフォームほどフォームを作るためのウォーミングアップが必要ないため、筋肉を温めるだけで十分です。

メインセットは90kgで10回狙い×5セット、セットクリア条件は3セット以上10回挙げる。表5の場合であれば、4セット目まで10回挙げているため、次回から重量を上げてトレーニングを行うことになります。

インターバルはフォームや回数から考えて通常は7分以上は必要で、時間があれば10分以上は取ることになります。

足上げ・ナローベンチのメインセット後に、補助種目としてダンベルプレスで10回狙いを3セット。ベンチプレスと同様に、○回狙い×△セットといった形でセットを組みますが、重量を上げる条件は「□セット○回挙げる」といっ

【写真1】通常のグリップ幅での足上げベンチ。

【写真2】足上げ・ナローベンチでのグリップ幅。普段81cmラインぎりぎりで握っている場合は、81cmラインの内側に小指がくるように握る。

たように明確に決めず、「その重量に余裕が出てきたら」といったぐらいの大まかな条件になっています。

なお、補助種目を行う場合はフルレンジでストリクトに行うのが前提で、ダンベルプレスあれば、ダンベルをこれ以上下ろせない位置まで肘をしっかり曲げて下ろして胸のストレッチを効かし、そこで1秒止めてからいっきに押し挙げるようにします。

・そのトレーニングを行う理由

　Y選手が紹介したような高頻度トレーニングを行っている理由を説明したいと思います。

　トレーニングの目的が、メイントレーニング＝筋力アップ・神経系強化、サブトレーニングの目的＝体を作るというパターン③の高頻度トレーニングを行っている理由ですが、これはY選手が低回数のセットが得意ということもありますが、それよりもメイントレーニングで高回数のトレーニングを行うと、次の日のサブトレーニングまでに体が回復せず、どんどん調子を落としてしまうためです。

メイントレーニングに筋力アップ・神経系強化のトレーニングを行えば、基本パターンにあてはめるとすればサブトレーニングは体を作るトレーニングを行うことになり、必然的にパターン③の高頻度トレーニングを行うことになるわけです。

　フォーム的なことを見てみると、メイントレーニングではパワーフォーム、サブトレーニングでは足上げ・ナローベンチでトレーニングを行っています。メイントレーニングでのパワーフォームは怪我をせずに高重量でトレーニングを行うという点からすれば当然の選択といえ、サブトレーニングの足上げ・ナローベンチは体重が57kgと軽く、これから体の基盤を作るようなトレーニングを行わないと記録の伸びが望みにくいY選手にとって最適と言えます。

また、通常の足上げベンチでなく、足上げ・ナローベンチを行っているのにも理由があります。

体重から見てもわかるようにY選手はあまり背の高い選手ではなく、腕も長くなく、肩幅も広くはありません。このように骨格の小さいY選手が、パワーフォームと同じグリップ幅で肩甲骨の寄せが甘くなる足上げベンチを行うと、どうしても肩を怪我する可能性が増え、そういった怪我をする可能性を減らすために、通常の足上げベンチではなく、グリップ幅を狭くした足上げ・ナローベンチを行っています。

　Y選手の場合、トレーニング量が比較的多くなっていますが、Y選手と同じようにメイントレーニングで比較的高回数のトレーニングを行うと回復が追いつかなくなるような人は、トレーニング量を調整したうえで、Y選手の内容に近いパターン③の高頻度トレーニングを行ってみるのも良いかもしれません。

【表6】 筆者のトレーニングの目的とトレーニング内容

セット		メイントレーニング	サブトレーニング
目的		地力アップ（筋力・筋量アップ）	筋力アップ・神経系強化
内容	メインセット	足上げベンチ 8回〜9回狙い×3セット※	尻上げベンチ 8回狙い×3セット 3セット 8回挙げる
	サブセット		パワーフォーム 15回以上狙い×2セット 2セットとも15回以上挙げる

■筆者の方法

最後に、筆者が2005年度の世界選手権前に行っていた高頻度トレーニングを紹介したいと思います。

・トレーニングの目的とトレーニング内容

まず、トレーニングの目的とトレーニング内容を示すと、表6のようになっています。

トレーニングの目的は、メイントレーニング＝地力アップ（筋力・筋量アップ）で、サブトレーニング＝筋力アップ・神経系強化。基本パターンAのパターン②にあてはまります。

トレーニングの内容は、メイントレーニングでは足上げベンチでの8回～9回狙い×3セット。メインセットだけでサブセットは行っていません。セットの組み方は少し特殊で、詳しくは「実際のトレーニング」で説明、メイントレーニングのメインセットにパワーフォームでなく、足上げベンチを選んでいる理由については「そのトレーニングを行う理由」で説明します。

サブトレーニングではメインセットが尻上げベンチで8回狙い×3セット、その後にサブセットとしてパワーフォームで15回以上狙いを2セット行っています。

フォームや回数から考えると、少しばかり基本形からははずれた内容となっています。

・実際のトレーニング

次に、筆者の実際のトレーニングを示すと、表7のようになっています。

メイントレーニングから見ていきましょう。トレーニングフォームは足上げベンチ。ウォーミングアップの内容は60kgと100kgをそれぞれグリップ幅を狭くした足上げ・ナローベンチ

【表7】 筆者の実際のトレーニング

メイントレーニング	サブトレーニング
足上げベンチ 　ウォーミングアップ 　　60kg×20回（ナロー） 　　100kg×10回（ナロー） 　　130kg×5回 　　160kg×1回（試合形式） 　　165kg×1回（試合形式） 　　170kg×1回 　メインセット 　　140kg×8回　【9回狙い】 　　142.5kg×7回　【8回狙い】 　　140kg×7回　【8回狙い】 　　（インターバル10分以上）	尻上げベンチ 　ウォーミングアップ 　　100kg×20回 　　140kg×10回 　　180kg×1回 　　200kg×1回 　メインセット 　　170kg×8回、8回、7回 　　（インターバル5分以上） パワーフォーム 　ウォーミングアップ 　　100kg×10回 　サブセット 　　120kg×16回、15回 　　（インターバル5分以上）

で1セットずつ。その後にグリップを通常に戻し130kgで1セット。

通常は130kgを持った後にすぐにメインセットを行いますが、ウォーミングアップのときに足上げベンチでのMAX重量を更新できそうな感覚があれば、メインセット前に1回狙いの高重量を持つことになります。表7の場合であれば、試合形式で（足上げベンチで試合形式というのもおかしいかもしれませんが）160kgと165kgを持ち、最後に胸での止めなしで170kgを持っています。

　メインセットの内容を説明します。メインセットは3セット行うのですが、単純に3セットとも同じ重量で同じ回数を狙うのではなく、重量と回数に変化をつけてトレーニングを行っています。

1セット目は140kgで9回狙い。2セット目は2.5kg重量を上げて8回狙い。そして3セット目はまた1セット目と同重量である140kgに戻して8回狙い。

「1セット目に9回挙げる」、「2セット目に8回挙げる」、「3セット目に8回挙げる」といったように、3セットすべてに別々のセットクリア条件を設け、1セット目にセットクリア条件を満たせなくても2セット目に、2セット目にセットクリア条件を満たせなくても3セット目にといったように、すべてのセットに対してモチベーションが維持できるようにしています。

　サブトレーニングを見ていきましょう。トレーニングフォームは尻上げベンチ。ウォーミングアップは100kg、140kg、180kg、200kgを1セットずつ合計4セットで、メインセットの重量よりも重い180kgと200kgは、メインセット1セット目から全力を出せるように、体を高重量に慣らす、目覚めさせるという意味で持っています。

　メインセットは170kgで8回狙い×3セット。セットクリア条件は3セット8回挙げるで、表7の場合であれば、3セット目が7回しか挙がっていないため、次回も同重量でトレーニングを行います。

インターバルは5分程度と短く、これは尻上げベンチのように挙上幅を制限したフォームだと、1セット毎の疲労度が少なくなるためです。

　メインセット後にフォームをパワーフォームに変更し、100kgでウォーミングアップを行った後にサブセットとして120kgで15回以上狙い×2セット。

表7の場合であれば1セット目が16回、2セット目が15回なので、次回から重量を2.5kg上げてトレーニングを行うことになります。

・そのトレーニングを行う理由

　最後に、筆者が紹介したような基本形から少しはずれた高頻度トレーニングを行っている理由を説明したいと思います。

　まず、トレーニングの目的がメイントレーニング＝地力アップ（筋力・筋量アップ）、サブトレーニングの目的＝筋力アップ・神経系強化というパターン②の高頻度トレーニングを行っている理由を、フォーム的なことを含めて説明します。

　メイントレーニングで地力アップのトレーニングを行っている理由ですが、地力を上げるトレーニングが、ベンチプレスを強くするうえで最も必要なトレーニングと考えているからです。通常、地力アップのトレーニングはパワーフォームで行いますが、筆者は足上げベンチで行っています。これは足上げベンチが、「パワーフォームのように、そのときのフォームの状態によってトレーニングの結果が左右されないフォームである」ためです。

　パワーフォームでトレーニングを行う場合、足の置く位置や踏ん張り具合によってフォームの状態に差が出ることが多く、それによってト

【写真3】 筆者の尻上げベンチ。しっかりと足を踏ん張り、尻をベンチ台から浮かす。

ここでは、高頻度トレーニングの具体例ということで、基本パターンAでの高頻度トレーニングを紹介してきました。

実際に行っている内容だけでなく、それぞれどういった理由でそのトレーニングを行っているか？ということも述べたため、高頻度トレーニングを行う際のヒントとして、ある程度は役に立つのではないでしょうか。

レーニングの結果が左右されてしまいます。
これに対して、足上げベンチは両足を床から浮かすため、フォームに差が出ることが少なく、そういったトレーニングの行いやすさを考え、足上げベンチを選択しています。

サブトレーニングで筋力アップ・神経系強化のトレーニングを行っている理由ですが、これは前日のメイントレーニングのトレーニングフォームが足上げベンチのため、どうしても扱う重量が軽くなってしまい、それを補うという意味で扱う重量が重くなる筋力アップ・神経系強化のトレーニングを行っています。
また、メインセットのトレーニングフォームが尻上げベンチなのは、前日の足上げベンチでの疲労のため、挙上幅を制限したフォームでないとまともにトレーニングができないためです。

ただし、尻上げベンチは挙上時の軌道がパワーフォームと大きく異なるため、尻上げベンチだけでトレーニングを終えてしまうと肝心のパワーフォームの挙上時の軌道に問題が出る、挙げにくさを感じることがあります。
そういった軌道を修正する、挙げにくさをなくすというフォームチェック的な意味も込めて、サブセットに通常では行わないような高回数でのパワーフォームのセットを行っています。

Chapter 5
エブリベンチ・トレーニング

エブリベンチとは？

2日連続以上でベンチプレスのトレーニングを行う、週に4回以上の頻度でベンチプレスを行うトレーニングのことを高頻度トレーニングと呼ぶのですが、その中でも週に5回以上の頻度でベンチプレスを行うトレーニングのことを『エブリベンチ』と呼びます。
K'sジムで行われているエブリベンチの方法とは異なりますが、ロシアのパワーリフティングの選手や、海外のディスエイブルのトップ選手たちも、週に5回以上ベンチプレスを行う、エブリベンチを行っていることが多いようです。
これはあくまで自分の考えですが、このエブリベンチは『ベンチプレスのトレーニング』ではなく、『ベンチプレスの練習』として捉えるべきだと考えています。

通常、ウエイトトレーニングでは同じ部位を鍛えるのは多くて週に2回、少なければ週に1回となり、頻度という点では他の競技やスポーツと大きく異なります。
例えば、ウエイトトレーニング経験者が野球やサッカー、水泳といったスポーツや競技の選手に「週に何回練習していますか？」という質問をしたときに、「大体週に1回、多くても週に2回です」という返答を得たとしたら、まず間違いなく、「そんなに少なくて大丈夫なのか？」、「遊びでやっているのか？」と思うはずです。
技術練習や反復練習が必要となる他のスポーツや競技では、週に1回か2回しかそのスポーツや競技を行わないということは、まずありえないのです。

これに対して、ウエイトトレーニング経験者がベンチプレスの選手に同じ質問をして、同じ返答を得ても特に何も思わないのではないでしょうか。これは、その人がウエイトトレーニングではトレーニングと同じぐらい休養が大切というウエイトトレーニングの原則を理解しているからで、この原則は間違いないと思います。
ただし、これはあくまでベンチプレスを大胸筋や上腕三頭筋を鍛える、ウエイトトレーニングの1つとして捉えた場合の話です。
エブリベンチでは、他のスポーツや競技のように高頻度でベンチプレスを行うことで、ベンチプレスのトレーニング自体を大胸筋や上腕三頭筋を鍛えるウエイトトレーニングとして捉えるのではなく、「より高重量を挙げるための技術練習や反復練習」として捉えているのです。

これを聞くと不思議に思うかもしれませんが、K'sジムでは児玉選手をはじめ、ベンチプレスを真剣に行っている人の中に「トレーニングを行う」という言葉を使う人は誰一人いません。
すべての人が、『練習する』という言葉を使うのです。
トレーニングという言葉を聞くと、きつい、厳しいイメージが湧いてしまいます。
「エブリベンチではほとんど毎日ベンチプレスのトレーニングを行う」と聞くと、「結果を出したいために厳しいトレーニングを頑張っている」という風に思うかもしれません。
しかし、実際にはそうではないのです。

K'sジムでエブリベンチを行っている人は、体

を鍛えるために厳しいトレーニングを行っているという感覚は全くなく、ベンチプレスを頑張っているつもりもないのです。
例えば、野球のバッティング練習であれば、思いきりボールを叩いて飛ばし、それを行うこと自体が楽しいはずです。エブリベンチを行っている人もこれと同じで、ベンチプレスをすること自体が楽しい、ベンチプレスの『練習』が楽しくて仕方がないのです。

「エブリベンチを行ううえで大切なことは？」と聞くと、「回復力が優れていること」とほとんどの人が答えるでしょう。
確かに、回復力が優れているということはエブリベンチを行ううえで非常に大切です。
しかし、本当に大切なのは、ベンチプレスをきつい、厳しいトレーニングではなく、行うこと自体が楽しい『練習』と思えるということなのです。

週に5回の頻度のエブリベンチ

それでは、週に5回の頻度でベンチプレスを行う高頻度トレーニング、頻度が5回のエブリベンチのトレーニング方法を紹介します。

■基本パターン

頻度が5回のエブリベンチのメイントレーニングとサブトレーニングの振り当てを示すと、表1のようになります。
振り当てパターンは基本的に2種類しかありません。オンとオフの形を見てみると、頻度が4回の高頻度トレーニングでは様々なパターンがありましたが、頻度が5回の場合では3日トレーニングを行ってオフを取り、2日トレーニングを行ってオフを取るという形となるのが通常です。

メイントレーニングとサブトレーニングの振り当てとしては、パターンA＝メイントレーニングーサブトレーニングAーサブトレーニングBーオフーメイントレーニングーサブトレーニングAーオフ。
メイントレーニングとサブトレーニングを2日続けて行い、その後にオフを取るという、頻度が4回の高頻度トレーニングの基本パターンに

【表1】 頻度が5回のエブリベンチでのメイントレーニングとサブトレーニングの振り当て

パターン	1日目	2日目	3日目	4日目	5日目	6日目	7日目
A	メイン	サブA	サブB	オフ	メイン	サブA	オフ
B	メイン	サブB	サブA	オフ	メイン	サブA	オフ

プラスして、週に1回別のサブトレーニングを行うような形となっています。
パターンB＝メイントレーニング－サブトレーニングB－サブトレーニングA－オフ－メイントレーニング－サブトレーニングA。
オフの前日に同じサブトレーニングを行うことで、オフの後のメイントレーニングもほぼ同じ状態で行うことができます。

　ただし、3日連続でトレーニングを行うときのメイントレーニングとサブトレーニングAの間に行うサブトレーニングBのトレーニング内容をどのようなものにするかが非常に難しくなってきます。
これに対してパターンAの場合、高頻度トレーニングの基本パターンにもう1つ別のサブトレーニングを付け足すだけの形になり、トレーニング内容を決めるのも比較的容易となってきます。
　こういったことから、パターンAの形でトレーニングを行うのがほとんどとなり、頻度が5回のエブリベンチの基本パターンは、パターンAということになります。

■ 基本パターンの中の3つのパターン
　頻度が5回のエブリベンチの基本パターン、パターンAでのトレーニング方法は、その人のタイプによって2つに分けることができ、そのうちの1つのタイプで2つのパターン、もう1つのタイプで1つのパターン。合わせて3つのトレーニングパターンに分けることができます。
　タイプ別、パターン別のメイントレーニングとサブトレーニングのそれぞれのトレーニングの目的と内容は、表2のようになります。
　タイプについては、その人の回復力の早さによって分けることとなり、タイプS（slow）が通常のトレーニング内容でエブリベンチを行って回復が間に合うタイプ、タイプF（fast）がハイボリュームのトレーニング内容でエブリベンチを行って回復が間に合うタイプ。
タイプによって行うトレーニングの内容が大きく異なります。

・タイプSのトレーニングパターン
　タイプS＝通常のトレーニング内容でエブリベンチを行って回復が間に合うタイプのトレーニングパターンを紹介します。
　タイプSのトレーニングパターンは2つあり、トレーニングの目的と内容を見てみると、パターン①では、メイントレーニング＝地力アップ、サブトレーニングA＝体を作る、サブトレーニングB＝筋力アップ・神経系強化。

【表2】　基本パターンAのタイプ・パターン別のトレーニングの目的と内容

タイプ	パターン	メイントレーニング	サブトレーニングA	サブトレーニングB
S	①	地力アップ（筋力・筋量アップ）	体を作る	筋力アップ・神経系強化
S	②	地力アップ（筋力・筋量アップ）	筋力アップ・神経系強化	体を作る
F	①	地力アップ（筋力・筋量アップ）	体を作る	体を作る

パターン②では、メイントレーニング＝地力アップ、サブトレーニングA＝筋力アップ・神経系強化、サブトレーニングB＝体を作る。
以上のような形になっています。

どちらも頻度が4回の高頻度トレーニングの基本パターンにプラスして、3日目にメイントレーニングとサブトレーニングAを補う内容となる、サブトレーニングBを行うことになります。実際のトレーニング内容については後に紹介しますが、基本的には頻度が4回の高頻度トレーニングと同じような内容でトレーニングを行います。

ただし、頻度が4回の高頻度トレーニングと大きく異なる点が1つあります。

それは、メイントレーニングのトレーニングの目的と内容が、基本的に地力アップのトレーニングであるということです。

頻度が4回の高頻度トレーニングでは、メイントレーニングで地力アップのトレーニングだけでなく、筋力アップ・神経系強化のトレーニングも行うこともありますが（珍しいパターンとして）、頻度が5回のエブリベンチでは、通常はメイントレーニングのメインセットは、地力アップのトレーニングしか行いません。

これは、実際に頻度が5回のエブリベンチを行ってみれば、すぐに実感できることなのですが、頻度を上げてベンチプレスを行うと、高重量を扱わなくても高重量が扱える状態、自身の持っている力を引き出した状態を作ることができる。つまり、力を引き出すことを目的とした筋力アップ・神経系強化のトレーニングを行う必要性が低くなってきます。

このため、頻度が5回のエブリベンチでは、重要度の高いメイントレーニングのメインセットでは、筋力アップ・神経系強化のトレーニングを行わず、地力アップのトレーニングを行うことになります。（サブセットでは筋力アップ・神経系強化のトレーニングを行う）

メイントレーニングのメインセットで筋力アップ・神経系強化のトレーニングを行うことも稀にありますが、長期に渡って行うことはなく、期間を決めて短期間だけ行うことが多くなっています。

・タイプFのトレーニングパターン

タイプF＝ハイボリュームのトレーニング内容でエブリベンチを行って回復が間に合うタイプのトレーニングパターンを紹介します。

タイプFでは、メイントレーニング＝地力アップ、サブトレーニングA＝体を作る、サブトレーニ

【表3】 基本パターンAのタイプ・パターン別の1週間でのトレーニング

タイプ	パターン	1日目（メイン）	2日目（サブA）	3日目（サブB）	4日目	5日目（メイン）	6日目（サブA）	7日目
S	①	地力アップ（筋力・筋量アップ）	体を作る	筋力アップ・神経系強化	オフ	地力アップ（筋力・筋量アップ）	体を作る	オフ
	②	地力アップ（筋力・筋量アップ）	筋力アップ・神経系強化	体を作る		地力アップ（筋力・筋量アップ）	筋力アップ・神経系強化	
F	①	地力アップ（筋力・筋量アップ）	体を作る	体を作る		地力アップ（筋力・筋量アップ）	体を作る	

ングB＝体を作る。
基本的にこの1種類のパターンで、トレーニングを行うことが多くなっています。

タイプFの特徴としては、タイプSと同じようにメイントレーニングのメインセットでは地力アップのトレーニングしか行わないこと。
サブトレーニングAとサブトレーニングBの両方が、どちらも体を作るトレーニングであるということ。
そしてメイントレーニング・サブトレーニングA・サブトレーニングBの、いずれのトレーニングでも筋力アップ・神経系強化のトレーニングを行わないこと（メインセットで行わないこと）があげられます。
具体的なトレーニング内容は後に紹介しますが、通常のトレーニングとは異なり、セット数が非常に多い、ハイボリュームのトレーニングを行います。

タイプFは、地力アップや体を作るといった、比較的高回数のセットを多セット行う、「ベンチプレスをやり込む」トレーニングを行うこととなります。

■基本パターンの具体的なトレーニング内容

頻度が5回のエブリベンチの基本パターンの、具体的なトレーニング内容を紹介します。
タイプSとタイプF、それぞれのパターン別の具体的なトレーニング内容を示すと、表4のようになります。
表4はあくまで一例としてのトレーニング内容になりますが、通常はここに示した内容のトレーニングを行うことが多くなっています。

・タイプSのトレーニング内容

タイプSのトレーニング内容から見ていきましょう。タイプSのトレーニング内容ですが、頻度が4回の高頻度トレーニングの基本パターンでのトレーニング内容とほとんど同じで、そ

【表4】 基本パターンAでの具体的なトレーニング方法（一例）
※フォーム名の記載のないトレーニングは通常パワーフォームで行う

タイプ	パターン	メイントレーニング		サブトレーニングA	サブトレーニングB	必要に応じて
		メインセット	サブセット	メインセット	メインセット	補助種目
S	①	基本的なトレーニング方法 基本的なトレーニング方法+α K's式メイントレーニング		肩甲骨を寄せただけ・足上げ 8回～12回狙い×2～5セット	3回狙い×5セット トップサイド・尻上げ 5回～10回狙い×2～5セット	ダンベルプレス ディップス マシンフライ プレスダウンなど 8回～12回狙い×2～3セット
S	②	基本的なトレーニング方法 基本的なトレーニング方法+α K's式メイントレーニング	—	トップサイド・尻上げ 5回～10回狙い×2～5セット	肩甲骨を寄せただけ・足上げ 8回～12回狙い×2～5セット	
F	①	8回×8セット法 6回～8回狙い×5～8セット	試合形式 1回狙い×1～3セット	肩甲骨を寄せただけ・足上げ 8回×8セット法 8回～10回狙い×5セット以上	足上げナロー 8回×8セット法 8回～10回狙い×5セット以上	

れにサブトレーニングBを足した内容となっています。サブトレーニングBの内容に関しても、頻度が4回の高頻度トレーニングの基本パターンでの筋力アップ・神経系強化、体を作るトレーニングのトレーニング内容とほぼ同じになっています。

ただし、頻度が4回の高頻度トレーニングと大きく違う点があります。それはサブトレーニングAとサブトレーニングBの両方でメインセットだけを行い、サブセットを行わないということです。
エブリベンチを行う場合、サブセットを行い全体的なトレーニング量が増えてしまうと、回復が間に合わないことが多くなってきます。
このため、通常はサブトレーニングではメインセットだけを行い、サブセットは行いません。これはタイプSだけでなくタイプFも同様です。

また、補助種目に関しても、ベンチプレスのトレーニングだけで充分ということもあるので、タイプS・タイプFともに基本的には行いません。行うとしてもオフの前日のトレーニングとなるサブトレーニングBと、2回目のサブトレーニングAで、1種目だけを行うようにします。

・タイプFのトレーニング内容

タイプFのトレーニング内容を見ていきましょう。フォームを見てみると、メイントレーニング＝パワーフォーム、サブトレーニングA＝肩甲骨を寄せただけのフォーム or 足上げベンチ、サブトレーニングB＝足上げベンチ or 足上げ・ナローベンチとなっています。

基本的にパワーフォームでトレーニングを行うのはメイントレーニングだけで、メイントレーニングからサブトレーニングA、サブトレーニングAからサブトレーニングBに移るにつれて、パワーフォームを基準したときにより挙上幅の長い、より不利なフォームでトレーニングを行

うことになります。

セット内容を見てみると、メイントレーニング＝8回×8セット法 or 6～8回狙い×5セット以上、サブトレーニングA・サブトレーニングB＝8回×8セット法 or 8～10回狙い×5セット以上。
すべてのトレーニングで8回×8セット法を基本のトレーニングとし、最低でも5セット以上行うという非常にセット数の多い、ハイボリュームのトレーニング内容となっています。
メイントレーニングのトレーニングの目的は地力アップとなっていますが、内容としては体を作る内容に近くなっています。

また、表4には記載していませんが、どのトレーニングも、「行うセット数＝セットクリア条件での規定セット数」となっています。
8回×8セット法であれば、「行うセット数＝8セット、セットクリア条件＝8セット8回挙げる」、6～8回狙い×5セットであれば、「行うセット数＝5セット、セットクリア条件＝5セット5回挙げる」となっており、セットの前半部分は比較的楽に規定回数をこなせるものの、セットの後半になると規定回数をこなすのが難しくなるという、肉体的にはもちろん、最後まで集中力を維持しなければならないということで、精神的にもきついトレーニングとなっています。

タイプFのトレーニングは、ハイボリュームのトレーニング内容をエブリベンチで行っても回復が間に合う人向けの内容となり、誰もが行えるという内容ではありません。

・8回8セット法

『8回×8セット法』について簡単に紹介します。『8回×8セット法』はその名前の通り「8回狙い×8セット、セットクリア条件＝8セット8回挙げる」というセット内容となっています。実際に行ってみればわかると思いますが、セッ

トの前半部分（1セット目～4セット目前後）は比較的楽に楽にこなせますが、どれだけセットの前半部分を楽にこなせても、後半部分は必ずきつくなってきます。

『8回×8セット法』は、回数から見ると地力アップを目的としたトレーニングとなりますが、セット数のことを考えると、地力アップよりも軽い重量でベンチプレスをやり込み、高重量を上げるための体を作ることを目的としたトレーニングとも言えます。

また、「ベンチプレスをやり込む」ということには、それとは別の目的や効果があります。その中でも最も大きなものが、「フォームの習得・改善」です。特にパワーフォームでは、ひたすらフォームを組んでトレーニングを行うということが最善のフォームの習得方法・改善方法になるため、ベンチプレスをやり込む＝セット数を多くこなすということは、非常に重要になってきます。

このような『8回×8セット法』を行う際の注意点をあげると、表5ようになります。

第1の注意点は、いくら余裕があっても「絶対に8回より多く挙げない」ことです。前半部分が物足りないからといって、8回より多く挙げてしまい、後半部分がこなせないようでは話になりませんし、トレーニングの目的や効果も変わってしまいます。

第2の注意点は、「インターバルを短くしすぎない」ことです。ボディビルでの8回×8セット法であれば、インターバルを短くしてパンプさせるのが正解かもしれませんが、ベンチプレスを強くするための『8回×8セット法』ではセットクリアを目指して、しっかりとインターバルを取ります。

前半部分では通常のトレーニングよりも疲労度が低いため、インターバルは短めでもかまいませんが、最低でも5分以上取り、しっかりと筋肉の張りを取り、回復させてから次のセットに移るようにします。

第3の注意点は、「余裕のある重量から導入する」ということです。『8回×8セット法』はハイボリュームな分だけ、その疲労度も高くなっています。通常、新しいトレーニングを導入する場合、やり直しを活用してセットベスト（推定のセットベスト）から－10kg、もしくは－20kgの重量から開始しますが、『8回×8セット法』の場合は、体を慣らす期間を設けるということで、さらに軽い重量からやり直しを開始することになります。

【表5】 8回×8セット法を行う際の注意点

> ・絶対に8回より多く挙げない
> ・インターバルを短くしすぎない
> ・余裕のある重量から導入する

まず、8回×1セットのベスト重量からやり直しの分で−20kg。(−10kgではなく)
8セット8回挙げるというセットクリア条件による重量差、そして慣らす期間を設けるということを考えてさらに−10kgから−15kg。合計して30kg〜35kg引いた重量から『8回×8セット法』を導入することになります。(8回×1セットのベスト重量が140kgの人であれば、105kg〜110kgから導入開始となる)

『8回×8セット法』は、うまく行えば大きな効果が期待できますが、やり方を間違えてしまうと簡単に調子を崩してしまうこともあるので、導入と実施には注意が必要になってきます。

週に6回の頻度のエブリベンチ

それでは頻度が6回のエブリベンチ、本当の意味でのエブリベンチの方法を紹介します。

ここで紹介する方法は頻度が6回のエブリベンチの基本形になりますが、内容としては非常に感覚的で、実際に行うとなると回復が早い人、またはトレーニング経験が豊富で自身の現在の状態を把握できる人。こういった人以外には実施は難しいかもしれません。

■オフの取り方
頻度が6回のエブリベンチでは、6日連続でトレーニングを行い、1日オフを取るという形をとります。トレーニングを行う日を決めるというよりも、1週間に1回取るオフの日を決め、固定にしてしまうということになります。

しかし、さすがに1週間に1日しかオフを取らない状態が続くと、疲労がたまり、次第に調子を崩してしまいます。
そのため、通常は常に週に6回トレーニングを行わず、「疲労がたまってきた」という感覚があれば、不定期で別の日にオフの日を設けるようにします。

ただし、固定のオフの前日や後日にオフを取り、2日連続でオフを取るようなことは通常はありません。
これは、2日連続でオフを取ってしまうと、体が「オフを取らないで回復できる状態」でなくなってしまう可能性があるためです。

■トレーニング内容
頻度が6回のエブリベンチは、メイントレーニング・サブトレーニングという形で、トレーニングの目的と内容に変化をつけることは通常ありません。
一定期間でのトレーニングの目的を1つ決めてしまい、その目的にあったトレーニングを週に6回、ほぼ同じ内容で行うことになります。
回数に変化をつけたり、フォームを変更することもありません。
ある人は週に6回パワーフォームで低回数のトレーニングを行い、ある人は週に6回足上げベンチで高回数のトレーニングを行う。
こうといったことになります。

【表6】 頻度が6回のエブリベンチのオンとオフの振り当て
※疲労度に応じて固定のオフの前後日以外にオフを取る

1日目	2日目	3日目	4日目	5日目	6日目	7日目
オン						オフ（固定）

【表7】 児玉選手の頻度が6回のエブリベンチの方法

セット	オフの後の1日目	2日目以降
メインセット前	パワーフォーム 　試合形式×2～3セット	
メインセット	パワーフォーム 　①・・・8回×8セット法	
サブセット	パワーフォーム 　②・・・①＋10kg×限界まで×1セット 　③・・・②＋10kg×限界まで×1セット 試合形式×2～3セット	

■児玉選手の方法

　それでは、頻度が6回のエブリベンチの具体例として、児玉選手が行っていたトレーニング方法を紹介したいと思います。
　表7は、児玉選手が2005年度の世界大会終了後に行っていた方法です。
　フォームはすべてパワーフォームで、メインセットに8回×8セット法を行い、サブセットとして8回×8セット法での使用重量に＋10kgした重量×限界までを1セット、さらにそこから＋10kgした重量×限界までを1セット。
そして最後に試合形式×2～3セット行っています。
オフの後の1日目も2日目以降もほとんどトレーニング内容は変わりませんが、オフの後の1日目だけはメインセット前に試合形式×2～3セットを行うようにしています。
　この児玉選手の方法は、週に6回行えるとは到底考えられないハイボリュームな内容となり、自身の現在の状態を把握し、固定のオフの日以外に別のオフを取ることで実施可能、そのオフを取るタイミングを心得ている児玉選手だからこそ、行える内容と言えるでしょう。

　ここでは、エブリベンチと呼ばれる、1週間での頻度が5回以上となる高頻度トレーニングを紹介してきました。
先に紹介した、高頻度トレーニングの基本形となる頻度が4回の高頻度トレーニング、また通常の週に2回程度のトレーニングもそうですが、基本的には導入時のやり直し期間、そのトレーニングを一度終了して再開するときのやり直し期間を除き、重量をほぼ固定にしてトレーニングを行うこととなります。

【表8】 頻度が6回のエブリベンチの特徴

- 週に1回取るオフの日を固定にする
- 疲労度に応じて固定のオフの前後日以外でオフを取る
- メイントレーニングとサブトレーニングの区分けがない
- 6回のトレーニングすべて同じフォームでトレーニングを行う
- 6回のトレーニングでほとんど同じ内容のトレーニングを行う

次項からは、こういった方法とは異なる、重量に変化をつけて行う、「エブリ・サイクルトレーニング」と呼ばれるトレーニング方法を紹介したいと思います。

Chapter 6
エブリ・サイクルトレーニングとは？

　これまで、頻度が4回の高頻度トレーニング、頻度が5回以上のエブリベンチのトレーニング方法を紹介してきました。この方法は1週間のうちのトレーニングを、その重要度や目的によってメイントレーニングとサブトレーニングに分け、トレーニング内容に変化をつけて高頻度でトレーニングを行うというものでした。
メイントレーニングとサブトレーニングの重量設定は、導入時のやり直し期間、そのトレーニングを一度終了して再開するときのやり直し期間を除き、ほぼ固定にしてトレーニングを行うこととなります。
　ここからは、それらの方法とは異なる重量に変化をつけて行うトレーニング方法。
現在、パワーリフターの間で主流となっている「サイクル・トレーニング」に近い方法をエブリベンチに取り入れた、『エブリ・サイクルトレーニング』を紹介したいと思います。

サイクル・トレーニングとは？

　エブリ・サイクルトレーニングを紹介する前に、サイクルトレーニングを簡単に紹介します。サイクルトレーニングは日本のパワーリフターの間で主流となっているトレーニング方法で、その方法を示すと、表1・2のようになります。
　まず4週から12週の間でトレーニングを行う期間を決めてしまい、それを1つのサイクルとします。
基本的にその期間中は、ほぼ同一のセットの組み方でトレーニングを行い、期間のはじめのうちは軽い重量からはじめ、週が進むにつれて少しずつ重量を上げる。
そして、最終週にセットベスト更新に挑戦し、そこで1サイクル終了となります。
　サイクル終了後は1週間ほどオフを取るのが通常で、最終週でセットベストを更新できた場

【表1】　サイクル・トレーニングの方法

- 期間を4週から12週とし、それを1サイクルとする
- 軽い重量からはじめ少しずつ重量を上げていく
- 最終週にセットベスト更新を狙う
- セットベストを更新できたら次のサイクルで重量を上げる

【表2】　サイクル・トレーニングの重量設定の具体例
　　　セットベスト＝147.5kg　1サイクル＝6週

1週目	2週目	3週目	4週目	5週目	6週目
125kg	130kg	135kg	140kg	145kg	150kg

合は全体的に重量を上げて、次のサイクルに移ることになります。

サイクルトレーニングには、重量に変化をつけることで、刺激のマンネリ化を防ぐ、フォームの習得・改善を行いやすい、怪我の可能性を減らすことができる、肉体的・精神的なピークを持ってくることができるなど、様々な長所や特徴があげられます。

このサイクルトレーニングは非常に効果的なトレーニング方法であるのは間違いないのですが、週に2回程度の通常のトレーニングで行うことを前提としているため、高頻度でトレーニングを行うことで調子を上げることができる人、高頻度でトレーニングしたい人には、行い難い、行えないトレーニング方法になっています。

これから紹介するエブリ・サイクルトレーニングは、このサイクルトレーニングに近い内容のトレーニングを、高頻度でトレーニングを行う人、行いたい人用にアレンジしたようなトレーニング方法となります。

エブリ・サイクルトレーニングの基本形

それではエブリ・サイクルトレーニングのトレーニング方法を紹介したいと思います。
ここでは、エブリ・サイクルトレーニングの特徴と基本的なトレーニングの進め方、通常の高頻度トレーニングと比較したうえでの長所、頻度別のオンとオフの振り当て、重量設定、トレーニングフォーム、トレーニング方法。
5つの項目に分けて紹介していきます。

■特徴と基本的なトレーニングの進め方

エブリ・サイクルトレーニングの特徴と基本的なトレーニングの進め方を示すと、表3のようになります。

通常の高頻度トレーニング、エブリベンチと大きく異なる特徴となるのが、メイントレーニングとサブトレーニングの区分けがないということです。毎回のトレーニングで常に同一のトレーニングフォームでトレーニングを行い、重量を除いたセットの組み方も、同一にしてトレーニングを行うことになります。

基本的なトレーニングの進め方としては、1週間を1つのサイクルとして考えます。

【表3】 エブリ・サイクルトレーニングの特徴と基本的なトレーニングの進め方

- メイントレーニングとサブトレーニングの区分けがない
- 1週間を1サイクルとする
- 軽い重量から開始し、毎回重量を上げていく
- 1週間の最終トレーニング日でセットベスト更新を狙う
- セットベストを狙う最終トレーニング日の前日はオフを取る
- 最終トレーニング日にセットクリアできた場合に次の週から全体的に重量を上げる

【表4】 セットクリアできた場合の重量変更の一例　セットベスト＝97.5kgの場合

セットクリア	1日目	2日目	3日目	4日目	5日目	6日目	7日目
セットクリア前	80kg	85kg	オフ	90kg	95kg	オフ	100kg
セットクリア後	82.5kg	875kg	オフ	92.5kg	97.5kg	オフ	102.5kg

1週間の間で、非常に軽い重量からトレーニングを開始し、毎回のトレーニングで少しずつ重量を上げる。そして、最終トレーニング日にセットベスト更新を狙うことになります。

セットベスト更新を狙う日の前日にはオフを設け、疲労の抜けた状態でセットベスト更新を狙う日を迎えるようにします。

セットクリアできなかった場合は、次の週も同重量でトレーニングを行い、セットクリアできた場合は全体的に重量を2.5kg上げ、さらにセットベスト更新を狙うことになります。(表4)

エブリ・サイクルトレーニングは、以上のような1週間を1サイクルとし、重量に変化をつけて行うトレーニング方法になるわけですが、1サイクルが1週間と非常に短く、1つのサイクルというよりも「1週間で1つのトレーニング」と考えた方がしっくりくるかもしれません。

■エブリ・サイクルトレーニングの長所

エブリ・サイクルトレーニングの通常の高頻度トレーニングと比較したうえでの長所をあげると、表5のようになります。

まず、最大の長所といえるのが、「フォームの習得・改善を行いやすい」ということです。

これは、通常の高頻度トレーニング、エブリベンチと違い、すべて同一のフォームでトレーニングを行い、無理な重量を扱っていない日が多い＝余裕のある重量を扱っている機会が多いためです。無理な重量を扱うと、どうしてもフォームが崩れがちになり、それによって調子を崩すこともよくあります。

しかし、エブリ・サイクルトレーニングでは余裕のある重量を扱う機会が多く、フォームが乱れることはそれほどありません。

最終トレーニング日のセットベスト更新に向けて、毎回のトレーニングでフォームを調整する

【表5】 エブリ・サイクルトレーニングの長所

- フォームの習得・改善を行いやすい
- 怪我の可能性が減る
- モチベーションを維持しやすい
- 通常の高頻度トレーニングよりも行いやすい
- 高頻度トレーニングの導入に活用できる

ことも可能です。

「フォームの習得・改善を行いやすい」という長所と並ぶ長所が、「怪我の可能性を減らすことができる」ということです。

これは先に述べたように余裕のある重量を扱う機会が多く、単純に体への負担が減ること、またフォームの習得・改善を行いやすく、怪我をしないフォームを身に付けることができることによります。

その他の長所として、「モチベーションを維持しやすい」ということがあげられます。

通常の高頻度トレーニングでは、やり直し期間を除き、基本的には毎回のトレーニングでセットベスト更新を狙うことになります。

ただし、そう簡単にはセットベストは更新できません。毎回が失敗の繰り返しであり、どうしてもモチベーションを維持するのが難しくなってきます。

それに対して、エブリ・サイクルトレーニングでは、セットベスト更新を狙うのは1週間のうちの最終トレーニング日のみです。それ以外の毎回のトレーニングで、セットクリアしながら少しずつ重量を上げる。セットクリアという成功を繰り返しながら、精神的なピークを最終トレーニング日に合わせることになるため、モチベーションを維持しやすくなっています。

また、「通常の高頻度トレーニングよりも行いやすい」という長所もあります。

通常の高頻度トレーニングでは回復が間に合わない人もいるでしょうが、エブリ・サイクルトレーニングでは余裕のある重量を扱う機会が多く、疲労も残りにくいため、通常の高頻度トレーニングよりも行いやすくなっています。

そして、これは長所と言えるかどうかわかりませんが、エブリ・サイクルトレーニングは、「高頻度トレーニングの導入に活用する」ことができます。これについては次項で紹介しますが、エブリ・サイクルトレーニングのトレーニング方法に少し変化を加えるだけで、高頻度トレーニングの導入に活用することができます。

■頻度別のオンとオフの振り当て

頻度別のオンとオフの振り当てを示すと、表6のようになります。

一番わかりやすいオンとオフの振り当てが、頻度が6回のエブリ・サイクルトレーニングです。

【表6】 エブリ・サイクルトレーニングでの頻度別のオンとオフの振り当て

頻度	1日目	2日目	3日目	4日目	5日目	6日目	7日目
6回	オン	オン	オン	オン	オン	オフ	オン
5回-A-	オン	オン	オフ	オン	オン	オフ	オン
5回-B-	オン	オン	オン	オフ	オン	オフ	オン
5回-C-	オン	オン	オン	オン	オフ	オン	オフ
4回	オン	オン	オフ	オン	オフ	オン	オフ

セットベスト更新を狙う日の前日＝6日目にオフを取り、それ以外がオンになります。6日目に体をいったん休ませ、7日目でセットベスト更新を狙うわけですが、7日目の成功と失敗にかかわらず、その翌日、翌週の1日目に続けてトレーニングを行うことになります。

「セットベスト更新を狙った翌日にトレーニングを行えるのか？」と思う人もいるでしょうが、通常のエブリベンチでは、セットベスト更新を狙うような重量を扱いながら連日でトレーニングを行いますので、それに比べると重量を落とした翌週の1日目のトレーニングは、体をほぐす程度の感覚で行えます。

頻度が5回のエブリ・サイクルトレーニングのオンとオフの振り当てですが、これは3つのパターンに分けることができます。

1つ目と2つ目のパターン、パターンAとパターンBでは頻度が6回のエブリ・サイクルトレーニングに近いオンとオフの振り当てになっています。セットベスト更新を狙う日の前日＝6日目にオフを取り、7日目の成功と失敗にかかわらず、その翌日、翌週の1日目に続けてトレーニングを行います。

頻度が5回ですので、6回目以外にもう1回オフを取ることになり、パターンAであれば3日目、パターンBであれば4日目にオフを取ることになります。

パターンBでは、セットベスト更新となる重量の一歩手前の重量を扱う日＝5日目の前日と翌日にオフを取り、セットベスト更新の一歩手前の重量でのトレーニングをスムーズにこなせるようにし、またそのトレーニングでの疲労を抜き、セットベスト更新を狙える状態を作る、という形になっています。

3つ目のパターンであるパターンCですが、これは頻度が6回、頻度が5回のパターンAやパターンBとは異なる形の、オンとオフの振り当てになります。

パターンCではセットベスト更新を狙う日の前日＝5日目、そしてセットベスト更新を狙った翌日＝7日目にオフを取ることになります。

セットベスト更新を狙う日の前日にオフを取り、疲労を抜いてからセットベスト更新を狙える状態を作る。セットベスト更新を狙った翌日にもオフを取り、セットベスト更新を狙ったトレーニングでの疲労を抜き、次のサイクルに万全の状態で望む。以上のような形となります。

頻度が4回の場合のエブリ・サイクルトレーニングのオンとオフの振り当てですが、これは頻度が5回のパターンBとCを足したようなオンとオフの振り当てとなっています。セットベスト更新を狙う日の前日と翌日、それにプラスし、セットベスト更新の一歩手前の重量を扱う日の前日にオフを取ることになります。通常、エブリ・サイクルトレーニングの導入期以外では、頻度が4回のエブリ・サイクルトレーニングを行うことは少なくなっていますが、トレーニングの行い易さを考えると、この頻度が4回のエブリ・サイクルトレーニングが、万人が行える、万人にすすめることができるエブリ・サイクルトレーニングとなります。

■重量設定

肝心の重量の設定方法を紹介します。
頻度別の重量の設定方法の目安を示すと、表7のようになります。

頻度にかかわらず、通常の重量の上げ幅は2.5kg〜7.5kgで、少しずつ重量を上げて、最終トレーニング日に、セットベストよりも2.5kg重い重量に挑戦することになります。

成功と失敗にかかわらず、重量を下げて次の週＝サイクルに移るわけですが、頻度が6回の場合であれば22.5kg〜25kg、頻度が5回の場合であれば17.5kg〜20kg、頻度が4回の場合であれ

【表7】 エブリ・サイクルトレーニングでの頻度別の重量設定の目安（セットベスト＝0とした場合）

頻度	1日目	2日目	3日目	4日目	5日目	6日目	7日目
6回	−22.5kg〜−25kg	−17.5kg〜−20kg	−12.5kg〜−15kg	−7.5kg〜−10kg	−2.5kg〜−5kg	オフ	+2.5kg
5回-A-	−17.5kg〜−20kg	−12.5kg〜−15kg	オフ	−7.5kg〜−10kg	−2.5kg〜−5kg	オフ	+2.5kg
5回-B-	−17.5kg〜−20kg	−12.5kg〜−15kg	−7.5kg〜−10kg	オフ	−2.5kg〜−5kg	オフ	+2.5kg
5回-C-	−17.5kg〜−20kg	−12.5kg〜−15kg	−7.5kg〜−10kg	−2.5kg〜−5kg	オフ	+2.5kg	オフ
4回	−12.5kg〜−15kg	−7.5kg〜−10kg	オフ	−2.5kg〜−5kg	オフ	+2.5kg	オフ

【表8】 頻度が5回の場合の重量設定の一例　セットベスト＝100kgの場合

1日目	2日目	3日目	4日目	5日目	6日目	7日目
80kg	87.5kg	92.5kg	オフ	97.5kg	オフ	102.5kg

ば12.5kg〜15kg、それぞれセットベスト（更新した場合のセットベスト）の重量から引いた重量で設定し、次の週＝サイクルに移ることになります。

ただし、ここで示した重量設定はあくまで目安となります。頻度が4回の場合、通常では1日目の重量はセットベスト−12.5kg〜−15kgとなっていますが、1日目の重量を−20kgに設定し、それに合わせて重量の上げ幅を前半は10kg、後半は5kgといったように設定。最終的に自身がセットベスト＋2.5kgの重量に一番挑戦しやすい状態を作れるように調整します。

なお、一度重量を調整した後は、同じトレーニング内容を行っている間は、極力その重量設定を変えず、セットベスト更新に失敗した場合は、次の週＝サイクルも同じ重量設定。セットベスト更新に成功した場合は、次の週＝サイクルでは、その重量設定に2.5kgずつ増やした重量を設定するようにします。

■トレーニングフォーム
　エブリ・サイクルトレーニングではメイントレーニングとサブトレーニングの区別がなく、すべて同一のフォームでトレーニングを行うことになります。
通常はパワーフォームでエブリ・サイクルトレーニングを行い、フォームの習得・改善を行いながら、地力を上げていくのが最善の方法になると思います。
ただし、パワーフォームを組むこと自体がある程度腰に負担をかけることになるため、高頻度でパワーフォームを組んでトレーニングを行うとなると、あらかじめ腰に負担のかからないパワーフォームを習得している必要があります。
　また、パワーフォームでエブリ・サイクルトレーニングを行えないからという理由からでなく、最初から別の意味を込めてパワーフォーム以外のフォームでエブリ・サイクルトレーニングを行うこともあります。

足上げベンチであれば、普段よりも不利な状態を作り、根本的な体作りと地力の底上げのため。尻上げベンチであれば、普段持てないような重量を持つことで、高重量に耐えることができる体を作るため。

様々な意味を込めてトレーニングを行うことができます。

■トレーニング方法
・セットの組み方

エブリ・サイクルトレーニングでは重量に変化をつけますが、基本的には常に同じトレーニング内容でトレーニングを行うことになります。トレーニング内容はその人の目的によって変わり、それに合わせてセットを組むことになるのですが、どのようなセットの組み方でも良いというわけではありません。

エブリ・サイクルトレーニングでは、原則として「行うセット数＝セットクリア条件での規定セット数」という形のセットの組み方で、トレーニングを行うことになります。

例えば、8回狙い×3セットのトレーニングを行うのであれば、セットクリア条件＝3セット8回挙げるになり、5回狙い×5セットのトレーニングを行うのであれば、セットクリア条件＝5セット5回挙げるになるわけです。

エブリ・サイクルトレーニングでこういったセットの組み方をするには2つ理由があります。1つ目の理由が、行うセット数＝セットクリア条件での規定セット数というセットの組み方が、「重量的に無理のないセットの組み方になる」ためです。行うセット数＝セットクリア条件での規定セット数というセット組み方の場合、セットの後半で限界がくるトレーニング、最後のセットが規定回数挙がるかどうか？というトレーニングになりやすくなっています。

このため、セットベスト更新を狙う日でも、規定セット数が3セットであれば最低でも1セット目、規定セット数が5セットであれば3セット目ぐらいまでは規定回数をこなせることになり、それよりも最低でも5kg～7.5kg以上軽い重量を扱うトレーニング日は、ある程度の余裕を持ってトレーニングを行えることになります。

これに対して、行うセット数≠セットクリア条件での規定セット数というセットの組み方ではこうはいきません。

例えば、7回狙い×3セットでセットクリア条件＝1セット7回挙げる。このようなセットの組み方の場合、前半の1日目や2日目ぐらいであれば、ある程度余裕を持ってこなすことができ、次回のトレーニングに移ることができるかもしれません。しかし、後半になり重量が重くなってくると、1セット目はある程度余裕を持って7回挙げてセットクリアすることができるものの、2セット目がぎりぎり7回、3セット目が6回といったように、自分の限界までトレーニングを行ってしまう可能性があります。

エブリ・サイクルトレーニングでは、セットベスト更新を狙う日以外は限界までトレーニングを行うことはなく、フォーム調整や体調調整の意味合いでトレーニングを行うため、限界までトレーニングを行ってしまうと、そういった意味合いのトレーニングが行えなくなってしまうのです。

2つ目の理由が、行うセット数＝セットクリア条件での規定セット数というセットの組み方が、「最後まで集中してトレーニングを行うことができるセットの組み方になる」ためです。

これはエブリ・サイクルトレーニングだけに限ったことではありませんが、行うセット数≠セットクリア条件での規定セット数というセットの組み方の場合、どうしてもセットクリア条件と関係ないセットで集中力を維持するのが難しくなってきます。

例えば、8回狙い×5セット、セットクリア条件＝3セット8回挙げる、このようなセットの組み方の場合、セットクリアに関係ない4セット目と5セット目を集中して行うことが難しく、3セット目まで8回→8回→7回と良い感じで挙げていたのに、4セット目になると集中力が切れたせいで5回や4回しか挙がらなくなる。こういったこともよく起きてきます。

　エブリ・サイクルトレーニングではこういったことがないよう、すべてのセットで集中してトレーニングを行い、セットベスト更新を狙う日以外のすべてのセットで規定回数を挙げる。そして、肉体的なピークだけでなく、精神的なピークを持ってくるため、行うセット数＝セットクリア条件での規定セット数というセットの組み方でトレーニングを行うことになります。

・トレーニング内容

　エブリ・サイクルトレーニングでは、その人の目的によってトレーニング内容を決めることになります。

例えば、筋力アップ・神経系強化を目的とするなら、5回狙い×5セット。地力アップを目的とするなら、8回狙い×3セット。体を作ることを目的とするなら、12回狙い×3セット。

すべてのトレーニングを同一のフォームで行い、目的への効果が得られるような回数とセット数に設定し、トレーニングを行うことになります。

ただし、先に述べたように、どの回数、どのセット数でトレーニングを行うとしても、原則として行うセット数＝セットクリア条件での規定セット数というセットの組み方で、トレーニングを行うこととなります。

・トレーニングを行ううえでの注意点

　これは改めて書くようなことではありませんが、どのようなトレーニングを行ったとしても、インターバルを短くしすぎないように注意する必要があります。

エブリ・サイクルトレーニングは、サイクルの前半の使用重量が軽いだけでなく、行うセット数＝セットクリア条件での規定セット数という、比較的その日のトレーニングの前半部分を余裕を持ってこなせるというセットの組み方となっています。

このため、トレーニングを頑張ったという感覚やパンプ感といった、ベンチプレスを強くするためのトレーニングに必要のないものを得たい人の場合、どうしてもインターバルを短くしすぎる傾向にあります。

しかし、インターバルを短くしすぎるとフォームの取得・改善といった効果は得られませんし、肉体的なピークや精神的なピークを持ってくることも難しくなります。

　こういったことがないよう、インターバルを短くしすぎず、どのようなトレーニングを行ったとしても、最低でも5分以上はインターバルを取るようにします。

Chapter 7
エブリ・サイクルトレーニングの導入と実践

　前項では、「エブリ・サイクルトレーニングとは？」ということで、エブリ・サイクルトレーニングの基本形を紹介しました。
　このトレーニング方法は、通常の高頻度トレーニングに比べて比較的簡単に導入できる、通常の高頻度トレーニングが行えなかった人でも行うことがきる可能性のあるトレーニング方法となります。
　ここでは、これまでに高頻度トレーニングを行ったことがない場合、すでに高頻度トレーニングを行っている場合の2つの場合に分けて、エブリ・サイクルトレーニングの導入方法を紹介します。
　また、エブリ・サイクルトレーニングにサブセットや補助種目を取り入れる方法、具体例なども合わせて紹介したいと思います。

導入方法

■これまでに高頻度トレーニングを行ったことがない場合

　エブリ・サイクルトレーニングでは、1週間の最終トレーニング日以外は、セットベストより軽い重量を扱うことになります。
　ただ、さすがにこれまでに高頻度トレーニングを行ったことがない人、今まで週に2回程度の通常のベンチプレスのトレーニングしか行っていなかった人が、いきなり週に5回や6回もトレーニングを行い、さらにセットベスト更新を狙うとなると、さすがに無理があります。
　まずは、高頻度トレーニングに体を慣らすトレーニングを一定期間行い、その上でエブリ・サイクルトレーニングを行う必要があります。
　この高頻度トレーニングを体に慣らすトレーニングとして、エブリ・サイクルトレーニングを活用するのです。
　表1は、これまでに高頻度トレーニングを行ったことがない場合の、エブリ・サイクルトレーニングを活用した高頻度トレーニング、エブリ・サイクルトレーニングの導入の具体例です。
　まず頻度ですが、週に2回程度のトレーニングを行っていた人が、いきなり5回や6回もトレーニングをするのは無理があるので、通常は4回。1週間でのオンとオフの振り当ては、オン-オン-オフ-オン-オフ-オン-オフで、1週間で一番重い重量を持つ6日目の前後である5日目と7日目、それと3日目にオフを設けています。
　ここまでは通常のエブリ・サイクルトレーニングと同じですが、期間が1週間ではなく、それよりも長い期間、表1の場合であれば、5週間（6週間）となっています。
　1週目から見ていくと、1日目が65kgとセットベストが100kgの人からすればウォーミングアップ程度の非常に軽い重量になっています。ここから毎回重量を5kgずつ上げていき、1週目の最終トレーニング日は80kgを持つことになります。
　扱う重量が軽いため、よほど回復が遅い人を除けば、週に2回程度しかトレーニングを行っていなかった人でも、なんなく1週目はこなせるはずです。
　ただし、頻度が増えたことによる疲労感はあ

【表1】 エブリ・サイクルトレーニング導入期の重量設定の具体例　セットベスト＝100kgの場合

週	1日目	2日目	3日目	4日目	5日目	6日目	7日目
1週目	65kg	70kg	オフ	75kg	オフ	80kg	オフ
2週目	70kg	75kg		80kg		85kg	
3週目	75kg	80kg		85kg		90kg	
4週目	80kg	85kg		90kg		95kg	
5週目	85kg	90kg		95kg		100kg	
6週目	87.5kg	92.5kg		97.5kg		102.5kg	

　るはずです。そのため、その疲労を抜くと言う意味も込め、そのまま重量を上げず、2週目の1日目に重量を下げてトレーニングを行います。

　2週目の1日目の重量は1週目の1日目よりも5kg重い70kg。ここから毎回重量を5kgずつ上げていき、2週目の最終トレーニング日には1週目の最終トレーニング日の重量である80kgよりも5kg重い85kgを持つことになります。前の週の1日目よりも5kg重い重量からはじめ、最終トレーニング日には前の週の最終トレーニング日よりも5kg重い重量を持つ。この流れを繰り返すことで、少しずつ高頻度トレーニングに体を慣らしていくわけです。

　もちろん、セットクリアできた場合にだけ重量を上げ、セットクリアできなかった場合は次の週も同重量を扱うわけですが、多くの人が3週目ぐらいまではすんなりといき、4週目から厳しくなってきます。

　そして5週目に入り、最終トレーニング日にセットベスト重量の100kgに成功すれば導入が終了。6週目からは全体的に2.5kg重量を上げ、

【表2】 エブリ・サイクルトレーニング導入期の重量設定の目安（予定導入期間＝4週間　セットベスト＝0とした場合）

週	1日目	2日目	3日目	4日目	5日目	6日目	7日目
1週目	−30kg	−25kg	オフ	−20kg	オフ	−15kg	オフ
2週目	−25kg	−20kg		−15kg		−10kg	
3週目	−20kg	−15kg		−10kg		−5kg	
4週目	−15kg	−10kg		−5kg		0kg	
5週目	−12.5kg	−7.5kg		−2.5kg		+2.5kg	

セットベスト更新を狙うエブリ・サイクルトレーニングの開始となるわけです。

なお、表1の場合は5週間かけて導入を行っていますが、実際に導入を行う場合は4週～6週の間で導入期間（予定での）を調整するようにします。

週に2回のトレーニングを行っている人が導入する場合は長めの6週、週に3回のトレーニングを行っている人が導入する場合は短めの4週といったように、自身で工夫して導入期間を調整するようにしてください。

■すでに高頻度トレーニングを行っている場合

すでに高頻度トレーニングを行っている人の場合、比較的簡単にエブリ・サイクルトレーニングを導入することができます。

ただし、導入はできても、結果を出すとなると話は別です。導入して1週目にセットベストを更新しようとしても、通常はできません。

これは、エブリ・サイクルトレーニングに限った話ではありませんが、トレーニング内容を変更したものの、重量設定が悪かったため効果を得られない、それどころか調子を崩してしまうということはよくある話です。

こういったことがないように、すでに高頻度トレーニングを行っている人の場合でも、一定の導入期間を設ける必要があります。

導入期間はこれまでに高頻度トレーニングを行ったことがない人の場合よりも短く、2週～4週程度。2週目から4週目の最終トレーニング日にセットベスト重量を持ち、それがセットクリアできた場合に、次の週から2.5kg上げてセットベスト更新を狙うエブリ・サイクルトレーニングの開始となります。

すでに高頻度トレーニングを行っている人がエブリ・サイクルトレーニングを導入する場合、「高頻度トレーニングに体を慣らす期間」というより、「同一フォームでの高頻度トレーニングに体を慣らす期間」という意味合いが強くなっています。

すでに高頻度トレーニングを行っている人にとって、通常の高頻度トレーニングとエブリ・サイクルトレーニングのどちらが記録を伸ばすという点で優れているか？ということは、人によって異なるでしょう。

しかし、エブリ・サイクルトレーニングは通常の高頻度トレーニングと違い、同一フォームで常にトレーニングを行うこと、軽い重量でトレーニングを行う機会が多いことから、フォームの習得・改善の効果が得られやすく、そういったことによる記録の伸びに関しては、通常の高頻度トレーニングよりも期待できます。

サブセットと補助種目の取り入れ方

エブリ・サイクルトレーニングでは、同一フォーム、同一内容の、メインセットだけを行うのが通常です。

ただし、メインセットの内容を補うという意味で、サブセットや補助種目を取り入れる場合もあります。

取り入れる場合は、通常の週に2回程度のトレーニングのようにメインセットの後にサブセットや補助種目を取り入れてしまうと疲労がたまってしまい、エブリ・サイクルトレーニングの効果は得られにくくなります。

そういったことがないよう、いくつかの点を注意しながら、エブリ・サイクルトレーニングにサブセットや補助種目を取り入れることになります。

なお、エブリ・サイクルトレーニングの導入期間、特にこれまでに高頻度トレーニングを行ったことがない人の導入期間では、疲労度を考え

てサブセットや補助種目を行わず、メインセットだけを行うようにします。

■サブセットの取り入れ方
・メインセットと同様に重量を上げる方法
　エブリ・サイクルトレーニングでサブセットを取り入れる方法の1つとして、メインセットと同様に軽い重量からはじめ、メインセットと同様に日ごとに重量を上げていく方法があります。このサブセットの取り入れ方の場合、メインセット後に毎回サブセットを行い、メインセットと同様に最終トレーニング日にセットベスト更新を狙うことになります。
　ただし、メインセットと同じように軽い重量からはじめるとはいえ、メインセット後にあまり疲労度の高いサブセットを行ってしまうと、どうしても疲労がたまってきてしまいます。
　このため、疲労度の高い、足上げベンチやナローベンチなどのフォームによる高回数のサブセットを行わずに、メインセットと同じフォームでの低回数のセット（メインセットより重量を上げて）、または尻上げベンチやトップサイドベンチのような、挙上幅を制限した疲労の残りにくいサブセットを行うことになります。
　なお、サブセットでもメインセットと同様にセットベスト更新を狙うことになるわけですが、メインセットとサブセットを別々に考え、セットベスト更新に成功したセットだけを次の週から2.5kg重量を上げ、セットベスト更新に失敗したセットは、次の週も同重量でトレーニングを行います。
　当然ですが、あくまでメインセットでセットベストを更新することを目的としているため、メインセットに比重を置き、トレーニングを行うことになります。

・普段通りの重量でトレーニングを行う方法
　エブリ・サイクルトレーニングでサブセットを取り入れるもう1つの方法が、メインセット後にサブセットだけ普段扱っている重量（セットベスト更新狙い）でトレーニングを行う方法です。この方法の場合、サブセットをメインセットと完全に切り離して考え、補助種目的な扱いでサブセットを取り入れることになります。
　ただし、毎回のメインセット後にこのような形でサブセットを行うと当然疲労がたまってしまい、メインセットに影響が出てしまいます。このため、毎回のメインセット後にサブセットを行うのではなく、行う日を決めてブセットを行うようにします。
　F通常はセットベスト更新を狙うトレーニング日と、その前のトレーニング日もサブセットを行わないようにし、例えば頻度が5回であれば、前半の3回のトレーニング日だけにサブセットを行うようにします。
　行う内容としては、足上げベンチやナローベンチといった、補助種目に近い内容のトレーニングを行うことが多くなっています。
　なお、サブセットを取り入れる場合、このような普段通りの重量でトレーニングを行うことはほとんどなく、通常は先に紹介したメインセットと同様に重量を上げる方法で取り入れることになります。

■補助種目の取り入れ方
　エブリ・サイクルトレーニングで補助種目を取り入れる場合、先に紹介したサブセットを普段通りの重量で行う方法と同じような形で取り入れることになり、疲労がたまらないようにセットベスト更新を狙うトレーニング日と、その前のトレーニング日には行わず、それ以外の日に補助種目を行うことになります。（表3）
　ただし、補助種目を行う場合の注意点が3つ

あり、1つ目が「サブセットを行ったうえで補助種目を行わないこと」、2つ目が「1種目だけしか補助種目を行わないこと」、3つ目が「比較的余裕のある重量で行うこと」になります。（表4）

1つ目のメインセットとサブセットの後に補助種目を行った場合、2つ目のメインセットの後に補助種目を2種目以上行ってしまう場合。どちらの場合も疲労によるメインセットへの影響を考えた注意点となります。

3つ目の「比較的余裕のある重量で行うこと」は少々わかりにくいかもしれませんが、これは言い換えると「いつ行ってもぎりぎりこなせる重量で行うこと」になります。

例えば、ダンベルプレスで30kg×10回×2セットがぎりぎりこなせる人がいたとします。

ただし、30kg×10回×2セットがこなせるのは本当に調子が良いときだけで、通常は1セット目だけが10回挙がり、2セット目は9回しか挙がらない。こういう人の場合、25kg〜27.5kgであれば、いつでも10回×2セットをこなせるはずです。

「1セット目は軽いが、最終セットはきつい。だけどよほど調子が悪くない限りは最後までこなせる」

このような重量が「比較的余裕のある重量」ということになり、他の2つの注意点と同様に、疲労によるメインセットへの影響を考えた注意点となります。

【表3】 頻度・パターン別の通常通りの重量でサブセット・補助種目を行う場合の実施可能日　○＝可　×＝不可

頻度	1日目	2日目	3日目	4日目	5日目	6日目	7日目
6回	○	○	○	○	×	オフ	×
5回 -A-	○	○	オフ	○	×	オフ	×
5回 -B-	○	○	○	オフ	×	オフ	×
5回 -C-	○	○	○	×	オフ	×	オフ
4回	○	○	オフ	×	オフ	×	オフ

【表4】 補助種目を取り入れる場合の注意点

- サブセットを行ったうえで補助種目を行わない
- 1種目だけしか補助種目を行わない
- 比較的余裕のある重量で行う

【表5】 メインセット後に行うサブセットと補助種目の内容

セット	内容・種目
サブセット	軽い重量から重量を上げる方法
	メインセットと同一フォームでの低回数のセット 　3回狙い×2セットなど
	トップサイドベンチ・尻上げベンチなど
	普段通りの重量を扱う方法
	肩甲骨を寄せただけのフォーム 足上げベンチ 足上げナローベンチ 　※8回〜12回狙いの高回数が基本
補助種目	ダンベルプレス ディップス マシンフライ プレスダウン 　※8回〜12回狙いの高回数が基本

具体的なトレーニング方法

では、エブリ・サイクルトレーニングを実際に行う場合のヒントとして、セット数に変化をつける方法、サブセットを行う方法、補助種目を行う方法。以上の具体例を紹介します。

■セット数に変化をつける方法

まず、メインセットのみを行うエブリ・サイクルトレーニングで、セット数に変化をつける方法の具体例を紹介します。

フォーム＝パワーフォーム
セット内容＝6回狙い×3〜6セット
セットクリア条件＝全セット6回挙げる
セットベスト＝90kg
頻度＝週5回

表6は、以上のようなAさんの、セット数に変化をつけるエブリ・サイクルトレーニングの方法となります。

重量設定を見てみると、最終トレーニング日の重量をセットベスト重量の90kgよりも2.5kg重い92.5kgに設定し、それに合わせて他の日の重量を設定しています。

1日目＝77.5kg、2日目＝80kg、4日目＝85kg、5日目＝87.5kg、7日目＝92.5kg。

2日連続でトレーニングを行う場合は重量の上げ幅を2.5kgに、オフをはさんだ場合は重量の上げ幅を5kgに設定しています。これは、2日連続でトレーニングを行った場合とオフをはさんだ場合の疲労の具合を考えていること、そしてAさんの使用重量がまだ軽いということによります。

セット数を見てみると、1日目＝6セット、2日目＝5セット、4日目＝4セット、5日目＝3セッ

【表6】 Aさんのセット数に変化をつける方法

週	重量・セット数	1日目	2日目	3日目	4日目	5日目	6日目	7日目
1週目	重量	77.5kg○	80kg○	オフ	85kg○	87.5kg○	オフ	92.5kg○
	セット数	6セット	5セット		4セット	3セット		3セット
2週目	重量	80kg	82.5kg		87.5kg	90kg		95kg
	セット数	6セット	5セット		4セット	3セット		3セット

ト、6日目＝3セット。

通常の方法と違い、セット数に変化をつけており、1週間で一番軽い重量を扱う1日目に一番多くセット数をこなし、日が進んで重量が重くなるにつれてセット数を減らしていくセットの組み方になっています。

あまり疲労の残らない軽い重量を扱う日には多くのセットをこなしてフォームの習得・改善を行い、重量が重くなり疲労がたまりやすくなるときにはセット数を少なくする。

疲労がたまらないようにしながらできるだけ多くのセットをこなし、技術を高めることを目的としています。

そのため、軽い重量を扱う日のインターバルを短くして筋肉を無駄に追い込むようなトレーニングは決して行わず、しっかりとインターバルを取り、セットが進むにつれてフォームが改善され、「1セット目よりも2セット目、2セット目よりも3セット目の方が軽く感じた」という感覚を持ちながらトレーニングを行うことになります。

なお、表6では1週目にセットベストを更新しているので、次の週から全体的に2.5kg設定重量を上げています。

■サブセットを行う方法

メインセット後にサブセットを行う方法、サブセットをメインセットと同様に重量を上げる方法の具体例を紹介します。

【表7】 Bさんのサブセットを行う方法

週	セット	1日目	2日目	3日目	4日目	5日目	6日目	7日目
1週目	メインセット	125kg○	130kg○	オフ	135kg○	オフ	140kg×	オフ
	サブセット	135kg○	140kg○		145kg○		150kg○	
2週目	メインセット	125kg	130kg		135kg		140kg	
	サブセット	137.5kg	142.5kg		147.5kg		152.5kg	

メインセット
　フォーム＝パワーフォーム
　セット内容＝8回狙い×3セット
　セットクリア条件＝3セット8回挙げる
　セットベスト＝137.5kg
サブセット
　フォーム＝パワーフォーム
　セット内容＝3回狙い×2セット
　2セット3回挙げる
　セットベスト＝不明（推定147.5kg）
頻度＝週4回

　表7は、以上のようなBさんの、サブセットをメインセットと同様に重量を上げるエブリ・サイクルトレーニングの方法となります。

　メインセットの重量設定を見てみると、最終トレーニング日の重量をセットベスト重量の137.5kgよりも2.5kg重い140kgに設定し、それに合わせて重量の上げ幅を5kgに固定にして、他の日の重量を設定しています。

　サブセットの重量設定ですが、表7を見ればわかるように、Bさんのサブセットでのセットベストはわかりません。これは「疲れていない状態での3回×2セットのセットベスト」がわからないというわけでなく、「セットベスト更新を狙った8回狙い×3セットというメインセットの後での、3回狙い×2セットのセットベスト」という、限定された条件でのサブセットのセットベストがわからないということです。

　このため、まずは限定された条件でのサブセットのセットベストを仮定で設定する必要があり、ここではメインセットとの回数の差と、メインセット後の疲労を考え、サブセットをメインセットよりも10kg重い147.5kgを推定のセットベストとして設定。
最終トレーニング日のサブセットの重量を、その147.5kg＋2.5kgの.150kgに設定し、メインセットと同様に重量の上げ幅を5kgに固定にして、他の日の重量を設定しています。

　表7では、1週目の最終トレーニング日にメインセットではセットベスト更新に失敗していますが、サブセットでは成功しています。
この場合はサブセットの重量設定をより正確にするという意味も含め、2週目にはサブセットの重量だけ全体的に2.5kg上げています。

　メインセットとサブセットを別々に考え、メインセットで成功したらメインセットの重量を上げ、サブセットで成功したらサブセットの重量を上げる。こうのような形で、トレーニングを進めていくことになります。

■補助種目を行う方法

　メインセット後に補助種目を行う方法の具体例を紹介します。

メインセット
　フォーム＝パワーフォーム
　セット内容＝5回狙い×5セット
　セットクリア条件＝5セット5回挙げる
　セットベスト＝110kg
補助種目
　種目＝ダンベルプレス
　セット内容＝10回×2セット
　セットクリア条件＝余裕が出てきたら
　セットベスト＝37.5kg
頻度＝週5回

　表8は、以上のようなCさんの、補助種目を行うエブリ・サイクルトレーニングの方法となります。

　メインセットの重量設定を見てみると、最終トレーニング日の重量をセットベスト重量の110kgよりも2.5kg重い112.5kgに設定し、それに合わせて他の日の重量を設定しています。

【表8】 Cさんの補助種目を行う方法

週	セット・補助種目	1日目	2日目	3日目	4日目	5日目	6日目	7日目
1週目	メインセット	97.5kg○	100kg○	オフ	105kg○	107.5kg○	オフ	112.5kg○
	補助種目	35kg○	35kg○		35kg○			
2週目	メインセット	100kg○	102.5kg○	オフ	107.5kg○	110kg○	オフ	115kg×
	補助種目	35kg○	35kg○		35kg○			

　重量の上げ幅は2日連続でトレーニングを行う場合は2.5 kg、オフをはさんだ場合は5 kg。セット数に変化をつける方法で紹介したAさんと同じ重量設定方法です。

　補助種目を見てみると、疲労をためないように、メインセットでセットベスト更新を狙うトレーニング日となる7日目、その前のトレーニング日の5日目を避け、1日目・2日目・4日目の3日間で実施しています。

設定重量も、補助種目の取り入れ方で紹介した、「比較的余裕のある重量」となるセットベストより2.5 kg軽い35 kg。表8を見てもわかるように、1週目・2週目ともにすべてのトレーニングで35 kg×10回×2セットをこなせています。

このように常に35 kg×10回×2セットがこなせるようになり、なおかつセットクリア条件の「余裕が出てきたら」という感覚があった場合、重量を37.5 kgに上げることになります。

　ただし、重量を37.5 kgに上げ、週に1日も10回×2セットがこなせないような場合は、重量を元の35 kgに戻すことになります。

　ここでは、エブリ・サイクルトレーニングの導入方法と、導入後のサブセットや補助種目を取り入れる方法、具体例なども合わせて紹介してきました。

実際にエブリ・サイクルトレーニングを行う場合は、メインセットだけを行う方法が多くの人が行える、万人にすすめることができる方法になるかと思います。

様々な方法を試し、自身に合った方法を見つけるようにしてください。

PART 2

Chapter 8
2週間を1サイクルとするエブリ・サイクルトレーニング

　これまで、エブリ・サイクルトレーニングの基本的なトレーニング方法や導入方法、サブセットや補助種目の取り入れ方、そして通常のエブリ・サイクルトレーニングでの具体例をいくつか紹介してきました。

　ここでは、先に紹介したエブリ・サイクルトレーニングとは異なるトレーニング方法となる、「2週間を1サイクルとするエブリ・サイクルトレーニング」を紹介したいと思います。

2週間を1サイクルとする

　通常のエブリ・サイクルトレーニングとは異なる、「2週間を1サイクルとするエブリ・サイクルトレーニング」を紹介します。

　この「2週間を1サイクルとする」ということは、エブリ・サイクルトレーニングの導入期のようなトレーニングの進め方ではなく、表1のような形でトレーニングを進めることになります。

　表1は、セットベスト＝100kgの場合の、「2週間を1サイクルとするエブリ・サイクルトレーニング」での重量設定方法です。

　1週目ですが、重量を上げていく方法は通常のエブリ・サイクルトレーニングとほとんど変わりません。

　1週目の頻度が5回である表1の場合であれば、1日目＝77.5kg、2日目＝82.5kg、3日目＝87.5kg、4回目＝92.5kgといったように、セットベストである100kgより軽い重量から開始し、毎回のトレーニングで少しずつ、表1の場合であれば5kgずつ重量を上げています。

　通常のエブリ・サイクルトレーニングと違い、1週目の最終トレーニング日（6日目）にはセットベスト更新となる重量を持たず、セットベストの一歩手前の重量となる97.5kgを扱っています。また、セットベスト更新を狙うわけでないため、最終トレーニング日の前日にオフを取っておらず、1週目の最終トレーニング日の後にオフを取り、2週目に移っています。

　この1週目の最終トレーニング日の後にオフを取り、2週目に移るという形が、「2週間を1サイクルとするエブリ・サイクルトレーニング」での1週目の基本となるオフの振り当てになります。

　そして、2週目にセットベスト更新となる重量

【表1】2週間を1サイクルとするエブリ・サイクルトレーニングの重量設定の具体例　セットベスト＝100kgの場合

週	1日目	2日目	3日目	4日目	5日目	6日目	7日目
1週目	77.5kg	82.5kg	87.5kg	オフ	92.5kg	97.5kg	オフ
2週目	セットベスト更新となる102.5kgに挑戦する日を2日から3日設ける						

【表2】 2週間を1サイクルとするエブリ・サイクルトレーニングの特徴と基本的なトレーニングの進め方

- 2週間を1サイクルとする
- 軽い重量から開始し、毎回重量を上げていく
- 2週目にセットベスト更新を狙うトレーニング日を2日から3日設ける
- セットベスト更新できた場合に次の週から全体的に重量を上げる
- セットベスト更新を狙うトレーニング日の前日はオフを取る、もしくは軽めにトレーニングを行う

【表3】 2週間を1サイクルとするエブリ・サイクルトレーニングの1週目と2週目の目的

1週目	2週目
セットベスト更新を狙える状態を作る期間	セットベスト更新を狙う期間

である102.5kgを扱うことになるのですが、通常のエブリ・サイクルトレーニングのように1日だけセットベスト更新を狙うトレーニングを行うのではなく、2週目の間に2回から3回、セットベスト更新を狙うトレーニングを行います。

通常のエブリ・サイクルトレーニングでは、セットベスト更新を狙う最終トレーニング日だけがたまたま調子が悪く、思うようにトレーニングが行えないということがあります。1週間かけてセットベスト更新を狙える状態を作ってきたのに、たまたまその日だけ調子が悪くて失敗。
「オフを取ってもう1回挑戦すれば挙がりそうなのに」と思っても、次にセットベスト更新を狙うトレーニングが行えるのは1週間後となり、歯がゆい思いをすることもあります。

これに対して、「2週間を1サイクルとするエブリ・サイクルトレーニング」では、2週目に2回から3回、セットベスト更新を狙う機会を設けるため、セットベスト更新を狙う日だけがたまたま調子が悪かったということを避けることができます。

1週目=『セットベスト更新を狙える状態を作る期間』、2週目=『セットベスト更新を狙う期間』。このように、「2週間を1サイクルとするエブリ・サイクルトレーニング」では、1週目と2週目でそれぞれの週のトレーニングの目的を分け、トレーニングを進めていくことになります。

なお、「2週間を1サイクルとするエブリ・サイクルトレーニング」では、疲労のことを考えて2週目でのセットベスト更新を狙うトレーニング日の前日にオフを取る、もしくは軽めにトレーニングを行うことになるわけですが、オフの取り方やトレーニングの進め方によって、いくつかのバリエーションに分けることができます。

バリエーション

それでは、「2週間を1サイクルとするエブリ・サイクルトレーニング」のバリエーションを紹介します。

ここでは基本的なバリエーションとして、「1週目と2週目の頻度に変化をつける方法」、「2週目のセットベスト更新を狙う日以外を軽めにする方法」、「2週目にメイントレーニングとサブトレーニングを分けて行う方法」の3つを紹介します。

■1週目と2週目の頻度に変化をつける方法

トレーニングを行う場合、週に2回トレーニングを行うのであれば常に2回、週に4回の頻度の高頻度トレーニングであれば、常に週に4回といったように、忙しくてトレーニングを行う時間がない場合や、疲労がたまりすぎてオフが必要な場合を除けば、1週間でのトレーニング頻度を一定にするのが通常です。

ただし、これはあくまで同じ内容のトレーニングを行っている場合の話です。

1週目は『セットベスト更新を狙える状態を作る期間』、2週目は『セットベスト更新を狙う期間』といったように、セットの組み方がほとんど同じでも、扱う重量の違いによってトレーニング内容が根本的に変わる「2週間を1サイクルとするエブリ・サイクルトレーニング」の場合は、週ごとの頻度に変化をつけることもあります。

この「1週目と2週目の頻度に変化をつける方法」でのトレーニングの進め方を示すと、表4のようになります。

1週目を見てみると、1日目に95kgというセットベスト＝120kgの人からすれば非常に軽い重量から始め、2日目＝100kg、3日目＝105kg、4回目＝オフ、5日目＝110kg、6日目＝115kg、7日目＝オフといった重量設定となっており、この1週目の頻度は5回になっています。

2週目を見てみると、1日目＝122.5kg、2日目＝オフ、3日目＝122.5kg、4日目＝オフ、5回目＝122.5kg、6日目＝オフ、7日目＝オフとなっています。

1週目の頻度が5回だったのに対し、2週目はセットベスト更新を狙うトレーニング日の前日と翌日にオフを取り、トレーニング頻度は3回になっています。

このような「1週目と2週目の頻度に変化をつける方法」は、2週目のトレーニング頻度が低くなり、しっかりとオフを取って疲労を抜き、セットベスト更新を狙うトレーニングを集中して行えるというメリットがあります。

表4の場合は2週目の頻度は3回となっていますが、2回でも可能で、その場合はさらにオフを取ることもできます。

ただし、この「頻度を低くしてしっかりとオフを取る」ということが、デメリットとなる可

【表4】 1週目と2週目の頻度に変化をつける方法の具体例　セットベスト＝120kgの場合

週	1日目	2日目	3日目	4日目	5日目	6日目	7日目
1週目	95kg	100kg	105kg	オフ	110kg	115kg	オフ
2週目	122.5kg	オフ	122.5kg	オフ	122.5kg	オフ	オフ

能性も含んでいます。

通常、高頻度のトレーニングで調子を維持し、記録を伸ばすということは、その人の元々の回復力が優れているということもありますが、それ以上に少しずつ高頻度でトレーニングが行える状態を作ってきたということが、大きな理由になります。

そのため、「1週目と2週目の頻度に変化をつける方法」のように、トレーニング頻度を高頻度から通常の頻度、通常の頻度から高頻度というように変えてしまうと、体が常に高頻度でトレーニングを行える状態でなくなってしまい、調子を崩してしまうこともあるのです。

調子を維持することができる人なら何も問題はありませんが、調子を崩してしまう人の場合、次に紹介する1週目と2週目の頻度に変化をつけない方法を行う必要があります。

■ 2週目のセットベスト更新を狙う日以外を軽めにする方法

1週目と2週目の頻度に変化をつけない方法として、「2週目のセットベスト更新を狙う日以外を軽めにする方法」を紹介します。

表5は、セットベスト＝145kgの場合の、「2週目のセットベスト更新を狙う日以外を軽めにする方法」のトレーニングの進め方です。

頻度に変化をつけないため、1週目と2週目の頻度はともに5回。オンとオフの振り当ても同じで、ここではオン−オン−オフ−オン−オン−オン−オフの2日トレーニングを行い1日休み、3日トレーニングを行い1日休むという形をとっています。

重量設定を見てみると、1週目は先に紹介した「1週目と2週目の頻度に変化をつける方法」と同じで、セットベスト＝145kgの人からすれば非常に軽い重量から開始しています。

1日目＝120kg、2日目＝125kg、4日目＝130kg、5日目＝135kg、6日目＝140kg。
少しずつ重量を上げ、1週目の7日目にオフを取り、2週目に移ります。

肝心の2週目の重量設定を見てみると、オフの後となる1日目と4日目にセットベスト更新を狙う147.5kg、それ以外の日は軽めに行っています。「1週目と2週目の頻度に変化をつける方法」のようにトレーニング頻度を変え、セットベスト更新を狙う日以外をオフにするのではなく、今まで通りの頻度でトレーニングを行い、疲労の抜けたオフの後にセットベスト更新を狙い、それ以外のトレーニング日を軽めにする。これにより、高頻度でトレーニングを行える状態を保ち、調子を維持したままトレーニングを進めていくことができます。

2週目のセットベスト更新を狙う日以外の軽めのトレーニング日の内容は人それぞれですが、軽い重量でのフォームチェックや無理のない範囲での低回数のセット、または重量を大幅に落としての現在と同じセット内容を行うなど、セッ

【表5】2週目のセットベスト更新を狙う日以外を軽めにする方法　セットベスト＝145kgの場合

週	1日目	2日目	3日目	4日目	5日目	6日目	7日目
1週目	120kg	125kg	オフ	130kg	135kg	140kg	オフ
2週目	147.5kg	軽めに	オフ	147.5kg	軽めに	軽めに	オフ

PART 2　高頻度トレーニング

トベスト更新を狙うトレーニング日に疲労が残らないようなトレーニングを行うことが多くなっています。

■ 2週目にメイントレーニングと
サブトレーニングを分けて行う方法

高頻度トレーニングを行っている人の「高頻度トレーニングを行っている理由」は、その人にとって他のトレーニングよりも記録の伸びが良いということよりも、ベンチプレスのトレーニングが好きで仕方がなく、「高頻度でトレーニングを行いたい」ということが、大きな理由となります。

そのため、そういった人からすると、先に紹介したオフを取ったり、軽めにだけトレーニングを行ったりする方法では、気持ち的に満足できないということがあります。

そういった人向けの方法となるのが、「2週目にメイントレーニングとサブトレーニングを分けて行う方法」となります。

この方法では、1週目のトレーニングではメインセットの後にサブセットを行い、メインセットとサブセットの両方で少しずつ重量を上げていきます。

そして、2週目に入ると1週目のメインセットをメイントレーニングに設定、サブセットをサブトレーニングとして設定し、それぞれでのトレーニングで、セットベスト更新を狙うことになります。

これを表に示すと、表6のようになります。

表6は、メイントレーニング（メインセット）のセットベスト＝110kg、サブトレーニング（サブセット）のセットベスト＝125kgの場合の、「2週目にメイントレーニングとサブトレーニングを分けて行う方法」の具体的なトレーニングの進め方となります。

頻度は1週目と2週目ともに5回。トレーニング内容は、メイントレーニング（メインセット）がパワーフォームでの8回狙いのセット、サブトレーニング（サブセット）がパワーフォームでの3回狙いのセットを行っています。

1週目から見てみると、8回狙いのメインセットの後に、3回狙いのサブセットを行っています。重量はメインセットが85kgでサブセットが100kg。非常に軽い重量からはじめ、メインセットとサブセットともに、トレーニング毎に毎回重量を上げています。

2週目に入り、ここで1週目のメインセットをメイントレーニングに設定、1週目のサブセットをサブトレーニングとして設定し、トレーニングを行うことになります。表6の場合であれば、オフの後になる1日目と4日目にメイントレー

【表6】 2週目にメイントレーニングとサブトレーニングを分けて行う方法の具体例

週	セット・トレーニング	1日目	2日目	3日目	4日目	5日目	6日目	7日目
1週目	メインセット	85kg	90kg	オフ	95kg	100kg	105kg	オフ
	サブセット	100kg	105kg		110kg	115kg	120kg	
2週目	メイントレーニング	112.5kg			112.5kg		軽めに	
	サブトレーニング		127.5kg			127.5kg		

ニングのセットベストである 112.5kg に挑戦し、2 日連続となる 2 日目と 5 日目に、サブトレーニングのセットベストである 127.5kg に挑戦しています。

1 週目でメインセットとサブセットの両方を同じ日に行い、それぞれのトレーニングに対する良い状態を作り、2 週目にそれぞれのトレーニングを別々の日に行い、それぞれ 2 回ずつセットベスト更新を狙っています。

2 週目の最終トレーニング日である 6 日目は、4 日目にメイントレーニング、5 日目にサブトレーニングを行ったうえでの 3 日連続の状態であるため、通常はあまり無理をしてトレーニングを行いません。

ただし、6 日目をオフにしてしまうと、6 日目と 7 日目の 2 日連続でオフを取ることになり、「休むことによる不調」に陥る人もいるため、「2 週目のセットベスト更新を狙う日以外を軽めにする方法」での軽めのトレーニング日と同じように、フォームチェックや無理のない範囲での低回数のセット等を行います。

なお、「2 週目にメイントレーニングとサブトレーニングを分けて行う方法」は、「2 週間を 1 サイクルとするエブリ・サイクルトレーニング」の基本的なトレーニングの進め方となる、「2 週目にセットベスト更新を狙うトレーニング日を 2 日から 3 日設ける」、「セットベスト更新を狙うトレーニング日の前日はオフを取る、もしくは軽めにトレーニングを行う」ということから大きくはずれています。

しかし、2 週目にメインセット＋サブセットの形でトレーニングを行い、その両方でセットベスト更新を狙う方法よりも 1 回のトレーニングでの疲労度が低いため、サブセットを取り入れる場合は、ここで紹介した「2 週目にメイントレーニングとサブトレーニングを分けて行う方法」で取り入れることが多くなっています。

サブセットと補助種目の取り入れ方

■サブセットの取り入れ方

エブリ・サイクルトレーニングでサブセットを取り入れる方法には、メインセットと同様に軽い重量からはじめて、メインセットと同様に重量を上げる方法、メインセット後にサブセットだけ普段通りの重量で行う方法。
以上の 2 つの方法があるわけですが、1 週間を 1 サイクルとする通常のエブリ・サイクルトレーニング、「2 週間を 1 サイクルとするエブリ・サイクルトレーニング」のどちらにかかわらず、メインセットと同様に重量を上げる方法を行うことがほとんどです。

これは、メインセットがいくら余裕のある重量で疲労度が少なかったとしても、メインセット後に普段通りの重量でサブセットを行うと、どうしても疲労が残ってしまうためです。

「2 週間を 1 サイクルとするエブリ・サイクルトレーニング」では、1 週目を『セットベスト更新を狙える状態を作る期間』、2 週目を『セットベスト更新を狙う期間』としているわけですが、サブセットを頑張りすぎて疲労を残してしまうと、1 週目にセットベスト更新を狙える状態を作ることができませんし、そうなると当然ながら 2 週目にセットベスト更新はできません。

そういったことから、サブセットを取り入れる場合は、メインセットと同様に重量を上げる方法を行うことが多くなっているのです。

サブセットを取り入れる場合、1 つは 1 週目と 2 週目ともに、同じトレーニング内容でメインセット後にサブセットを行い、2 週目にメインセットとサブセットの両方でセットベスト更新を狙う方法。

もう 1 つは、先に紹介した、1 週目に行っていたメインセット＋サブセットというトレーニングを、2 週目にメインセットをメイントレーニング

に設定、サブセットをサブトレーニングに設定し、「2週目にメイントレーニングとサブトレーニングを分けて行う方法」。
以上の2つの方法があります。
　1回のトレーニングの疲労度が高いのが前者の方法で、1回のトレーニングの疲労度は低いものの頻度が高いのが後者の方法。
　どちらの方法を行うかは人それぞれですが、先に述べたように後者の方法でサブセットを取り入れることが多くなっています。

■補助種目の取り入れ方
・取り入れる場合の注意点
　「2週間を1サイクルとするエブリ・サイクルトレーニング」で補助種目を取り入れる場合、表7で示した注意点を守ったうえで取り入れることになります。
　第1の注意点は、「サブセットを行った上で補助種目を行わない」ということです。これはメインセット後にサブセット、サブセット後に補助種目といったようにトレーニングを行ってしまうと、疲労度が高くなりすぎてしまい、回復が間に合わなくなってしまうためです。
　第2の注意点は、「1種目だけしか補助種目を行わない」ということです。これもサブセットを行ったうえで補助種目を行わないということと同様、疲労度を考えたうえでの注意点になります。
　第3の注意点は、「比較的余裕のある重量で行う」ということです。この「比較的余裕のある重量」は、1週間を1サイクルとするエブリ・サイクルトレーニングのときにも紹介しましたが、「1セット目は軽いが、最終セットはかなりきつい。だけどよほど調子が悪くない限りは最後までこなせる」、このような重量が「比較的余裕のある重量」となり、これも疲労度を考えたうえでの注意点になります。
　第4の注意点が、「基本的に1週目のみ行う」＝「2週目に行わない」ということです。「この注意点も疲労度を考えて？」と思う人もいるでしょうが、この注意点に関しては他の注意点と若干異なります。

【表7】　補助種目を取り入れる場合の注意点

- サブセットを行ったうえで補助種目を行わない
- 1種目だけしか補助種目を行わない
- 比較的余裕のある重量で行う
- 基本的に1週目のみ行う

「2週間を1サイクルとするエブリ・サイクルトレーニング」の2週目は、『セットベスト更新を狙う期間』ということになり、比較的余裕のある重量でトレーニングを行い、元々セットベスト更新を狙うトレーニングではない補助種目をわざわざ行う必要がないため、補助種目は「基本的に1週目のみ行う」＝「2週目に行わない」ということになります。

ただし、考え方としては他の3つの注意点のように「行ってはいけない」ということではなく、「行う必要がない」という意味合いになります。メインセットに影響が出るほど疲労が残らない場合、もしくは補助種目を行った方が調子を維持しやすい場合。
こういった場合は、2週目に入ってからも補助種目を行うことになります。

・補助種目を行う場合の実施可能日

「2週間を1サイクルとしたエブリ・サイクルトレーニング」では、基本的に1週目にのみ補助種目を行うわけですが、1週目であればいつ行っても良いというわけではなく、表8ような形で補助種目を行うことになります。

1週間を1サイクルとする通常のエブリ・サイクルトレーニングでも、補助種目の実施可能日を紹介しましたが、1週目の最終トレーニング日にセットベスト更新を狙わないということから、実施可能日が異なります。

また、1週間を1サイクルとする通常のエブリ・サイクルトレーニングでは、○＝可、×＝不可、という形で表記しましたが、○＝可、△＝回復が間に合う場合のみ可、という形で表記しています。

○の部分は2週目に入る前の7日目のオフを除いたオフの前日だけで、他の部分は△になっています。

回復が間に合うかどうかということは、その人の回復力や補助種目の内容、または補助種目の前に行ったメインセットの内容など、様々な要因によって変化してきます。

この辺りは、実際に試してみないわからないのですが、7日目のオフの前日に関しては、2週目のセットベスト更新を狙う1日目に影響を与える可能性もあるため、極力実施を控えた方が良いでしょう。

【表8】 頻度別の1週目に補助種目を行う場合の実施可能日　○＝可　△＝回復が間に合う場合のみ可

頻度	1日目	2日目	3日目	4日目	5日目	6日目	7日目
6回	△	△	△	△	△	△	オフ
5回	△	△	○	オフ	△	△	オフ
4回	△	○	オフ	○	オフ	△	オフ

実際のトレーニング

それでは、K'sジムで実際に行われている、「2週間を1サイクルとするエブリ・サイクルトレーニング」の具体例を紹介したいと思います。

■1週目と2週目の頻度に変化をつける方法の具体例

1週目と2週目の頻度に変化をつける方法の具体例として、K'sジムのS選手のトレーニングを紹介したいと思います。

・トレーニング内容

S選手の、セット内容・セットクリア条件・セットベストを見ると、表9のようになっています。

S選手の場合、メインセットだけでなくサブセットを行っており、1週目と2週目ともに、毎回のトレーニングでメインセットとサブセットの両方を行うことになります。

セット内容を見てみると、メインセットがパワーフォームでの6回狙い×3セット、セットクリア条件=3セット6回挙げる。サブセットがパワーフォームでのトップサイドベンチでの8回狙い×2セット、セットクリア条件=2セット8回挙げる。

セットベストがメインセットが135kg、メインセットで疲れた状態でのサブセットのセットベストが140kgとなっています。

セットの組み方としては、メインセットで6回狙いの地力アップのトレーニングを行い、サブセットに低回数のセットよりも行いやすいトップサイドベンチで、筋力アップ・神経系強化のトレーニングを行っています。

なお、このでのサブセットでのトップサイドベンチは、バーに5cm厚のクッションを巻く方法で行っています。

・重量設定とトレーニングの進め方

S選手の1週目と2週目の重量設定とトレーニングの進め方は、表10のようになります。

1週目から見ていきましょう。1週目の頻度は5回。メインセットの重量設定は、1日目=120kg、2日目=122.5kg、3日目=125kg、5日目=130kg、6日目=132.5kgとなっており、メインセット後に行うサブセットの重量設定は、1日目=125kg、2日目=127.5kg、3日目=130kg、5日目=135kg、6日目=137.5kg。

以上のような形となっています。

S選手の場合、メインセットとサブセットともに、オフを取らない次の日に2.5kg重量を上げ、

【表9】S選手のトレーニング内容

セット内容	メインセット	サブセット
フォーム	パワーフォーム	パワーフォーム・トップサイド
セット	6回狙い×3セット	8回狙い×2セット
セットクリア条件	3セット6回挙げる	2セット8回挙げる
セットベスト	135kg	(140kg)

【表10】 S選手の重量設定とトレーニングの進め方

週	セット・トレーニング	1日目	2日目	3日目	4日目	5日目	6日目	7日目
1週目	メインセット	120kg	122.5kg	125kg	オフ	130kg	132.5kg	オフ
	サブセット	125kg	127.5kg	130kg		135kg	137.5kg	
2週目	メインセット	137.5kg	オフ	137.5kg		137.5kg	軽めに	
	サブセット	142.5kg		142.5kg		142.5kg		

オフを取った次の日に5kg重量を上げています。

2週目を見ていきましょう。2週目の頻度は4回。そのうちの1日目・3日目・5日目が前日にオフを取り、メインセットとサブセットともにセットベスト更新を狙うトレーニング日。6日目が「休むことによる不調」に陥らないための軽めのトレーニング日となっています。

重量設定はメインセットがセットベスト＋2.5kgの137.5kg、サブセットも同じくセットベスト＋2.5kgの142.5kg。
ただし、ここでの重量設定はあくまでセットクリアできなかった場合の重量設定、あくまで予定の重量設定となります。
例えば、1日目にメインセットがセットクリアできた場合は、3日目以降のメインセットの重量を2.5kg上げ、3日目にサブセットがセットクリアできた場合は、5日目のサブセットの重量を2.5kg上げる。
メインセットとサブセットをそれぞれ別々に考え、セットクリアできた場合に次のトレーニング日から2.5kg上げてトレーニングを行うことになります。

・実際のトレーニング

S選手が実際に行っているトレーニングを、ウォーミングアップやインターバルを含めて紹介します。表11は、2週目の1日目にS選手が実際に行ったトレーニングとなります。

メインセットのトレーニングフォームはパワーフォーム。ウォーミングアップの1セット目からパワーフォームを組み、体を温めながら自身の最良のパワーフォームに近づけていきます。ウォーミングアップの内容は60kgで2セット、100kgで1セット、120kg×1セット。
いずれのセットも、メインセットで狙う回数と同じ6回だけ挙げています。

ベンチプレスをある程度長く続けていくと、挙げる際のテンポというものが自然に身に付いてきます。8回狙いであれば、4回目まで一息で挙げ、そこでいったん呼吸とフォームを整え3回挙げ、もう一度呼吸とフォームを整えてラスト1回。人それぞれではありますが、自身にとって最も挙げやすい、力を出しやすいテンポというものが自然に身に付いてくるのです。
S選手の場合、メインセットで挙げる予定である回数と、ウォーミングアップで挙げる回数を同一にし、最も力を出しやすいテンポをウォーミングアップのときに体に覚えこませ、メインセッ

【表11】 S選手の実際のトレーニング

メインセット	サブセット
パワーフォーム 　ウォーミングアップ 　　60kg×6回、6回 　　100kg×6回 　　120kg×6回 　メインセット 　　137.5kg×6回、6回、5回 　　（インターバル10分以上）	パワーフォーム・トップサイド 　ウォーミングアップ 　　120kg×5回 　メインセット 　　142.5kg×8回、8回 　　（インターバル7分以上） 　パワーフォーム 　　100kg×6回、6回

トに望むようにしているのです。

　メインセットはセットベスト＋2.5kgとなる137.5kgで6回狙い×3セット。インターバルは10分以上取り、しっかりと筋肉の張りをとってから次のセットに移ります。

表11では、1セット目と2セット目は目標回数である6回を挙げていますが、3セット目は5回でセットクリア失敗。

次回以降（3日目以降）のトレーニングでも、137.5kgでトレーニングを行うことになります。当然ですが、1セット目に6回以上挙がりそうでも3セット6回挙げる余力を残すため6回で抑え、3セット目に6回挙がらないからといって重量を下げることはありません。

　メインセット後、メインセットでの筋肉の張りがある程度取れるまでインターバルを取り、サブセットに移ります。

ここで注意しなければいけないのが、メインセットからサブセットに移り、トレーニングフォームが変わる場合には、そのフォームでのウォーミングアップを最低でも1セットは行う必要があるということです。

　S選手のサブセットのフォームは、パワーフォームで挙上幅を制限したトップサイドベンチ。トップサイドという点では異なりますが、メインセットで行っていたパワーフォームと同じフォームでサブセットを行うため、ウォーミングアップなしでも問題ないように思えます。しかし、挙上の感覚は若干異なり、その若干の感覚の差、違和感を持ったままセットを行ってしまうと良い結果は出ません。

そのため、サブセットを行う前に最低でも1セット、フォームがパワーフォームから足上げベンチといったように完全に変わる場合は、できれば2セット以上はそのフォームでのウォーミングアップを行うようにします。

　サブセット前のウォーミングアップ後、セットベスト＋2.5kgとなる142.5kgで8回狙い×2セットのサブセットを行います。

表11では、2セットとも目標回数である8回を

挙げているため、次回以降（3日目以降）のトレーニングでは＋2.5kgの145kgでセットを組むことになります。

重量・回数ともにメインセットよりも上ですが、挙上幅を制限している分、インターバルはメインセットよりも短くてすむため、7分程度となっています。

　サブセット終了後、フォームをもう一度通常のパワーフォームに戻して100kg×6回×2セットを行っています。

パワーフォームを基準としたとき、それよりも有利になる、挙げやすいフォームであるトップサイドベンチや尻上げベンチなどでトレーニングを終了してしまうと、そのフォームに体が慣れてしまい、次回のパワーフォームでトレーニングを行うときに、若干の違和感や挙げにくさを感じることがあります。

　そういったことを回避し、体を通常のパワーフォームでの感覚に戻すという意味を込め、最後のセットを行っています。

■2週目にメイントレーニングとサブトレーニングを分けて行う方法の具体例

　2週目にメイントレーニングとサブトレーニングを分けて行う方法の具体例として、児玉選手が2006年の世界選手権後に行っていたトレーニングを紹介したいと思います。

・トレーニング内容

　児玉選手の、セット内容・セットクリア条件・セットベストを見ると、表12のようになっています。

　2週目にメイントレーニングとサブトレーニングを分けて行う方法ということで、1週目には毎回のトレーニングでメインセットとサブセットの両方を行い、2週目に入ってからはメインセットをメイントレーニングに設定、サブセットをサブトレーニングに設定して、それぞれ別々の日にセットベスト更新を狙うことになります。

　セット内容としては、1週目のメインセットがパワーフォームでの8回狙い×2セット、セットクリア条件＝全セット8回挙げる。

【表12】 児玉選手のトレーニング内容

セット内容	メインセット	サブセット
フォーム	パワーフォーム	パワーフォーム
セット	8回狙い×2（3）セット	3回狙い×3（5）セット
セットクリア条件	全セット8回挙げる	全セット3回挙げる
セットベスト	180kg	197.5kg

PART 2　高頻度トレーニング

【表13】　児玉選手の重量設定とトレーニングの進め方

週	セット・トレーニング	1日目	2日目	3日目	4日目	5日目	6日目	7日目
1週目	メインセット	155kg×2セット	160kg×2セット	オフ	165kg×2セット	170kg×2セット	175kg×2セット	オフ
1週目	サブセット	172.5kg×3セット	177.5kg×3セット	オフ	182.5kg×3セット	187.5kg×3セット	192.5kg×3セット	オフ
2週目	メイントレーニング	182.5kg×3セット		オフ	182.5kg×3セット		軽めに	オフ
2週目	サブトレーニング		200kg×5セット	オフ		200kg×5セット	軽めに	オフ

サブセットがパワーフォームでの3回狙い×3セット、セットクリア条件＝全セット3回挙げるとなっています。

2週目に入ると、1週目に行っていたメインセットをメイントレーニングとして8回狙い×2セット→3セット、サブセットをサブトレーニングとして3回狙い×3セット→5セットといったように、それぞれのセット数を増やして行うことになります。

セットベストを見てみると、メイントレーニングのセットベストが180kg、サブトレーニングのセットベストが197.5kgとなっています。重量を見て気づいた人もいるかもしれませんが、PART1で紹介した児玉選手のトレーニングよりも使用重量が低くなっています。

これは児玉選手の地力が落ちたということではなく、競技ベンチプレスのルール変更により、以前よりもパワーフォームが甘くなった、ブリッジらしいブリッジを組まなくなったことによります。

・重量設定とトレーニングの進め方

児玉選手の1週目と2週目の重量設定とトレーニングの進め方は、表13のようになります。

1週目から見ていきましょう。1週目の頻度は5回。メインセットの重量設定は、1日目＝155kg。セットベスト＝180kgの児玉選手からすれば余裕のある重量からはじめます。
そこから毎回のトレーニングで5kgずつ重量を上げ、2日目＝160kg、4日目＝165kg、5日目＝170kg、6日目＝175kg。この1週目のメインセットのセット数は2セットとなっています。

メインセット後に行うサブセットの重量設定は、1日目＝172.5kg、2日目＝177.5kg、4日目＝182.5kg、5日目＝187.5kg、6日目＝192.5kg。メインセット同様、毎回のトレーニングで5kgずつ重量を上げ、この1週目のサブセットのセット数は3セットとなっています。

2週目を見ていきましょう。2週目の頻度は5回。そのうちの1日目と4日目が、前日にオフを取り、1週目に行っていたメインセットのトレーニング内容でセットベスト更新を狙うメイントレーニングの日。2日目と5日目が、1週目

に行っていたサブセットのトレーニング内容でセットベスト更新を狙うサブトレーニングの日。6日目が「休むことによる不調」に陥らないための軽めのトレーニング日となっています。

　メイントレーニングのセット内容は、セットベスト＋2.5kgの182.5kgで3セット。サブトレーニングのセット内容は、セットベスト＋2.5kgの200kgで5セット。
メイントレーニングとサブトレーニングでそれぞれ1週目の最終トレーニング日よりも7.5kg重量を上げ、セット数を増やし、セットクリア条件の難度も上げています。ここでの重量設定はセットクリアできなかった場合の重量設定、あくまで予定の重量設定になっていますので、1日目のメイントレーニングでセットクリアできた場合は4日目のメイントレーニングの重量を2.5kg上げ、2日目のサブトレーニングでセットクリアできた場合は、5日目のサブトレーニングの重量を2.5kg上げることになります。

・実際のトレーニング内容

　児玉選手が実際に行っているトレーニングを、ウォーミングアップやインターバルを含めて紹介します。
表14は、2週目の1日目と2日目に児玉選手が実際に行ったトレーニングになります。

　メイントレーニングから見ていきましょう。ウォーミングアップは70kg×5回、120kg×3回、160kg×1回。ウォーミングアップ終了後、胸で止めて挙げる試合形式のセットを行います。この試合形式のセットは児玉選手のトレーニングの大きな特徴となるセットで、基本的にオフの後のトレーニング日には、必ず行っています。

　重量は試合の第一試技から第三試技を想定して3セット。重量は1セット目＝200kg、2セット目＝210kg、3セット目＝215kgとなっており、3セット目の215kgの挙がりが良く、さらに挙がりそうな感覚があれば、4セット目を行うこと

【表14】児玉選手の実際のトレーニング

メイントレーニング	サブトレーニング
パワーフォーム 　ウォーミングアップ 　　70kg×5回 　　120kg×3回 　　160kg×1回 　　200kg×1回（試合形式） 　　210kg×1回（試合形式） 　　215kg×1回（試合形式） 　メインセット 　　182.5kg×8回、8回、7回 　　（インターバル10分以上）	パワーフォーム 　ウォーミングアップ 　　70kg×5回 　　120kg×3回 　　160kg×1回 　メインセット 　　200kg×3回、3回、3回、3回、2回 　　（インターバル7分以上）

になります。

　試合形式のセット終了後、メインセットに移ります。メインセットはセットベスト＋2.5 kgの182.5 kgで3セット。インターバルは10分以上取り、筋肉の張りをとってから、毎セット挑戦する気持ちで行います。
表14では、3セット目が7回で失敗となり、次回の4日目のトレーニングでも182.5 kgでトレーニングを行うことになります。
　サブトレーニングを見ていきましょう。
ウォーミングアップは前日に行った内容と同じで、70 kg、120 kg、160 kgで1セットずつ。
ウォーミングアップ終了後、200 kg×3回狙い×5セットのメインセットに移ります。
インターバルは1セットの疲労度からメイントレーニングよりも短めで7分程度。表14では、5セット目が失敗。
次回の5日目のトレーニングでも200 kgでトレーニングを行うことになります。
　以上のような流れで4日目と5日目にもメイントレーニングとサブトレーニングを行い、6日目の軽めのトレーニング、7日目のオフで疲労を抜き、次の週＝サイクルに移ります。

　PART2では、【高頻度トレーニング】ということで、週に4回以上の頻度でベンチプレスのトレーニングを行う方法の、様々なバリエーションを紹介してきました。
　先に述べたように、すべての人が高頻度トレーニングを実施できるわけではありません。
ここで紹介した内容は、高頻度トレーニングを実施できない人たちにとって、「全くの無駄か？」というと、そうではありません。
内容をアレンジすれば、高頻度でない通常のベンチプレスのトレーニングにも、十分に取り入れることは可能となっています。
　また、トレーニング方法を考案する際のヒントとしても、多少なりとも活用できるのではないでしょうか。

PART 3
トレーニングフォームの基礎

ここでは【トレーニングフォームの基礎】ということで、肩甲骨の寄せと上半身のブリッジというベンチプレスのトレーニングフォームにおいて最も重要なテクニックに焦点を当て、「フォームを作る」、「ラックアウト」、「キープ」、「挙上」といった、ベンチプレスにおける4つの動作について紹介します。

    Chapter 1　肩甲骨の寄せと上半身のブリッジ
    Chapter 2　フォームを作る
    Chapter 3　ラックアウト
    Chapter 4　キープ
    Chapter 5　挙上

Chapter 1　肩甲骨の寄せと上半身のブリッジ

　ベタ寝ベンチ、肩甲骨を寄せただけのフォーム、足上げベンチ、尻上げベンチ、そしてパワーフォームなど。ベンチプレスには様々なトレーニングフォームが存在します。
その中のベタ寝ベンチ以外のフォームで共通するのが、『肩甲骨を寄せる』ということです。
　PART1で紹介したステップごとのトレーニング、そのSTEP1＝ベンチプレスをはじめたばかりの人は、肩甲骨を寄せないベタ寝ベンチを中心にトレーニングを行うわけですが、それ以外の人は、この『肩甲骨を寄せる』というベンチプレスにおいて最も重要とも言えるテクニックを用い、ベンチプレスのトレーニングを行うことになります。

肩甲骨を寄せるフォーム

　肩甲骨を寄せただけのフォーム、足上げベンチ、尻上げベンチ、そしてパワーフォームなど。ベタ寝ベンチ以外のすべてのトレーニングフォームが『肩甲骨を寄せる』フォームになります。
　肩甲骨を寄せただけのフォームは、肩甲骨を寄せたうえで足を床に置き、バランスを取るためだけに足を利用して挙上するフォーム。
　足上げベンチは、肩甲骨を寄せたうえで床から足を浮かせ、上半身だけの力だけでバランスを取り挙上するフォーム。
　尻上げベンチは、肩甲骨を寄せたうえで両足を踏ん張り、尻をベンチ台から浮かせて挙上するフォーム。

そしてパワーフォームが、肩甲骨を寄せ、尻をベンチ台に付けながら足を踏ん張り、全身の力を使って挙上するフォーム。
　細かく分類すると、その他にも様々なトレーニングフォームがありますが、すべてのフォームで『肩甲骨を寄せる』という点は共通しており、これだけでも『肩甲骨を寄せる』ということがベンチプレスにおいて非常に重要なテクニックであることが判断できるはずです。
　これから、『肩甲骨を寄せる』テクニックについて詳しく紹介していくわけですが、ここで紹介する内容は『肩甲骨を寄せる』すべてのトレーニングフォームに共通する内容であると理解しておいてください。

肩甲骨を寄せる意味とメリット

　肩甲骨を寄せる意味やメリットは様々ですが、ここでは大きくわけて3つの意味とメリットを紹介します。

■使用する筋肉の変化

　肩甲骨を寄せる意味とメリットの1つに、「使用する筋肉の変化」があげられます。一般的なトレーニング関係の書籍を見てみると、ベンチプレスの挙上時に使用する筋肉は「大胸筋・上腕三頭筋・三角筋前部」の3つが書いてあることがほとんどだと思います。
　これはベタ寝ベンチのように上体がフラットなトレーニングフォームでベンチプレスを行った場合の話で、肩甲骨を寄せるというテクニッ

クを用いたうえでのベンチプレスの挙上時に使用する筋肉は若干異なり、「大胸筋（下部）、上腕三頭筋、（三角筋前部）」となります。
この違いは、なんとなく見ると書き方の違いにしか見えないのですが、よく見るとその違いがわかるはずです。

　1つ目の相違点を見てみると、主動筋が一般的なベンチプレスでは大胸筋。肩甲骨を寄せたベンチプレスでも大胸筋が主動筋になるのは同じですが、一般的なベンチプレスよりも大胸筋の下部を使用することになります。

　2つ目の相違点が、補助筋として使用する筋肉として、一般的なベンチプレスでは三角筋前部と大きく書いてあり、いかにも「三角筋前部を鍛えるトレーニングです」と取れるような表現になっています。
これに対し、肩甲骨を寄せたベンチプレスでは、（三角筋前部）とカッコくぐりで、「三角筋前部を鍛えるトレーニングではありませんが、補助的に使用します」といったような表現になっているのがわかるはずです。
実際、この表現の通り、肩甲骨を寄せたベンチプレスでは、三角筋前部をあくまで補助的な意味でしか使用しなくなります。

　では、肩甲骨を寄せることによる使用する筋肉の変化の理由を簡単に説明します。
まず写真1・2を見てください。写真1が肩甲骨を寄せていないときの胸と腕の作る角度、写真2が肩甲骨を寄せたときの胸と腕の作る角度を示した写真になります。
腕がまっすぐ地面と平行になっているのは、バーを挙上する力の向きと考えてください。
写真を見比べるとすぐにわかると思いますが、肩甲骨を寄せていないときの胸と腕の作る角度は90度に近くなっているのに対し、肩甲骨を寄せたときの胸部と腕の作る角度は90度よりも鋭角になっています。

この角度の変化は、肩甲骨を寄せることで胸がせり上がったことによる変化です。

　次に、写真3を見てください。この写真は肩甲骨を寄せたときの胸と腕の作る角度を保ったまま、上体をフラットにした写真になります。見てもわかるように腕が胸に対して下向き、バーを挙上する力の向きが足方向に向かったデクラインの状態になっています。

【写真1】
肩甲骨を寄せていないときの胸と腕の作る角度はほぼ90度になっている。

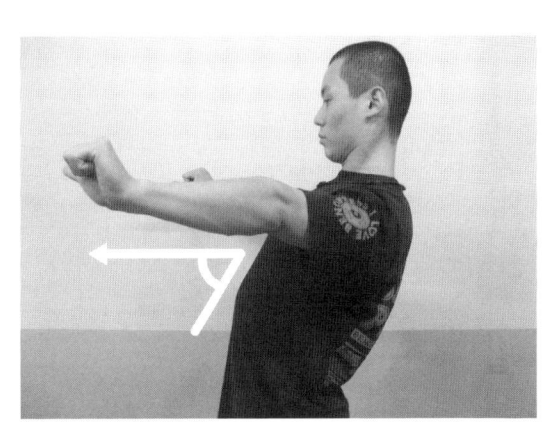

【写真2】
肩甲骨を寄せたときの胸と腕が作る角度は胸がせり上がることで90度よりも鋭角になっている。

PART 3　トレーニングフォームの基礎

　フォームがフラットプレスからインクラインプレス、インクラインプレスからショルダープレスといったように、バーの挙上が頭側に向かえば向かうほど肩の関与が増え、胸のトレーニングから肩のトレーニングとなり、フラットプレスでは大胸筋、インクラインプレスでは大胸筋上部と三角筋前部、ショルダープレスでは三角筋といったように、使用する筋肉が胸側から肩側に変化していきます。

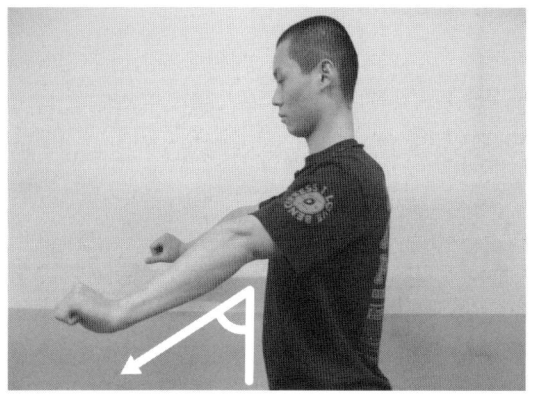

【写真3】
肩甲骨を寄せたときの胸と腕の作る角度を保ったまま上体をフラットにすると、挙上する力の向きが足方向に向かったデクラインの状態になる。

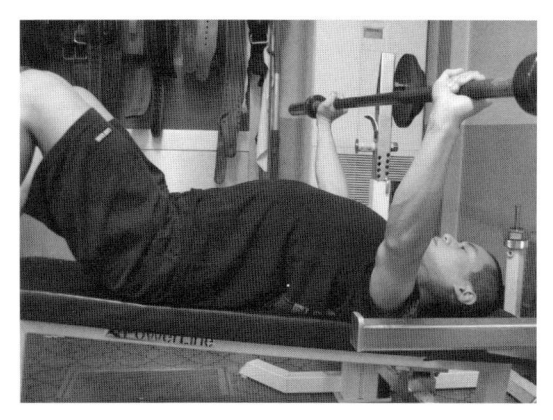

【写真4】
上体全てがデクライン気味になっているわけではないが、肩甲骨を寄せたフォームはデクラインベンチに近くなっており、使用する筋肉もデクラインベンチに近くなる。

　写真3はフラットな状態よりも足側に腕が向いており、この胸と腕の作る角度を保ったままベンチプレスを行った場合、使用する筋肉が大胸筋下部となり、フラットな状態よりもさらに三角筋前部の使用率が低くなります。（写4のデクラインベンチプレスに近くなる）

　上体すべてがデクラインの状態になった写真4とは若干異なるのですが、ベタ寝ベンチのようなフラットなフォームから肩甲骨を寄せたフォームに変えた場合、これと同じような使用する筋肉の変化があり、ベンチプレスの挙上時に使用する筋肉が「大胸筋（下部）、上腕三頭筋、（三角筋前部）」となるわけです。

　ベンチプレスの挙上重量が同じレベルのボディビルダーとパワーリフターやベンチプレッサーの体を比べたときに、パワーリフターやベンチプレッサーの肩がボディビルダーよりも発達していないのに対し、大胸筋下部が発達していることがよくあります。

　これは肩甲骨を寄せる、肩甲骨を寄せない、というフォームの違いが大きく関係しています。

■怪我の可能性の減少

　ベタ寝ベンチのような体がフラットな状態のベンチプレスでは、挙上時の肩の関与が増え、「ベンチプレスに必要な肩の筋肉をベンチプレスで鍛えることができる」というメリットはあるものの、肩を怪我する可能性は非常に高くなってきます。

　これに対して、肩甲骨を寄せるフォームでは、ベンチプレスの挙上時に使用する筋肉は、「大胸筋（下部）、上腕三頭筋、（三角筋前部）」となり、肩の関与は低くなり、肩を怪我する可能性は激減。より安全に高重量を扱うトレーニングが行えるようになります。

　ただし、肩甲骨を寄せることで挙上時の肩の関与が低くなったとはいえ、少なからず肩の関

与はあり、肩を怪我する可能性が全くなくなったわけではありません。当然ながら、肩を怪我する可能性の減少は、「最も弱く、怪我しやすい肩をなるべく使用しないようした」ということによるもので、「怪我をしない体になった」というわけではないのです。

■ 使用重量の増加

通常、上体がフラットなベタ寝ベンチから肩甲骨を寄せたフォームに変えると、その人が扱える重量、使用重量は増えます。
この使用重量の増加の理由には3つあり、その1つ目の理由が、「大胸筋を効率良く使えるようになる」ということです。

例えると、ダンベルフライを体をフラットの状態、そして肩甲骨を寄せた状態で行った場合を比較したときがわかりやすいでしょうか。
ダンベルフライを体をフラットな状態で行おうとすると、通常は大胸筋を使用しているかどうかもわかりにくく、またフォームも安定しにくくなってきます。これに対し、肩甲骨を寄せてしっかりと胸を張るようにすると、大胸筋で重りを挙げているという意識が持てるようになり、使用重量も安定感も増します。
ベンチプレスでもダンベルフライと同じように、肩甲骨を寄せることで大胸筋を使用しやすい状態＝大胸筋を効率良く使える安定した状態となり、使用重量が増加するわけです。

使用重量の増加の2つ目の理由が、バーを胸に付けたときの「肘の落ちが少なくなる」ということです。
肩甲骨を寄せると胸がせり上がります。この状態でベンチプレスを行い、バーを胸まで付けた場合は、フラットな状態でバーを胸に付けたときよりも肘の落ちは少なくなります。（写真5・6）
バーを胸まで付けないベンチプレスを行ったことのある人ならわかると思いますが、バーを胸に付くまで曲げない＝肘の落ちを少なくすると、必ずと言っていいほど、使用重量は増えます。人によって重量の変化は異なりますが、バーが胸に付く5cm手前で切り返したら＋10kg、10cm手前で切り返したら＋15gといったように、肘の落ちが少なくなればなるほど、使用重量は増えます。肩甲骨の寄せはバーを胸に付けないときほどの大きな効果はありませんが、これとほぼ同じような効果があり、それによって使用重量が増加するのです。

【写真5】
ベタ寝ベンチでの肘の落ち。ベンチ台に対して、肘が大きく落ちているのがわかる。

【写真6】
肩甲骨を寄せた場合の肘の落ち。ベタ寝ベンチの時ほど肘が落ちていないのがわかる。

使用重量の増加の3つ目の理由が、怪我のない状態＝「安定した状態でトレーニングを行うことができる」ということです。
通常、怪我をしたら怪我が治るまではトレーニングは行えず、再開したときには必ずと言っていいほど使用重量が激減します。
そして、トレーニングを再開し、元の状態まで戻すのに一定の期間をかけ、その元の状態に戻ってからようやく、記録を伸ばすことができる状態に持っていくことができます。

本来であれば、常に記録を伸ばすプラスの状態に持っていきたいのに、怪我をした場合はいったん大きくマイナスになり、怪我が治るまではマイナスのまま。そして怪我が治ってからも、マイナスからゼロの状態に戻すという期間が必要になってきます。先に述べたように、肩甲骨を寄せることで肩の関与が減り、肩を怪我のする可能性は激減します。怪我の可能性が減るということは、怪我をするというマイナスの期間、そしてマイナスからゼロに戻すという期間を迎える可能性が減ることになります。
怪我の可能性が減り、ゼロ近辺の記録を伸ばすための状態＝安定した状態でトレーニングが行える機会が増え、結果的に使用重量が増加することになります。

「肩甲骨を寄せることで大胸筋を効率良く使え、さらに肘の落ちが少なくなり使用重量が増加してトレーニングの強度が上がる。その強度の上がったトレーニングを、肩甲骨を寄せたことによる怪我の可能性の減少という効果によって安定した状態で行える」

実際に、ベタ寝ベンチのみ、肩甲骨を寄せたフォームのみという形で分けてトレーニングを行い、両者の記録の伸びを比較したわけでないのではっきりとは言えないのですが、このような複合的な理由が、使用重量が増加する大きな理由となっていると考えられます。

肩甲骨の寄せと上半身のブリッジの関係

肩甲骨を寄せる際には、両肩を後ろに引き、肩甲骨の間を狭め、胸を前にせり出すことになります。
実際に肩甲骨を寄せてみればすぐにわかると思いますが、肩甲骨を寄せると少なからず腰を反る、「上半身のブリッジ」を作る型になります。
このことを考えると、PART1やPART2で登場してきた、「肩甲骨を寄せただけのフォーム」というものは、厳密には存在しないこととなります。

こういった、肩甲骨を寄せる際にできる自然な上半身のブリッジは、ある人の場合は意識的に上半身を反らしたときに起こるブリッジと比べて30％ぐらいのブリッジ、ある人は60％ぐらいのブリッジといったよう異なり、さらに同一人物でもそのときのコンディションによって異なってきます。
また、肩甲骨を寄せる際にできる自然な上半身のブリッジを維持したままベンチプレスを行うと、きつくなった場合などにどうしても自然な上半身のブリッジでなくなり、意識的な上半身のブリッジに変わってきます。

基本的に、トレーニングというものは一定の状態・条件で行わないとその結果や効果がわかりにくく、またトレーニング自体も進めにくいものです。
例えば、ある人が肩甲骨を寄せただけのフォームでトレーニングを行い、そのフォームで記録を伸ばしていたとします。
しかし、この記録の伸びは地力が上がったことによるものでなく、肩甲骨を寄せる際にできる自然な上半身のブリッジが大きくなったこと、意識せずにこれまでよりも大きな上半身のブリッジを作ってしまったことによる記録の伸びということもありえるのです。

Chapter 1　肩甲骨の寄せと上半身のブリッジ

【表1】 肩甲骨を寄せる意味とメリット

フォームの形状が変わる	⇒ 使用する筋肉の変化
肩の関与が減る	⇒ 怪我をする可能性が激減する
大胸筋を効率良く使える 肘の落ちが少なくなる 安定した状態でトレーニングが行える	⇒ 使用重量の増加

「では、どうすればいいのか？」
当然こうなるわけですが、その答えは非常に簡単です。肩甲骨を寄せるフォームでトレーニングを行う場合、自然にできる上半身のブリッジで終わらせず、意識的に腰を反らし、限界まで上半身のブリッジを作る。
つまり、足上げベンチ、尻上げベンチ、そしてパワーフォームなど、肩甲骨を寄せるすべてのフォームで、肩甲骨を寄せるだけでなく、同時に意識的に上半身のブリッジを作り、その状態でトレーニングを行うのです。（写真7・8）

この「肩甲骨の寄せ」＋「上半身のブリッジ」ということが、肩甲骨を寄せるすべてのフォームでの基本となり、これにより一定の状態・条件でトレーニングを行うことができるようになります。

【写真7】
肩甲骨を寄せると自然に腰を反り、上半身のブリッジができる。この自然にできる上半身のブリッジを維持したままトレーニングを行うことは非常に難しい。

【写真8】
肩甲骨を寄せると同時に意識的に上半身のブリッジを作ることにより、一定のフォーム、条件でトレーニングが行えるようになる。

基本的な肩甲骨の寄せ方

『肩甲骨を寄せる』というテクニックは、ベンチプレスにおいて最も重要なテクニックです。より高重量を挙げるという競技的な効果、より効率良く主働筋となる大胸筋を鍛えて体を作るというボディビル的な効果、そしてより安全にトレーニングを行えるという、トレーニングを行うすべての人にとって大きな効果を得ることができます。

では、『肩甲骨を寄せる』というテクニックの基本、基本的な肩甲骨の寄せ方を紹介します。写真9はバーを支える時のように両肘を伸ばして肩甲骨を寄せたときの上体を後から見た写真、写真10は横から見た写真になります。

写真9を見てもわかるように、両肩を後ろに下げ、左右の肩甲骨の間が非常に狭くなっています。このときの両肩の下げ方は、斜め下側、もしくは真後ろに下げるようにします。

両肩を下げ、左右の肩甲骨の間を狭めることで、写真10のように胸が斜め前にせり上がってきます。肩甲骨を寄せるフォームでは、肩甲骨を寄せる際にできる自然な上半身のブリッジだけでなく、意識的に腰を反らして上半身のブリッジを作るため、さらに胸をせり上げることになります。

以上が基本的な肩甲骨の寄せ方になるわけですが、肩甲骨を寄せる感覚がわかりにくい場合、肩甲骨周りが硬い人の場合は、自分の力だけでは肩甲骨の寄せが作りにくかったり、肩甲骨を寄せる意識を持ちにくいことがあります。

こういった場合、写真11のように、他の人に両肩を持ってもらい、自分の力だけでなく他の人の力を借りて肩甲骨の寄せを作り、肩甲骨を寄せるという感覚や意識を覚えることになります。

ただし、実際にベンチプレスを行う際は、当然ながら自身の力だけで肩甲骨を寄せことにな

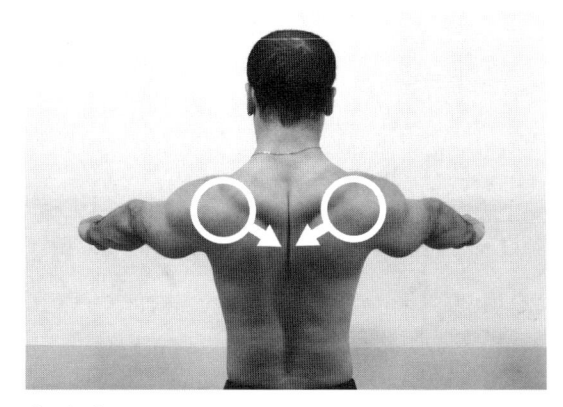

【写真9】
両肩を斜め下側、もしくは真後ろに下げ、左右の肩甲骨の間を狭める。

【写真10】
肩甲骨を寄せることで胸がせり上がり、また意識的に腰を反らして上半身のブリッジを作る。

るので、肩甲骨を寄せる感覚や意識が持てるようになったら、自身の力だけで肩甲骨を寄せる練習をする必要があります。

この方法として最も簡単で効果的なのが、両手を後ろに組んで肩甲骨を寄せる方法です。（写真12・13）

両手を体の後ろで組み、両肘をまっすぐ伸ばし、両肩を斜め下側、もしくは真後ろに下げることで肩甲骨の間を狭め、さらに意識的に腰を反ら

Chapter 1　肩甲骨の寄せと上半身のブリッジ

しながら胸を斜め前にせり上げ、肩甲骨の寄せと上半身のブリッジを作ります。

　この両手を体の後ろで組んで肩甲骨の寄せと上半身のブリッジを作る方法は、自身の力で肩甲骨を寄せる感覚や意識を掴む練習としてだけでなく、ベンチプレスを行う前のウォーミングアップやストレッチとしても活用することができます。

肩甲骨を寄せたときの上体の型の違い

　基本的な肩甲骨の寄せ方を見てもわかるように、肩甲骨を寄せる前の上体の型と、肩甲骨を寄せた後の上体の型は大きく異なります。
ここでは肩甲骨を寄せる前と、肩甲骨を寄せた後の上体の型の違いを示し、そこから基本的な肩甲骨の寄せ方から一歩進んだ、詳しい肩甲骨の寄せ方を紹介したいと思います。

■背中側から見た上体の型の違い

　背中側から、見た肩甲骨を寄せる前と、肩甲骨を寄せた後の上体の型の違いを見ていきましょう。写真14は、肩甲骨を寄せる前の背中側から見た上体の型、写真15は、肩甲骨を寄せた後の背中側から見た上体の型になります。

　両肩を斜め下側、もしくは真後ろに下げることにより、両肩の位置は大きく移動しています。肩甲骨を寄せる前に比べると、肩甲骨を寄せた後の両肩の位置が大きく内側に入り込み、下側に移動しているのがわかるはずです。
当然ですが、両肩の移動に伴い、肩甲骨の間も大幅に狭まっています。また、両肩の位置が内側に移動することで肩幅が狭くなっているのがわかるはずです。この肩幅を「どれだけ狭くすることができるか？」ということは、肩甲骨の寄せのうまさの判断基準となります。
肩甲骨の寄せがうまい人の場合、肩甲骨を寄せ

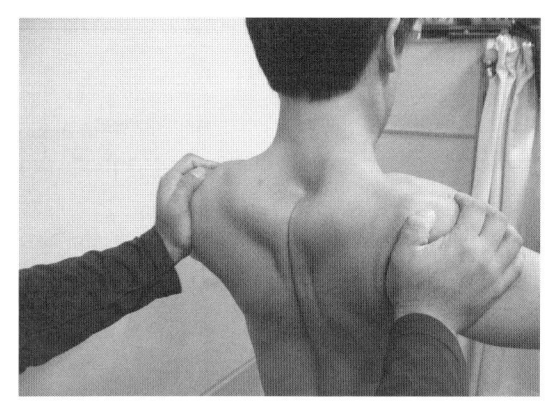

【写真11】
自分の力だけで肩甲骨を寄せるという感覚や意識が掴みにくい場合は、まずは他の人の力を借りて肩甲骨を寄せるという感覚を掴む。

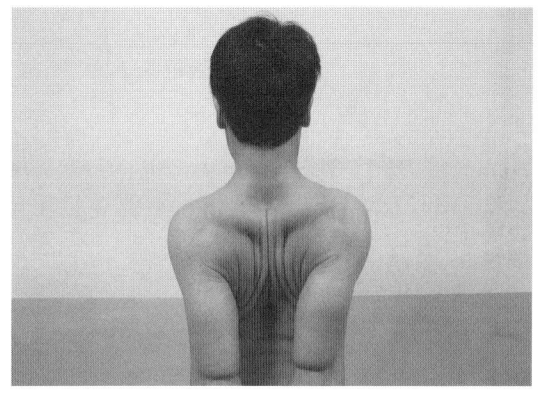

【写真12】
両手を体の後ろで組み、腕を伸ばすことで両肩が斜め下側、もしくは真後ろに下がり、肩甲骨の間が狭まっている。

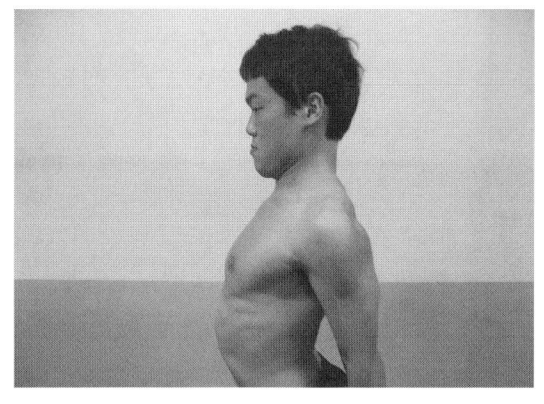

【写真13】
この肩甲骨の寄せを作る方法は、自身の力で肩甲骨を寄せる感覚や意識を掴む練習としてだけでなく、ウォーミングアップやストレッチとしても活用することができる。

PART 3　トレーニングフォームの基礎

ることで肩甲骨を寄せる前よりも10cm以上も肩幅を狭くすることができます。

■前側から見た上体の型の違い

前側から見た、肩甲骨を寄せる前と、肩甲骨を寄せた後の上体の型の違いを見ていきましょう。写真16は、肩甲骨を寄せる前の前側から見た上体の型、写真17は、肩甲骨を寄せた後の前側から見た上体の型になります。

背中側から見た、肩甲骨を寄せた後の上体の型でも確認できたように、肩甲骨を寄せる前と比べると、肩甲骨を寄せた後では、肩幅が大幅に狭くなっています。

肩甲骨の間を狭くするため、両肩は大きく斜め内側に下がり、前側から広背筋と僧帽筋が見えなくなっています。

また、両肩の移動、肩甲骨の間が狭まることによって、胸の位置が頭側に移動しているのがわかるはずです。

このような肩甲骨を寄せることによる胸の位置の移動によって、肩甲骨を寄せないベタ寝ベンチのようなフォームと比べ、バーの軌道や肘の使い方が大きく変わることになります。

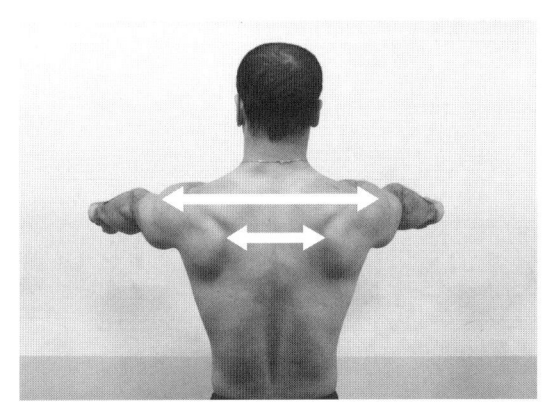

【写真14】
肩甲骨を寄せていないため、両肩は下がっておらず、左右の肩甲骨の間も広くなっている。

【写真16】
肩甲骨を寄せていないため、広背筋と僧帽筋が見えやすく、肩幅も広くなっている。

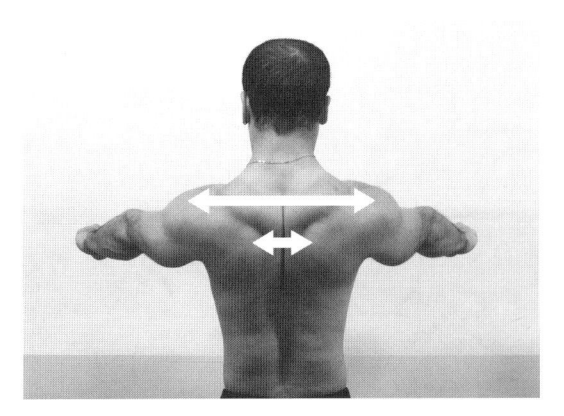

【写真15】
左右の肩甲骨の間が狭まると同時に、肩幅も大幅に狭くなっているのがわかる。

【写真17】
両肩が斜め後ろ、もしくは真後ろに下がり、前側からは広背筋と僧帽筋が見えず、肩幅も狭まっている。

Chapter 1　肩甲骨の寄せと上半身のブリッジ

■横側から見た上体の型の違い

　横側から見た、肩甲骨を寄せる前と、肩甲骨を寄せた後の上体の型の違いを見ていきましょう。写真18は、肩甲骨を寄せる前の横側から見た上体の型、写真19は、肩甲骨を寄せた後の横側から見た上体の型になります。

　背中側と前側から見てとれたように、肩甲骨の間を狭めることで両肩の位置が大きく移動し、これにより胸が斜め前にせり上がり、同時に意識的に腰をそらすことで上半身のブリッジができています。

　このような胸のせり上がり、上半身のブリッジができることによって、肩甲骨を寄せる意味とメリットで説明したような、使用する筋肉の変化・怪我の可能性が激減する・使用重量の増加といった効果が得られるようになります。

【写真18】
肩甲骨を寄せず、上半身にブリッジも作っていないため、上体はフラットになっている。

【写真19】
両肩の位置が大きく移動し、胸がせり上がっている。また、肩甲骨を寄せるフォームでは意識的に腰を反らすため、同時に上半身のブリッジができている。

バーの軌道と肘の使い方の違い

　肩甲骨を寄せる前と、肩甲骨を寄せた後の上体の型の違いで少し触れましたが、肩甲骨を寄せないベタ寝ベンチのようなフォームと、肩甲骨を寄せたフォームでは、バーの軌道と肘の使い方が大きく異なります。
写真20と21を見てください。写真20が、肩甲骨を寄せていないフォームでのバーの軌道、写真21が、肩甲骨を寄せたフォームでのバーの軌道を示した写真になります。

　写真20を見てみると、肩甲骨を寄せていないため胸がせり上がっておらず、バーを下ろす位置＝乳首の上辺り～みぞおち辺りが、頭側から遠くなっています。そして、この位置にバーを下ろすとなると軌道は写真20で示すような、斜めの軌道を描くことになります。

　写真21を見てみると、肩甲骨を寄せているため胸がせり上がり、肩甲骨を寄せていないフォームと比べると、バーを下ろす位置＝乳首の上辺り～みぞおち辺りは、頭側に近づいています。このため、肩甲骨を寄せていないフォームと比べて、地面に対して垂直に近い軌道となっています。また、軌道に違いがあるため、当然ながら肘の使い方にも違いが出てきます。

　写真22が、肩甲骨を寄せていないフォームでの肘の使い方、写真23が、肩甲骨を寄せたフォームでの肘の使い方を示した写真になります。
写真22を見てみると、頭側から遠い位置にバーを下ろす軌道に伴い、肘の使い方は自然に絞り気味になります。

PART 3　トレーニングフォームの基礎

　また、肘の使い方を絞り気味にするとなると、グリップをワイドで握るのが難しくなるため、グリップを狭くしたナロー気味のベンチプレス、腕や肩の力に頼って挙げるベンチプレスになりやすくなります。

　写真23を見てみると、肩甲骨を寄せたフォームでは、肩甲骨を寄せないフォームよりも頭側に近い位置にバーを下ろす軌道になるため、肘の使い方は肩甲骨を寄せていないフォームのように絞らない、自然に肘を張る肘の使い方になります。自然に肘を張るフォームでは肘を絞るフォームに比べると胸の筋肉をより効率良く使え、またグリップも肘を絞らないためナローで握る必要がなくなりワイドで握ることが可能となり、さらに胸の筋肉を効率良く使えるようになります。

　ただし、いくら肩甲骨を寄せていても、あまりグリップ幅を広くしてしまうとどうしても肘を張りすぎてしまい、肩を使用しやすい、肩を怪我しやすいフォームになってしまいます。

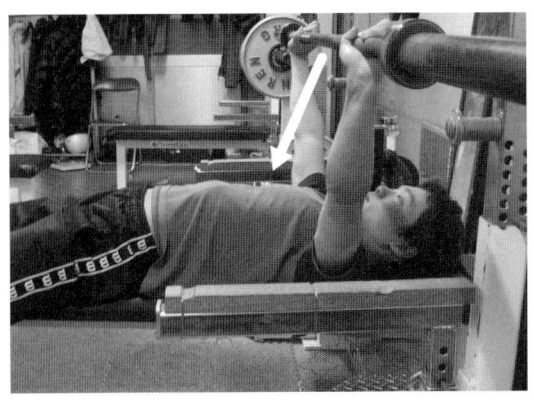

【写真20】
　肩甲骨を寄せていないフォームでは、バーを下ろす位置が頭側から遠くなるため、斜めの軌道を描くことになる。

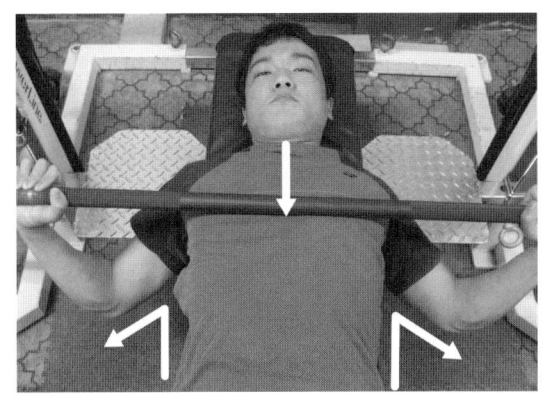

【写真22】
　肩甲骨を寄せていないフォームでは、頭側から遠い位置にバーを下ろす軌道になるため、肘の使い方は絞り気味になる。

【写真21】
　肩甲骨を寄せたフォームでは、胸がせり上がり、肩甲骨を寄せていないフォームよりもバーを下ろす位置が頭側に近づき、地面に対して垂直に近い軌道を描くことになる。

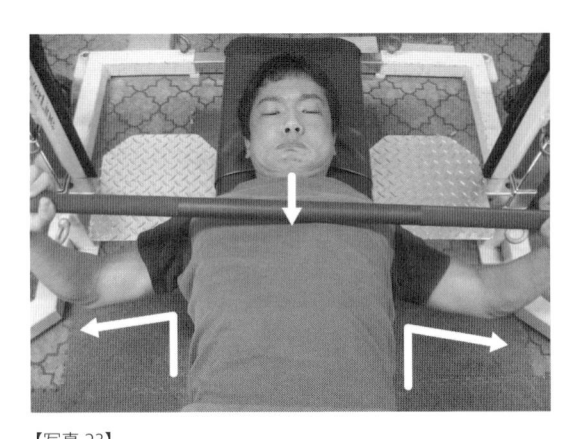

【写真23】
　肩甲骨を寄せたフォームでは、頭側に近い位置にバーを下ろす軌道になるため、胸の筋肉を使いやすい、自然に肘を張るような肘の使い方になる。

また、競技ベンチプレスのルールでは、バーの81cmラインを超すグリップはルール違反となるため、競技に出場することを考えている人の場合は、最も広くても81cmラインを一指し指で隠すグリップにする必要があります。

なお、ここでは肩甲骨の寄せと上半身のブリッジを作ると、「バーの軌道は垂直に近くなり、肘の使い方は自然に肘を張る」ようになるとしていますが、実際には個々人の骨格、筋肉の付き方、柔軟性の違いなどによって肩甲骨の寄せと上半身のブリッジを作ったときにできる上体の型の違いにより、ここで紹介した内容とは異なるバーの軌道と肘の使い方になることもあります。そういったことについては、『挙上』の項で詳しく紹介したいと思います。

肩甲骨を寄せるときのポイント

肩甲骨を寄せる前、肩甲骨を寄せた後の上体の型の違いを紹介しましたが、そういった違いを出すため、正しい肩甲骨の寄せを作るためのポイントというものがあります。
このポイントは数多くあり、人によってそのポイントは異なるのですが、多くの人に共通する基本とも言えるポイントがいくつか存在します。
ここでは、そういった肩甲骨を寄せるときの基本的なポイントを紹介したいと思います。

■広背筋が見えないようにする

通常、肩甲骨を寄せる際には両肩を斜め下側、もしくは真後ろに下げ、それによって肩甲骨の間を狭めます。
この時にしっかりと肩甲骨の間を狭くすることができれば、広背筋は内側に入り込み、体の前側から見えなくなってきます。(写真24)
しかし、中には両肩を後ろに下げることだけに意識がいってしまい、肩甲骨の間を狭くするという意識がうまく持てず、両肩が下がっているだけで肩甲骨の間を狭くできていない人がいます。そして、そういった人の多くが、写真25のように体の前側から広背筋が見えることになります。

このように、体の前側から広背筋が見えている場合、正しい肩甲骨の寄せが行えていないということになり、体の前側から見たときに「広背筋が見えないようにする」必要があります。

【写真24】
体の前側から見たときに広背筋が見えなくなっている。また、肩もすくめていないため、僧帽筋も見えていない。

【写真25】
体の前側から見たときに広背筋が見えており、正しい肩甲骨の寄せが行えていないのがわかる。

PART 3　トレーニングフォームの基礎

■僧帽筋が見えないようにする

　肩甲骨を寄せる際には、両肩を斜め下側、もしくは真後ろに下げ、胸をせり上げるため、体の前側から僧帽筋はほとんど見えなくなってきます。（写真24）

　しかし、中には僧帽筋周りに力を入れすぎてしまい、両肩を斜め上側に上げてしまう人がいます。表現としては肩をすくめるという表現になるわけですが、こうなると写真26のように、体の前側から僧帽筋がはっきりと見えるようになります。

　このように体の前側から僧帽筋が見えるような形で肩甲骨を寄せると、肩甲骨の間は狭まるのですが、肝心の胸のせり上がりはなく、胸に高さを出すことがもできません。（写真27・28）また、この状態でベンチプレスのトレーニングを行うと、僧帽筋周り〜首周りに過度のストレスがかかり、怪我をすることもあります。

　こういったことからも、肩をすくめて体の前側から僧帽筋が見えている場合、体の前側から「広背筋が見えないようにする」ことと同様に、「僧帽筋が見えないようにする」必要があります。

【写真27】
肩がすくんでいる
肩をすくめてしまっているため、胸のせり上がりがほとんどなく、胸に高さが出ていない。

【写真28】
肩がすくんでいない
肩をすくめず、正しい肩甲骨の寄せが行えているため、大きく胸がせり上がり、胸に高さが出ている。

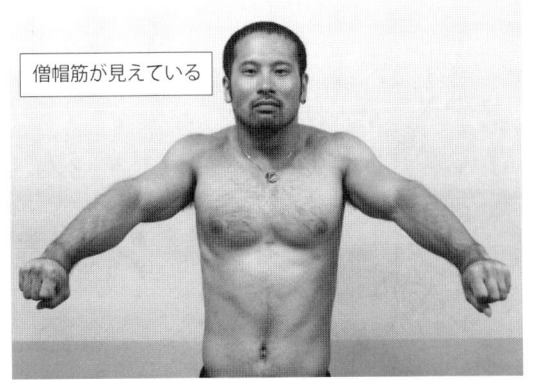

【写真26】
僧帽筋が見えている
僧帽筋周りに力を入れすぎてしまい、肩をすくめてしまっている。このため僧帽筋がはっきりと見えている。

■肩幅を狭くする

　肩甲骨を寄せるときのポイントで重要になってくるのが、「肩幅を狭くする」ということです。肩甲骨の寄せがうまくなり、肩甲骨の間を狭くすればするほど、胸は高くなってきます。
これは、肩幅＝横幅が狭くなり、それに伴い、胸がせり上がる＝胸に高さが出るためです。
（写真29・30）

　胸に高さが出るとなると、当然ながらバーを胸に付けたときの肘の落ちは少なくなり、使用重量の増加という効果が得られやすくなります。この肩幅が狭くなることで胸がせり上がりこと、

Chapter 1　肩甲骨の寄せと上半身のブリッジ

横幅が狭くなることで胸に高さが出ることを理解しにくい人は、プラスチックの物差しを曲げたときをイメージすれば理解しやすいかもしれません。

プラスチックの物差しそのものには厚み＝高さはほとんどありません。しかし、物差しの両端から内側に押し曲げていくと、物差しの曲がった部分が大きくせり上がり、高さが出てきます。これと同じように、両肩を内側に狭めて肩幅を狭くする、横幅を狭くすると、胸がせり上がり、胸に高さが出てくるわけです。

【写真29】
　肩甲骨を寄せていないフォームでは肩幅が広く、胸にも高さが出ていない。

【写真30】
　肩甲骨を寄せたフォームでは肩幅が狭く、肩幅が狭くなった分だけ、胸に高さが出ている。

■あごと胸の間を狭くして胸に角度をつける

　写真31がベタ寝ベンチの写真、写真32が肩甲骨の寄せと上半身のブリッジを作った写真になります。

　まず、写真31を見てください。ベタ寝ベンチということで肩甲骨を寄せておらず、当然ながら胸もせり上がっていません。このため、あごと胸の間は広くなっており、また首から胸にかけての角度もほとんどついていません。

　次に、写真32を見てください。しっかりと肩甲骨の寄せと上半身のブリッジを作っているため、ベタ寝ベンチと比べると大きく胸がせり上がり、あごと胸の間は狭く、また、同時に首から胸にかけての角度が大きくついています。

　この、「あごと胸の間を狭くして胸に角度をつける」ということが、肩甲骨の寄せと上半身のブリッジを作るフォームで、最も重要なポイントとなってきます。

　肩甲骨の寄せがうまくなればなるほど、よりあごと胸の間を狭く、より胸に角度をつけることができ、それによって使用する筋肉の変化・怪我の可能性が激減する・使用重量の増加といった効果が得られやすくなります。

　先に、肩甲骨を寄せるポイントとして、「広背筋が見えないようにする」、「僧帽筋が見えないようにする」、「肩幅を狭くする」といったことを紹介してきましたが、そのうち「広背筋が見えないようにする」、「僧帽筋が見えないようにする」ということは、正しい肩甲骨の寄せを行うための基本となるポイント。

「肩幅を狭くする」ということは、より胸の高さを出すための一歩進んだポイント。

そして、それらのポイントの先にある最終的な目的が、「あごと胸の間を狭くして胸に角度をつける」ということになります。

つまり、「広背筋が見えないようにする」、「僧帽筋が見えないようにする」、「肩幅を狭くする」

149

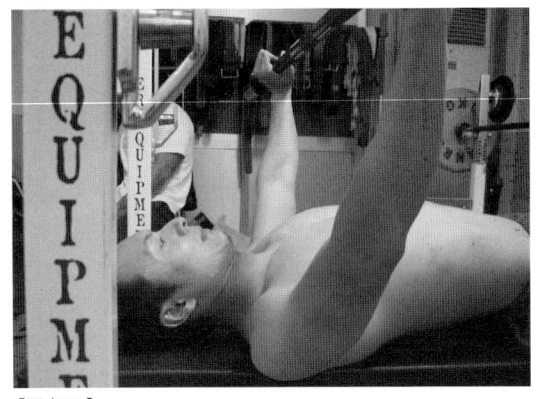

【写真31】
ベタ寝ベンチではあごと胸の間は広く、胸の角度もほとんどついていない。

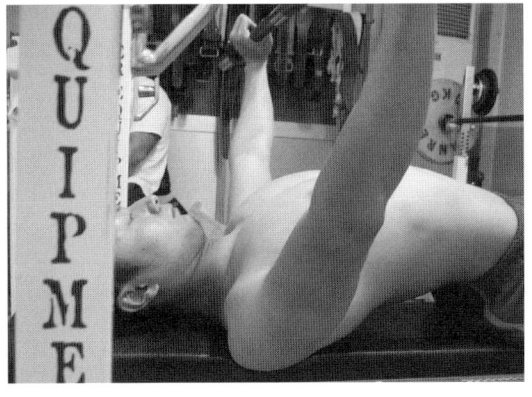

【写真32】
肩甲骨の寄せと上半身のブリッジを作ったフォームでは、ベタ寝ベンチと比べるとあごと胸の間は狭く、また胸の角度もついている。

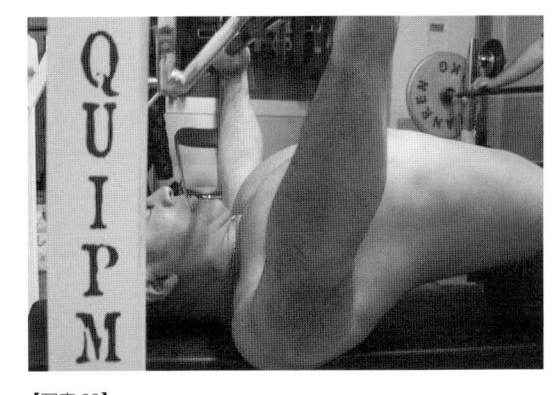

【写真33】
児玉選手の肩甲骨の寄せと上半身のブリッジを作ったフォームでは、あごと胸の間が非常に狭く、胸の角度も非常に大きくなっている。このテクニックの違いが、児玉選手と他の選手との大きな違いと言える。

といったポイントは、より「あごと胸の間を狭くして胸に角度をつける」ためのポイントとなり、別の言い方をすれば、「あごと胸の間を狭くして胸に角度をつける」ために肩甲骨の寄せと上半身のブリッジを作る。

肩甲骨の寄せと上半身のブリッジを作るということ＝「あごと胸の間を狭くして胸に角度をつける」とも言えるのです。

児玉選手が肩甲骨の寄せと上半身のブリッジを作った写真33を見てください。写真32と比べてみると、腰の反り自体はあまり変わらないのに対し、あごと胸の間が非常に狭く、胸にも大きく角度がついているのがわかるはずです。

児玉選手は体の柔らかい選手で、ブリッジ＝腰の反りが非常に大きいと勘違いしている人もいますが、児玉選手よりも腰周りの柔軟性が優れている選手はいくらでもいます。

しかし、「あごと胸の間の狭くして胸に角度をつける」テクニックに関して非常に長けており、このおかげで怪我をすることなく高重量を扱い、記録を伸ばし続けてきたと言っても過言ではありません。

■肩甲骨の寄せを作りやすい
　力の入れ方と意識の持ち方を掴む

正しい肩甲骨の寄せを行うための基本となるポイントとして、「広背筋が見えないようにする」、「僧帽筋が見えないようにする」。

一歩進んだより胸に高さを出すためのポイントして、「肩幅を狭くする」。

そして、それらのポイントの先にあり、肩甲骨の寄せを行う目的となる、「あごと胸の間を狭くして胸に角度をつける」というポイントがあるわけですが、ポイントはわかったとしても、それらのポイントを守りながら肩甲骨を寄せる、上半身のブリッジを作るということは、意外にも難しいものです。

では、「どうすればそれらポイントを守り、肩甲骨を寄せ、上半身のブリッジが作れるのか？」こうなるわけですが、この質問の答えは非常に簡単です。練習を繰り返し、自分にとっての「肩甲骨の寄せ（と上半身のブリッジ）を作りやすい力の入れ方と意識の持ち方を掴む」のです。

肩甲骨の寄せと上半身のブリッジを作るという動作そのものは、それほど難しくはありません。しかし、正しく行い、より効果が得られるようになるには、何度も練習を繰り返し、時間をかけて「肩甲骨の寄せ（と上半身のブリッジ）を作りやすい力の入れ方と意識の持ち方を掴む」しかないのです。

力の入れ方と意識の持ち方

肩甲骨を寄せるときの基本的なポイントとして、自分にとっての「肩甲骨の寄せ（と上半身のブリッジ）を作りやすい力の入れ方と意識の持ち方を掴む」ということを紹介しました。
この「肩甲骨の寄せ（と上半身のブリッジ）を作りやすい力の入れ方と意識の持ち方」というものは人それぞれ異なるため、万人に対して、「絶対にこのように力を入れた方が良い」、「絶対にこういった意識を持った方が良い」ということは言えません。

【表2】 肩甲骨を寄せるときの基本的なポイント

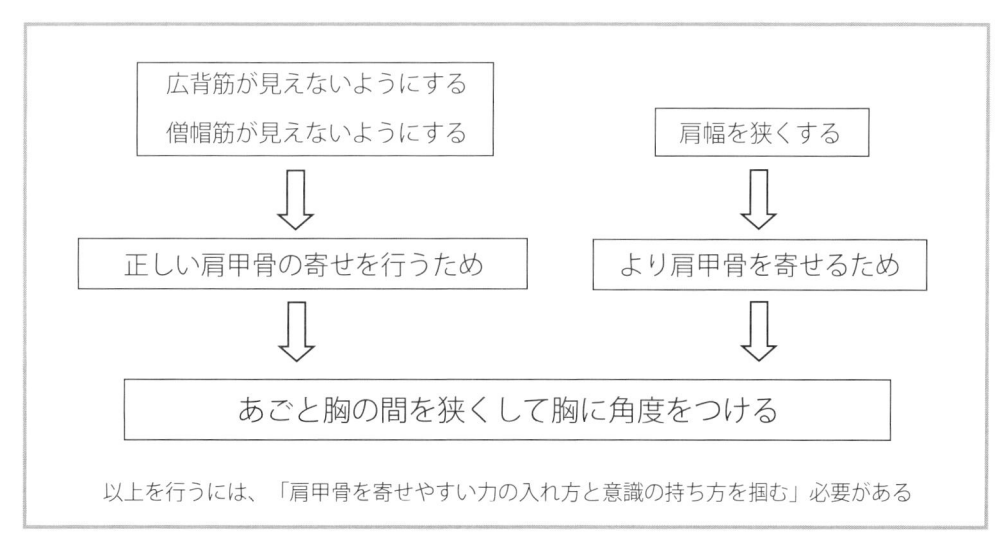

```
┌─────────────────────────────────────────────────────────────┐
│                                                             │
│   ┌──────────────────────┐      ┌──────────────┐           │
│   │ 広背筋が見えないようにする │      │ 肩幅を狭くする │           │
│   │ 僧帽筋が見えないようにする │      └──────────────┘           │
│   └──────────────────────┘              ↓                  │
│              ↓                                              │
│   ┌──────────────────────┐      ┌──────────────────┐       │
│   │ 正しい肩甲骨の寄せを行うため │      │ より肩甲骨を寄せるため │       │
│   └──────────────────────┘      └──────────────────┘       │
│              ↓                           ↓                  │
│   ┌─────────────────────────────────────────────┐          │
│   │ あごと胸の間を狭くして胸に角度をつける           │          │
│   └─────────────────────────────────────────────┘          │
│                                                             │
│   以上を行うには、「肩甲骨を寄せやすい力の入れ方と意識の持ち方を掴む」必要がある │
└─────────────────────────────────────────────────────────────┘
```

しかし、多くの人が正しい肩甲骨の寄せと上半身のブリッジを習得していくうえで掴む、共通した力の入れ方と意識の持ち方というものがあります。

ここでは、そういった基本とも言える、肩甲骨の寄せと上半身のブリッジを作るための「力の入れ方と意識の持ち方」を紹介したいと思います。

■肩周りに力を入れすぎない

正しい肩甲骨の寄せと上半身のブリッジを作るための力の入れ方と意識の持ち方として、「肩周りに力を入れすぎない」ということがあげられます。

両肩を斜め下側、もしくは真後ろに下げ、肩甲骨の間を狭めるように肩甲骨の寄せを作るわけですが、この時に両肩を動かすことを意識しすぎると、肩の裏側～僧帽筋周り力が入りすぎてしまい、肝心の肩甲骨を寄せるということが行えない。体の前側から広背筋や僧帽筋が見えるような、間違った肩甲骨の寄せになりやすくなってしまいます。

こういったことから、正しい肩甲骨の寄せと上半身のブリッジを作るためには、「肩周りに力を入れすぎない」ようにする必要があります。

■みぞおちの裏側に力を入れて
　自然に両肩を寄せる

正しい肩甲骨の寄せと上半身のブリッジを作るためには、「肩周りに力を入れすぎない」。
しかし、こうなると「肩周りに力を入れずに、どうやって両肩を下げて肩甲骨の間を狭めるのか？」という疑問が生まれてくるはずです。
確かに、肩周りに力を入れず、両肩を斜め下側、もしくは真後ろに下げることはできません。このため、肩周りには必ずある程度の力を入れ、両肩を下げることになります。

ただし、肩甲骨を寄せるための最初に力を入れる部分が肩周り、最初に行う動作として肩周りに力を入れて両肩を下げるとなると、肩周りに力が入りすぎてしまい、間違った肩甲骨の寄せになりやすくなってしまいます。（写真34）
そのため、肩周りよりも先にある部分に力を入れ、その後に肩周りに力を入れることになります。その肩周りよりも先に力を入れるある部分は、人によって異なるのですが、基本的には「みぞおちの裏側」（左右の肩甲骨の間の少し下辺り）になります。

まず、このみぞおちの裏側に力を入れ、肩甲骨の間を狭める意識を持ちます。そして、その後に力を入れたみぞおちの裏側の部分に両肩を寄せ集めるような意識で肩周りに自然に力を入れ、両肩を下げていくのです。
これはあくまで意識の持ち方にすぎないかもしれませんが、「両肩を下げる→肩甲骨の間を狭める」、という順序でなく、「肩甲骨の間を狭める→両肩を下げる」といった逆の順序の意識を持って力を入れることで、正しい肩甲骨の寄せが作れるようになるのです。

みぞおちの裏側と肩周りの力の入れ具合の割合を感覚的に示すとなると、みぞおちの裏側＝7割、肩周り＝3割。このような感じでしょうか。あくまで力を入れる主となる部分はみぞおちの裏側であり、肩周りの力の入れ具合はその部分に両肩を寄せ集めるように自然に力を入れるぐらいになります。

また、みぞおちの裏側に主に力を入れることによる利点は、正しい肩甲骨の寄せを作るということだけではありません。肩甲骨を寄せるフォームでは、肩甲骨を寄せると同時に意識的に腰を反らし、上半身のブリッジを作ることになるわけですが、みぞおちの裏側に力を入れ、この部分を支点として腰を反らすことで、上半身のブリッジが作りやすくなってきます。

Chapter 1　肩甲骨の寄せと上半身のブリッジ

　間違った肩甲骨の寄せ方の場合、肩周りを主として力を入れるため、肩甲骨を寄せるために肩周り、腰を反らして上半身のブリッジを作るために腰周り。別々の部分を同時に意識し、力を入れる必要があります。
　これに対して、みぞおちの裏側に力を入れる場合、一箇所を中心に力を入れるだけで肩甲骨の寄せと上半身のブリッジを同時に作ることができ、「広背筋と僧帽筋が前側から見えず、肩幅が狭く、あごと胸の間が狭くて胸に角度のついた」正しい肩甲骨の寄せ、そして上半身のブリッジが作れるようになるのです。（写真35）
　中には、トレーニングを行っているうちに、自然に「みずおちの裏側に力を入れて自然に両肩を寄せる」という力の入れ方を習得し、意識することなく行っている人もいるかもしれません。しかし、通常はこの力の入れ方と意識の持ち方を習得するには、自身でしっかりと力の入れ方と意識の持ち方を確認しながら、何度も練習を繰り返す必要があります。
　なお、ここでは「みぞおちの裏側に力を入れて」という体の背面での力の入れ方と意識の持ち方をすすめていますが、「みぞおちを前（斜め前）にせり出す」という、体の前面での力の入れ方と意識の持ち方によって、肩甲骨の寄せと上半身のブリッジの作る方法もあります。
　どちらの力の入れ方と意識の持ち方が正しいということはなく、どちらが正しくなるか？、どちらが肩甲骨の寄せと上半身のブリッジが作りやすくなるか？は、人によって異なります。両方の方法を試し、自身が肩甲骨の寄せと上半身のブリッジが作りやすい、力の入れ方と意識の持ち方を取り入れるようにしてください。

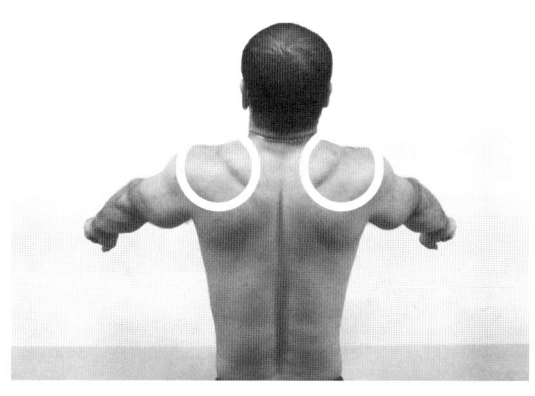

【写真34】
　両肩を動かすことを意識しすぎると、両肩の裏側〜僧帽筋といった肩周りに力が入りすぎ、間違った肩甲骨の寄せになりやすい。

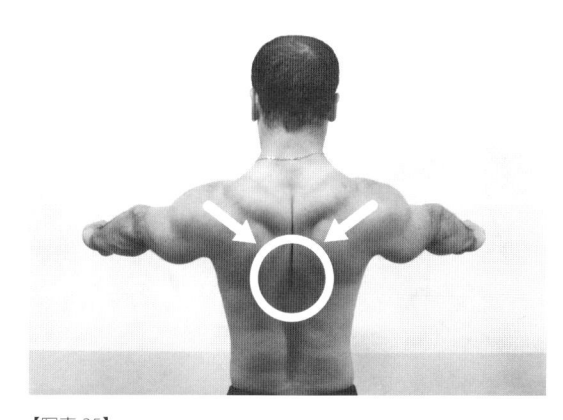

【写真35】
　肩甲骨を寄せる際には、まず最初にみぞおちの裏側、左右の肩甲骨の間の少し下側に力を入れ、肩甲骨の間を狭めるな意識を持ち、そしてその部分に両肩を寄せ集めるように自然に肩周りに力を入れる。みぞおちの裏側に力を入れることで正しい肩甲骨の寄せが作れるだけでなく、その部分を支点にして同時に上半身のブリッジも作ることができる。

PART 3

PART 3　トレーニングフォームの基礎

■肺に息を溜め込み胸郭を広げて
　みぞおちを斜め前にせり出す

　「みぞおちの裏側に力を入れて自然に両肩を寄せる」ことにより、肩甲骨の寄せと上半身のブリッジを作るわけですが、通常はそれで終了ではなく、さらに胸に高さを出すために、肺に息を溜め込み胸郭を広げることになります。

　肺に息を溜め込む前と、溜め込んだ後を比べると、肺に息を溜め込んだ後の方が胸郭が広がり、明らかに胸に高さが出てきます。

また、肺に息を溜め込んで胸郭を広げたときに、同時にみぞおちを斜め前にせり出すと、肩甲骨を寄せるうえで最も重要なポイントである「あごと胸の間を狭くして胸に角度をつける」ということがなされやすくなり、より良い肩甲骨の寄せと上半身のブリッジを作ることができます。（写真36・37）

　この「肺に息を溜め込み胸郭を広げてみぞおちを斜め前に押し出す」ということは、「肩甲骨の寄せと上半身のブリッジを作るための力の入れ方と意識の持ち方」というより、より「あごと胸の間を狭くして胸に角度をつける」ための、テクニック的な意味合いが強いかもしれません。しかし、実際に肺に息を溜め込んで胸郭を広げ、みぞおちを斜め前にせり出してみるとわかると思いますが、肺に息を溜め込んだ方が肩周りに余計な力が入りにくく、みずおちの裏側に力を入れて自然に両肩を寄せるという意識が持ちやすくなるため、ここでは「肩甲骨を寄せるときの基本的な力の入れ方と意識の持ち方」として紹介しています。

【写真36】
肺に息を溜め込まずに、肩甲骨の寄せと上半身のブリッジを作ったときの上体の型。

【写真37】
肩甲骨の寄せと上半身のブリッジを作り、同時に肺に息を溜め込み胸郭を広げてみぞおちを斜め前にせり出したときの上体の型。肺に息を溜め込まないときと比べると、あごと胸の間も狭く、胸に角度がついているのがわかる。

【表3】 肩甲骨を寄せと上半身のブリッジを作るための基本的な力の入れ方と意識の持ち方

・肩周りに力を入れすぎない
・みぞおちの裏側に力を入れて自然に両肩を寄せる
・肺に息を溜め込み胸郭を広げてみぞおちを斜め前にせり出す

Chapter 2　フォームを作る

　肩甲骨を寄せるフォームでトレーニングを行う際は、前項で紹介したポイント、力の入れ方、意識の持ち方などを注意したうえで、肩甲骨の寄せと上半身のブリッジを作ることになります。

　ただし、実際のトレーニングでは、ベンチ台に寝転び、ベンチ台やバーを利用しながら肩甲骨の寄せと上半身のブリッジを作ることになります。

　ベンチプレスの動作には、「フォームを作る」、「ラックアウト」、「キープ」、「挙上」の4つの動作があります。

ここでは、その4つの動作で最初に行う動作の「フォームを作る」ということで、ベンチ台やバーを利用しながら肩甲骨の寄せと上半身のブリッジを作る方法を紹介したいと思います。

肩甲骨の寄せと上半身のブリッジの完成

　ベンチプレスを行う際の最初の動作は、「フォームを作る」ということです。
足上げベンチや尻上げベンチ、そしてパワーフォームなど。ベンチプレスには様々なトレーニングフォームがありますが、どのようなフォームでトレーニングを行う際も、最初の動作となるのは、「フォームを作る」ということです。

　フォームを作り、フォームができたらラックアウト。ラックアウトしたらキープし、そこから挙上。ベンチプレスでは以上の流れでそれぞれの動作を行うことになり、肩甲骨の寄せと上半身のブリッジを作ることは、「フォームを作る」という動作に含まれるため、最初に行うことになります。

　ここで注意しなければならないことが、「フォームを作る動作の際に肩甲骨の寄せと上半身のブリッジをほぼ完成させる」必要があるということです。
このことは、普段から肩甲骨を寄せたフォームでトレーニングを行い、フォームを作る動作の際に肩甲骨の寄せと上半身のブリッジを完成させている人からすれば、当たり前すぎること、誰もが知っていることとなります。
しかし、知っているのにもかかわらず、意外にできていないという人は多いのではないでしょうか。
そして、この「知っているのにもかかわらずできていない人」のほとんどが、ラックアウトした後のキープ時に、肩甲骨の寄せと上半身のブリッジを作ろうとする人になります。

　ラックアウトした後のキープ時に、体を揺らして肩周りを動かしている人を見たことがないでしょうか？
フォームを作る動作の際に肩甲骨の寄せと上半身のブリッジを作り、ラックアウトした後のキープ時に、体を揺らして肩周りを動かし、さらに肩甲骨の寄せと上半身のブリッジを作る人。
フォームを作る動作の際にほとんど肩甲骨の寄せと上半身のブリッジを作らず、ラックアウトした後のキープ時に、体を揺らして肩周りを動かし、はじめて肩甲骨の寄せと上半身のブリッジを作る人。
ラックアウトした後のキープ時に肩甲骨の寄せと上半身のブリッジを作る人には、このような2

つのパターンがあり、そのどちらにも共通する問題が、肩甲骨の寄せと上半身のブリッジの完成度が一定にならないということです。

　ラックアウトした後のキープ時に、肩甲骨の寄せと上半身のブリッジを作ろうとしたとき、重量が軽い場合にはしっかり肩甲骨の寄せと上半身のブリッジを作ることができても、重量が重くなるとうまく作ることができない。
これは、ラックアウトした後のキープ時に、はじめて肩甲骨の寄せと上半身のブリッジを作る人の場合、比較的簡単に実感できることなのですが、フォームを作る動作の際にある程度だけ肩甲骨の寄せと上半身のブリッジを作る人の場合は、実感がないだけで、知らないうちに肩甲骨の寄せと上半身のブリッジの完成度が一定になっていないということがよくあるのです。

　それ以前に、ラックアウトした後のキープ時という体に負荷がかかった状態で体を動かすことでバランスを崩し、怪我をしてしまうという問題があります。
これを回避するとなると、体に負荷のかかっていない状態、つまりフォームを作る動作の際に肩甲骨の寄せと上半身のブリッジをほぼ完成させる必要があるのです。

　なお、ここで「完成させる」ではなく、「ほぼ完成させる」という表現となっているのは、体に負荷がかかってはじめてできる重要なポイント、テクニックがあるためで、それについては『キープ』の項で詳しく紹介したいと思います。

基本となる2種類のフォームの作り方

　先に述べたように、実際のトレーニングでは、ベンチ台に寝転び、ベンチ台やバーを利用しながら、肩甲骨の寄せと上半身のブリッジを作ることになります。
ベンチ台とバーを利用した肩甲骨の寄せの作り方、上半身のブリッジの作り方は人それぞれ異なり、千差万別といっても過言ではないかもしれません。

　ベンチ台に最初に寝る位置やバーを持つ位置、体の反らし方など、その人にとって最も肩甲骨の寄せと上半身のブリッジを作りやすい方法が異なるため、「こうしなければならない」という方法は存在しません。
ただし、ほとんどの人が比較的簡単に肩甲骨の寄せと上半身のブリッジが作れるオーソドックスな方法がいくつか存在します。

　ここでは、その中でも代表的な『基本Aタイプ』と『基本Bタイプ』の2種類の方法での、肩甲骨の寄せと上半身のブリッジを作る手順、そしてポイントや意識の持ち方などを紹介したいと思います。

基本Aタイプ

■肩甲骨の寄せと
　　上半身のブリッジを作る手順

　それではベンチ台とバーを利用した肩甲骨の寄せと上半身のブリッジの作り方、基本Aタイプでの肩甲骨の寄せと上半身のブリッジを作る手順を、写真を見ながら順番に説明します。

①まず、最初にベンチ台に寝転びます。
　このとき、普段の挙上時の位置よりも上側、ベンチ台の形状によるものですが、ベンチ台から頭がはみ出るぐらいの位置に寝転びます。両手のグリップ幅は肩幅、もしくはそれよりも狭い幅のグリップ幅でバーを握ります。
　これは、広い幅よりも狭い幅でグリップを握った方が、通常は肩甲骨の寄せが作りやすいためです。（写真1）

②次に、両手でバーを引っ張り、同時に両足を

PART 3　トレーニングフォームの基礎

踏ん張って体をのけ反らせながら全身をベンチ台から浮かせます。
体を浮かす方向、のけ反る方向は、寝ている位置から真上ではなく、足側に向けて体を浮かし、のけ反るようにします。（写真2）

③体をのけ反らせながらベンチ台から体を浮かせたら、バーを引っ張っている両手の力を少し抜き、普段の挙上時の位置よりも足側、頭側をベンチ台の上側としたときのベンチ台の下側に、頭〜両肩の部分だけを付けます。
ただし、両足の踏ん張りを緩めずに、できる限り体をのけ反らせた状態を維持するようにします。（写真3）

④頭〜両肩をベンチ台に付けたら、踏ん張っている両足の力の向きを頭側、ベンチ台の上側に変え、頭〜両肩をベンチ台の上を滑らせるようにして、普段の挙上時の位置まで体を移動させます。（写真4・5）
このときのベンチ台とベンチ台に触れている体の摩擦、この場合はベンチ台と両肩の摩擦を利用して、肩甲骨の寄せと上半身のブリッジを作ることになります。
この部分がわかりにくいと感じる人は、両肩を他の人に持ってもらって肩甲骨の寄せを作っていることをイメージすればわかりやすいでしょうか。
「他の人に持ってもらっている両肩部分」＝「ベンチ台に触れている両肩部分」となり、「他の人に両肩を下げて肩甲骨の寄せを作るのを手伝ってもらうという力」＝「移動に伴うベンチ台と両肩の摩擦」となるわけです。
自分自身が作り出した力を利用するのと、他の人の力を借りるという差はありますが、ベンチ台と両肩との摩擦で肩甲骨の寄せと上半身のブリッジを作るということは、他の人に両肩を持ってもらい、左右の肩甲骨の間を狭くして肩甲骨の寄せを作り、腰を反らせて上半身のブリッジを作るのを手伝ってもらっていることと非常によく似ています。
基本的にはこのベンチ台の上を移動するときの摩擦を利用し、肩甲骨の寄せをほとんど完成させてしまいます。

⑤普段の挙上時の位置まで頭〜両肩が移動したら、肩甲骨の寄せ、そして上半身のブリッジを維持したまま、肩幅か、もしくはそれよりも狭く持っていた両手のグリップを、片手ずつトレーニング時のグリップに握り直します。（写真6）

⑥両手のグリップを握り直したら、両足の踏ん張りを緩め、尻をベンチ台に付けます。
（写真7・8）
両足の力を抜き、尻をベンチ台に付けることで、腰の反りは少なくなり、上半身のブリッジ自体は甘くなるわけですが、できる限り上半身のブリッジを維持するようにします。

　ここまでが、基本Aタイプでの肩甲骨の寄せと上半身のブリッジを作る手順となります。
　肩甲骨を寄せただけのフォームであれば、そのままの状態。足上げベンチであれば、両足を床から浮かす。そしてパワーフォームであれば、両足の力を使いやすい位置に足を移動させ、ベンチ台から尻が浮かないようにしながら、両足の踏ん張りにより、さらに肩甲骨の寄せと上半身のブリッジを強める。
様々なフォームに変化させることができます。

Chapter 2　フォームを作る

基本Aタイプでの肩甲骨の寄せと上半身のブリッジを作る手順

【写真1】
ベンチ台に寝転ぶ。

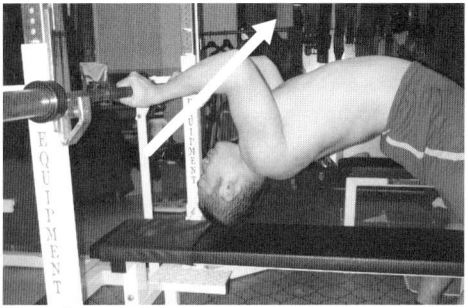

【写真2】
両足を踏ん張り、全身をベンチ台から浮かす。

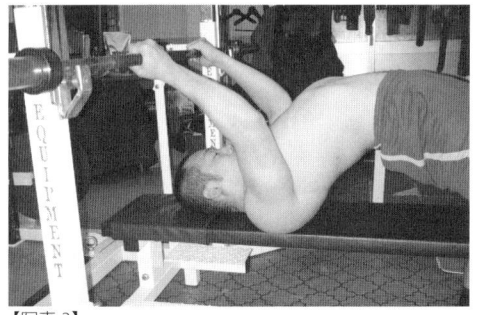

【写真3】
普段の挙上時の位置より下側に頭〜両肩を付ける。

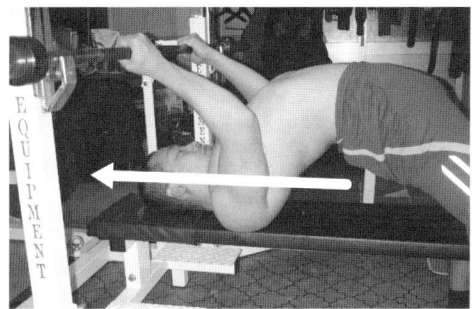

【写真4】
両足を踏ん張り、ベンチ台と体の摩擦で肩甲骨の寄せと上半身のブリッジを作る。

【写真5】
普段の挙上時の位置まできたら移動を止める。

【写真6】
片手ずつ普段のグリップに握り直す。

【写真7】
尻をベンチ台に付ける。

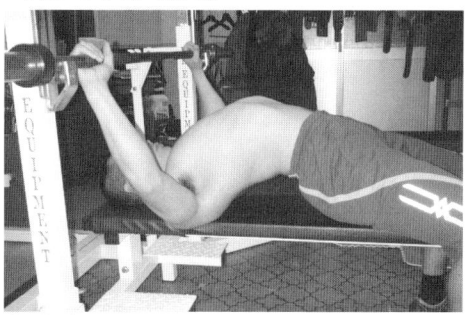

【写真8】
基本Aタイプでのフォームを作る動作は終了。
ここから様々なフォームに変化させることができる。

PART 3　トレーニングフォームの基礎

■ポイントと意識の持ち方

　基本Aタイプで、より上手く、より効率良く肩甲骨の寄せと上半身のブリッジを作るための注意しなければならないポイント、意識の持ち方がいくつか存在します。
ここではそういったポイントや意識の持ち方を紹介したいと思います。

　ただし、このポイントや意識の持ち方は、行う人によってはかえってやりにくい、合わない方法につながることもあります。
あくまで基本的なポイントと意識の持ち方として捉え、実際にトレーニングを行い、自身にとって最良の肩甲骨の寄せと上半身のブリッジを作りやすいポイント、意識の持ち方を見つけるようにしてください。

・ベンチ台に寝転んだときのグリップは逆手

　最初にベンチ台に寝転んだときのグリップ、体をのけ反らせながらベンチ台から体を浮かせるときのグリップは、逆手に握った方がバーを引っ張りやすく、ベンチ台から体を浮かせやすく感じる人が多いはずです。
これは、ベンチ台から体を浮かすときの両腕の使い方がアームカールに近く、グリップが順手の場合はリバースグリップでのアームカール、グリップが逆手の場合は通常のアームカールといった形になり、通常のアームカールの型となる逆手のグリップの方が両腕の力が使いやすくなるためです。

　最初にベンチ台に寝転んだときのグリップ、体をのけ反らせながらベンチ台から体を浮かせるときのグリップは、順手・逆手のどちらでもかまいませんが、通常は逆手で握ることが多くなっています。（写真9）

・ベンチ台に体を付けるときに角度をつける

　ベンチ台から体を浮かせた後、挙上時の位置よりも下側に、頭～両肩を付けるわけですが、このときにできる限り角度をつけて頭～両肩を付ける、ベンチ台と体の作る角度をできる限り大きくします。（写真10）

　ベンチ台と体の作る角度が変わると、ベンチ台に付いている頭～両肩のうちの両肩の付き方が変わり、角度が大きくなると僧帽筋付近と肩の上側が狭い面積でベンチ台と付き、角度が小さくなると肩甲骨付近と肩が広い面積でベンチ台と付くようになります。（写真11・12）

【写真9】
ベンチ台に寝転んだときの最初のグリップは順手・逆手のどちらでもよいが、逆手の方が次に行う動作が行いやすい。

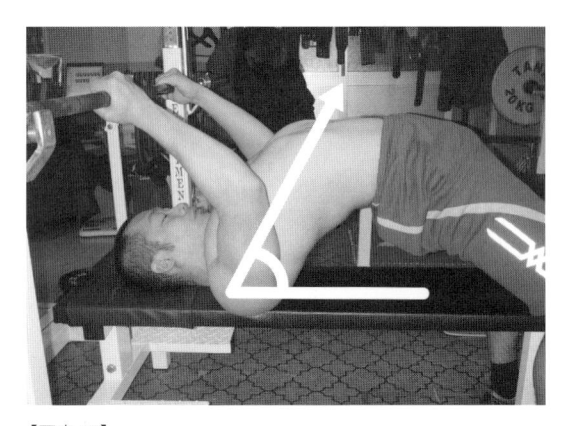

【写真10】
ベンチ台に頭～両肩を付けるときに、ベンチ台と体の作る角度を大きくすると、肩甲骨の寄せと上半身のブリッジが作りやすくなる。

Chapter 2　フォームを作る

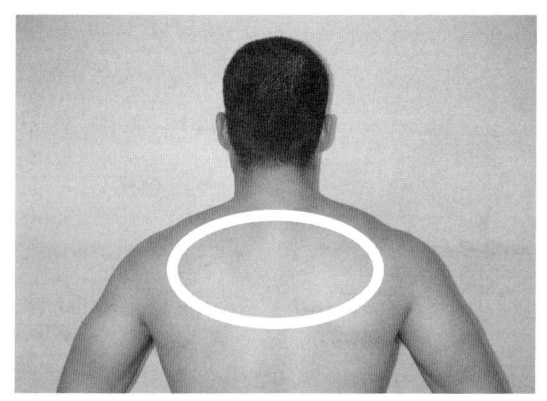

【写真11】
ベンチ台と体の作る角度が小さいと、肩甲骨付近が広い面積でベンチ台に付くこととなり、肩甲骨の寄せと上半身のブリッジが作りにくくなる。

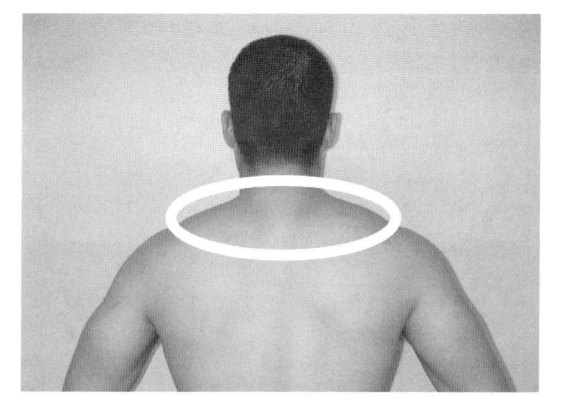

【写真12】
ベンチ台と体の作る角度が大きくなると、僧帽筋付近の体の上部が狭い面積でベンチ台に付くこととなり、肩甲骨の寄せと上半身のブリッジが作りやすくなる。

肩甲骨の寄せと上半身のブリッジは、ベンチ台に付いている両肩部分とベンチ台との摩擦を利用して作ることになるわけですが、通常は肩甲骨付近と肩が広い面積でベッタリとベンチ台に付いているより、僧帽筋付近と肩の上部が狭い面積でベンチ台に付く方が、より肩甲骨の寄せと上半身のブリッジが作りやすくなります。

こういったことから、ベンチ台から体を浮かせた後に頭〜両肩をベンチ台に付けるときは、できる限り角度をつける、ベンチ台に付ける体の位置をできる限り体の上部にする必要があります。

・ベンチ台の上を移動するときは両脇を閉じる

　ベンチ台に付いている両肩部分とベンチ台との摩擦を利用し、肩甲骨の寄せと上半身のブリッジを作るわけですが、通常はこのときに両脇を閉じ、両腕を体にくっつけるようなイメージで肩甲骨を寄せた方が、より良い肩甲骨の寄せを作りやすくなってきます。（写真13）

　また、反対に両脇を閉じずに開いてしまうと、通常はどうしても左右の肩甲骨の間が広がりやすく、肩甲骨の寄せも作りにくくなります。（写真14）

【写真13】
通常は両脇を閉じた方が、肩甲骨の寄せが作りやすい。

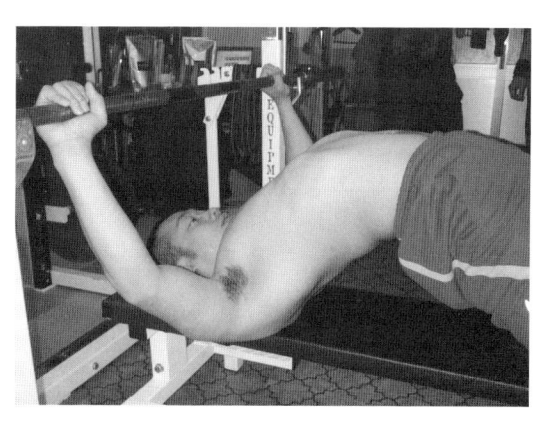

【写真14】
通常は両脇を開くと左右の肩甲骨の間が広がりやすく、肩甲骨の寄せが作りにくい。

このことは、単純に両脇を閉じたときと、両脇を開いたときの肩甲骨の寄せの作りやすさを比べてみれば、すぐに実感できると思います。

なお、ベンチ台から体を浮かすという最初の動作の際のグリップを維持したまま、肩甲骨の寄せと上半身のブリッジを作るわけですが、最初のグリップのままだとどうしても肩甲骨の寄せを作りにくいと感じる人が出てきます。

多いのが、最初のグリップが逆手であり、逆手のままだと肩甲骨の寄せが作りにくいと感じる人です。こういった人の場合、いったんベンチ台から体を浮かせてベンチ台に付けた後、ベンチ台の上で体を移動させる前に、片手ずつ両手のグリップを握り直すことになります。

ただし、握り直す際にグリップ幅を広くしすぎてしまうと、両脇が閉じにくくなり、肩甲骨の寄せが作りにくくなることがあるので、肩甲骨の寄せが作りやすいグリップ幅で握るように、自身で調整する必要があります。

・挙上時の位置まで移動したときに肩甲骨の寄せをほぼ完成させる

頭～両肩をベンチ台の上を滑らせるようにして肩甲骨の寄せと上半身のブリッジを作り、普段の挙上時の位置まできたら移動をストップさせるわけですが、基本的には移動をストップさせたときに、肩甲骨の寄せをほぼ完成させてしまいます。

ここで言う肩甲骨の寄せをほぼ完成させるということは、「広背筋が見えないようにする」、「僧帽筋が見えないようにする」、「肩幅を狭くする」といったポイントを守り、最も重要な「あごと胸の間を狭くして胸に角度をつける」ということを、ほぼ完成させるということになります。

また、挙上時の位置まで移動したときは、両足を踏ん張って尻を浮かせている状態なので、より「あごと胸の間を狭くして胸に角度をつけ

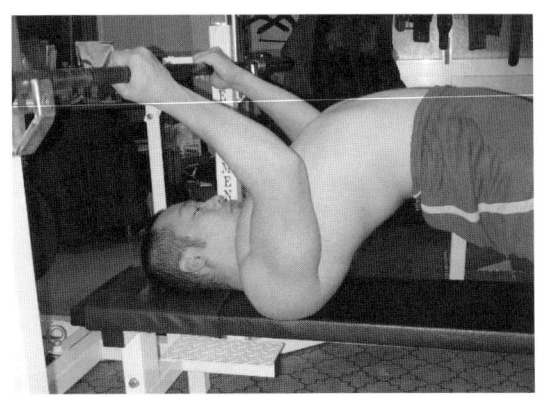

【写真15】
挙上時の位置まで移動したときに、「広背筋が見えないようにする」、「僧帽筋が見えないようにする」、「肩幅を狭くする」、そして「あごと胸の間を狭くして胸に角度をつける」といったポイントを守り、肩甲骨の寄せをほぼ完成させる。

る」状態を維持しやすく、あごと胸をくっつけるぐらい、首から胸の角度を直角にするぐらいの意識で「あごと胸の間を狭くして胸に角度をつける」ようにします。（写真15）

・グリップを握り直したときに肩甲骨を寄せ直す

挙上時の位置まで移動したときに肩甲骨の寄せをほぼ完成させ、グリップを片手ずつ普段のトレーニング時のグリップに握り直すわけですが、このときにできる限り左右の肩甲骨の間が広くならないように、肩甲骨の寄せが甘くならないように意識しながら、グリップを握り直すことになります。

ただし、このグリップを握り直す際に、どうしても肩甲骨の寄せが甘くなってしまう人がいます。肩甲骨の寄せやすい狭いグリップ幅から、肩甲骨の寄せにくい広いグリップ幅に握り直すため、肩甲骨の寄せが甘くなってしまうのはある意味必然なのかもしれません。

このような、グリップを握り直す際に肩甲骨の寄せが甘くなってしまう人は、グリップを握り直す際に、肩甲骨を寄せ直すことになります。

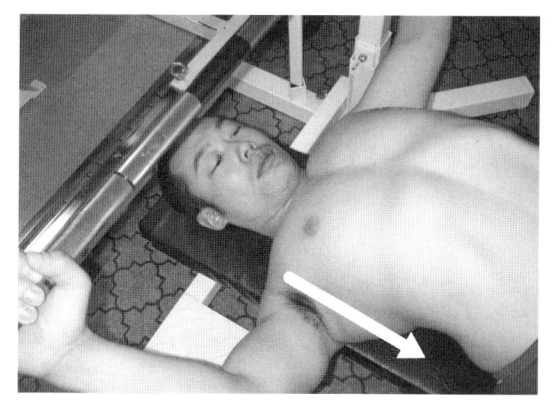

Chapter 2 フォームを作る

【写真16】
グリップを握り直す際に、肩甲骨の寄せが甘くなった場合は、体をひねり肩をベンチ台の下側に移動させて肩甲骨を寄せ直す。

　この肩甲骨を寄せ直す方法には2つの方法があります。1つ目の方法が、片方のグリップを握り直した後に、それによって寄せの甘くなった片方の肩甲骨を寄せ直し、同じようにもう片方のグリップを握り直した後に、もう片方の肩甲骨を寄せ直すという、片方のグリップを握り直す度に肩甲骨を寄せ直す方法。
　2つ目の方法が、両手のグリップを握り直した後に、左右の甘くなった肩甲骨の寄せを片方ずつ寄せ直す方法。
　どちらの方法でも、寄せ直す肩甲骨は片方ずつとなり、体を少しひねるようにしながら、寄せ直したい肩甲骨と同じ側の肩をベンチ台の下側に向けて少し滑らすように移動させ、肩甲骨を寄せ直します。(写真16)
例えば、右の肩甲骨を寄せ直したいのであれば、体を少し右側にひねり、右肩をベンチ台の下側に少しだけ滑らすように移動させて、肩甲骨を寄せ直します。
　この肩甲骨の寄せ直す方法は、文章で説明すると難しいところではあるのですが、実際にやってみれば、「肩甲骨を寄せ直すことができた」という感覚を、すぐに体感できると思います。

　なお、この肩甲骨を寄せ直す方法は、グリップを握り直す際に肩甲骨の寄せが甘くなった場合のみに行うのではなく、1つの手順として取り入れることで、「さらに肩甲骨を寄せるためのテクニック」としても活用することができます。
ただし、肩甲骨を寄せ直すことで、「体とバーとの位置が変化する」＝「体とバーが遠くなりラックアウトしにくくなる」ということがあります。このため、あらかじめ1つの手順として肩甲骨を寄せ直すテクニックを活用する場合は、グリップを握り直す前に普段の挙上時の位置よりも少し上側に体を移動させておく必要があります。(寄せ直した後に両足を踏ん張り、普段の挙上時の位置までもう一度体を移動させる方法もあり、この場合は必要がない)
　この肩甲骨の寄せ直す方法の注意点をあげておくと、肩をベンチ台の下側に移動させるときにベンチ台から肩が離れないようにすること、何度も繰り返して肩を移動させないこと。
この2点があげられます。
　1点目の注意点は、肩がベンチ台から離れてしまうとその瞬間にベンチ台との摩擦でできた肩甲骨の寄せが甘くなるため、2点目の注意点は、何度も繰り返し肩を移動させるということは、グリップを握り直す際に肩甲骨の寄せが甘くなりすぎた、もしくは最初から肩甲骨の寄せがうまくできていなかったということになるためです。
肩を移動させて肩甲骨を寄せ直すことは、あくまで「肩甲骨を寄せ直す方法」、もしくは「さらに肩甲骨を寄せるためのテクニック」にあたり、「肩甲骨の寄せをゼロから作る方法」ではないということを理解しておいてください。

PART 3

・尻をベンチ台に付けるときに肩甲骨の寄せと上半身のブリッジを甘くしない

グリップを握り直し、肩甲骨を寄せ直したら、トレーニングフォームに合わせて両足の踏ん張りを緩め、尻をベンチに台に付けることになるのですが、このときにできる限り肩甲骨の寄せと上半身のブリッジが甘くならないように意識する必要があります。

尻を浮かしていたときに比べると、必然的に腰の反り具合も甘くなり、あごと胸の幅は広く、胸の角度も低くなるのですが、それらを最小限に抑えるように肩甲骨を寄せ、腰を反らせて上半身のブリッジを作るようにします。
そして、これらをうまく行うための力の入れ方と意識の持ち方が、前項で紹介した、「みぞおちの裏側に力を入れて自然に両肩を寄せる」になります。

ベンチ台とバーを利用した肩甲骨の寄せと上半身のブリッジを作る手順としては、最初に肩甲骨を寄せる形をとっていますが、みぞおちの裏側に力を入れ、その部分に向けてあらかじめ寄せていた肩甲骨をさらに寄せるようにし、同時にその部分を支点として腰を反らして上半身のブリッジを作るという意識を持つ。
この力の入れ方と意識を持ったまま尻をベンチ台に付けることで、あご胸の幅が広くなること、胸の角度が低くなることを、最小限に抑えることができるようになります。（写真17）

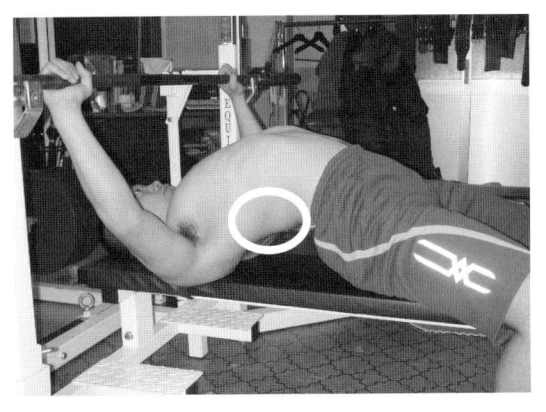

・常に首の後ろ側〜両肩をベンチ台に押し付けるような意識を持つ

体をのけ反らして頭〜両肩をベンチ台に付けるとき、ベンチ台の上を滑るように移動するとき、グリップを握り直すとき、肩甲骨を寄せ直すとき、両足の踏ん張りを緩めて尻をベンチ台に付けるとき、そして尻を付けたとき。
いずれの場面においても、首の後ろ側〜両肩をベンチ台に押し付けるような意識を持つと、あごと胸の幅の狭い、胸に角度の付いたより良い肩甲骨の寄せと上半身のブリッジが作れるようになります。

首の後ろ側〜両肩をベンチ台に押さえ付けるための力としては、「両足の踏ん張り」、「両手でバーを押さえる力」、「自分の体重」などがあり、これらをうまく利用することになります。
また、ここでは「首の後ろ側〜両肩をベンチ台に押し付ける」という表現になっていますが、どの部分をベンチ台に押し付けることで肩甲骨の寄せと上半身のブリッジが作りやすくなるかは、人によって異なります。

押し付ける部分が、「首の後ろ側だけ」、「両肩だけ」、「首の後ろ側〜両肩の全体」といったように、人によって様々です。（写真18）
この辺りは実際に何度も試し、どの部分をベンチ台に押し付ければ最も肩甲骨の寄せと上半身のブリッジが作りやすくなるかということを、自身で見つける必要があります。

【写真17】
尻をベンチ台に付けることで必然的にあごと胸の間は広くなり、胸の角度は低くなるが、みぞおちの裏側に力を入れ、その部分に向けて肩甲骨を寄せ、その部分を支点に上半身のブリッジを作るような意識を持てば、肩甲骨の寄せと上半身のブリッジが甘くなることを最小限に抑えられる。

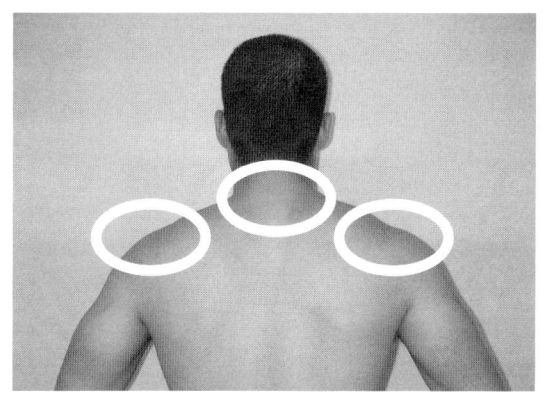

【写真18】
体がベンチ台に触れているすべての場面において、首の後ろ側～両肩をベンチ台に押し付けることで、肩甲骨の寄せと上半身のブリッジが作りやすくなる。ただし、どの部分を押し付けることで最も肩甲骨の寄せと上半身のブリッジが作りやすくなるかは、人によって異なる。

基本Bタイプ

■肩甲骨の寄せと上半身のブリッジを作る手順

それではベンチ台とバーを利用した肩甲骨の寄せと上半身のブリッジの作り方、基本Bタイプでの肩甲骨の寄せと上半身のブリッジを作る手順を、写真を見ながら順番に説明します。

①まず、最初にベンチ台に寝転びます。
この時に両足を曲げて両足の裏をベンチ台の上に乗せるようにします。形としては膝を曲げた腹筋運動に近い形になります（写真19）
基本Aタイプでは、この最初の状態でより肩甲骨の寄せと上半身のブリッジが作りやすくなるように普段の挙上時の位置よりも少し上側、頭がベンチ台からはみ出るくらいの位置に寝転び、またグリップも逆手で肩幅かそれよりも狭いグリップ幅で握りますが、基本Bタイプではそういったことに対して、「必ずこうしなければならない」とこだわる必要はありません。

自分自身が肩甲骨の寄せと上半身のブリッジが作りやすい位置に寝転び、肩甲骨の寄せと上半身のブリッジが作りやすいグリップ幅で握ります。

②次に、ベンチ台の上に乗せた両足を踏ん張って体をのけ反らし、頭～両肩と足の裏だけをベンチ台に付けた状態にします。（写真20）

③ここから、ベンチ台の上に乗せた両足の踏ん張りと体の反りを維持したまま、両手でバーを引っ張って頭～両肩をベンチ台から浮かせます。これによってベンチ台と接している体の部分が足の裏だけになるわけですが、人によっては完全に頭が浮かないということもあり、その場合は頭がベンチ台に軽く触れているような状態になります。（写真21）
なお、ここで注意しなければならないのが、両手でバーを引っ張って頭～両肩をベンチ台から浮かせるときに、頭～両肩が普段の挙上時の位置よりもベンチ台の下側に位置するように、体をのけ反らせるということです。
（写真22）

④頭～両肩をベンチ台の下側に移動させたら、そこから頭～両肩をベンチ台に付けます。
頭～両肩が普段の挙上時の位置よりベンチ台の下側に移動するように体をのけ反らせるため、必然的に頭～両肩は普段の挙上時の位置よりも下側に付くことになります。（写真23）

⑤頭～両肩をベンチ台に付けたら、そこからベンチ台の上に乗せた両足を踏ん張り、頭～両肩をベンチ台の上を滑らせるようにして、ベンチ台の上側に体を移動させます。足が床の上にある、ベンチ台の上にあるという差はありますが、基本Bタイプでもこの移動の際の

ベンチ台とベンチ台に触れている体の摩擦を利用して、基本Aタイプと同じように肩甲骨の寄せと上半身のブリッジを作ることになります。（写真24）

ちなみに、基本Aタイプと基本Bタイプの最初にベンチ台の上に寝転んだときの位置、グリップの握り方に関する違いは、この肩甲骨の寄せと上半身のブリッジを作るときのそれぞれの状態の違いによります。

基本Aタイプのポイントと意識の持ち方で紹介しましたが、頭～両肩を付けた状態でのベンチ台と体の作る角度が大きい方が、より肩甲骨の寄せと上半身のブリッジが作りやすくなります。

基本Bタイプでは、両足をベンチ台の上に乗せている分、基本Aタイプよりもベンチ台と体の作る角度は大きくなりやすく、肩甲骨の寄せと上半身のブリッジが作りやすくなっています。この状態の違いは非常に大きく、グリップに関して言えば、より肩甲骨の寄せが作りやすいように肩幅ほど狭く握らなければならない基本Aタイプに対し、基本Bタイプでは肩幅よりもはるかに広いグリップである81cmラインを握ったまま、肩甲骨の寄せを作ることができます。

⑥普段の挙上時の位置まで頭～肩が移動したら、移動はそこでストップ。（写真25）

⑦ベンチ台の上に乗せた両足の踏ん張り、肩甲骨の寄せと上半身のブリッジを維持したまま、両手のグリップを片手ずつトレーニング時のグリップに握り直します。（写真26）

当然ですが、最初からトレーニング時のグリップ幅で握っている場合、この握り直しの動作は必要ありません。

⑧この両手のグリップを握り直す際に、また握り直しを行わなかったとしても、基本Aタイプのポイントで紹介した肩甲骨を寄せ直す方法を、基本Bタイプではほとんどの場合に行います。（写真27）

方法としては両手のグリップを握り直した後に、左右の甘くなった肩甲骨の寄せを片方ずつ寄せ直す方法を行うことが多く、基本Aタイプのポイントと意識の持ち方で紹介したときと同様、体を少しひねるようにしながら、寄せ直したい肩甲骨と同じ側の肩をベンチ台の下側に向けて少し滑らすように移動させ、片方ずつ肩甲骨を寄せ直すことになります。

実際に両足をベンチ台の上に乗せた状態で肩甲骨の寄せや上半身のブリッジを作り、そこで肩甲骨を寄せ直す方法を行ってみたとき。ほとんどの人が肩甲骨の寄せ直しが、行いやすいと体感できるはずです。

このときの感覚としては、「肩甲骨を寄せ直す」というよりも、「さらに肩甲骨を寄せる」という感覚となり、そういったことから、基本Bタイプではほとんどの場合に肩甲骨を寄せ直す方法を行うことになります。

ただし、基本Aタイプ同様に、肩甲骨を寄せ直すことで「体とバーとの位置が変化する」＝「体とバーが遠くなりラックアウトしにくくなる」ということがあるため、肩甲骨を寄せ直す方法、テクニックを活用する場合は、あらかじめ普段の挙上時の位置よりも少し上側に体を移動させておく必要があります。
（寄せ直した後に両足を踏ん張り、普段の挙上時の位置までもう一度体を移動させる方法もあり、この場合は必要がない）

⑨肩甲骨を寄せ直し、両足をベンチ台に乗せた状態での肩甲骨の寄せと上半身のブリッジを作った後、ベンチ台の上に乗せた両足を片足

ずつ下ろします。（写真28）
　両足をベンチ台の上から床に下ろすときはそれぞれの足の踏ん張りを緩めず、ベンチ台の上に足を乗せていたときの肩甲骨の寄せと上半身のブリッジをできる限り維持するようにします。

⑪そこから足の踏ん張りを緩め、尻をベンチ台に付けます。尻をベンチ台に付けることで、上半身のブリッジ自体は甘くなるわけですが、できる限り上半身のブリッジを維持するようにします。（写真29・30）

　ここまでが、基本Bタイプでの肩甲骨の寄せと上半身のブリッジを作る手順となり、基本Aタイプ同様、この状態から様々なフォームに変化させることができます。（写真31・32）
　基本Aタイプと基本Bタイプの肩甲骨の寄せと上半身のブリッジを作る手順を見て、「基本Aタイプよりも基本Bタイプの方が肩甲骨の寄せや上半身のブリッジが作りやすい」ように思えた人が多かったのではないでしょうか？
　実際に、基本Aタイプと基本Bタイプの両方を試してみれば、前半部分の両足を床に下ろす動作の前までは、基本Bタイプの方が肩甲骨の寄せと上半身のブリッジが作りやすいと感じる人が多いはずです。しかし、基本Bタイプでは後半部分の両足をベンチ台の上から床に下ろす動作が非常に難しく、体とベンチ台の作る角度は確実に小さくなり、また足をベンチ台の上から床に下ろすという比較的大きな動作を行うことで、どうしても肩甲骨の寄せと上半身のブリッジは甘くなってしまいます。
　基本Bタイプでは、最初は肩甲骨の寄せと上半身のブリッジを作りやすいのですが、最後に「両足をベンチ台の上に乗せた状態から床に付けた状態へ」、そこからさらに「尻を浮かせた状態から尻を付けた状態へ」という、肩甲骨の寄せと上半身のブリッジが甘くなる2つの要因があります。
　基本Aタイプでは、基本Bタイプほど最初に肩甲骨の寄せと上半身のブリッジを作りやすくはないのですが、最初に作った肩甲骨の寄せと上半身のブリッジが甘くなる要因は、「尻を浮かせた状態から尻を付けた状態へ」という1つになります。（グリップの握り直しを除く）
　どちらの方法にもメリットとデメリットがあり、「こちらの方法が確実に優れている」とは言えません。また当然ですが、人によってどちらが肩甲骨の寄せと上半身のブリッジが作りやすいかが異なるため、どちらのタイプを取り入れるかは、実際に両方のタイプを試したうえで決めることになります。

【写真31】（上）　パワーフォーム
【写真32】（下）　足上げベンチ

PART 3　トレーニングフォームの基礎

基本Bタイプでの肩甲骨の寄せと上半身のブリッジを作る手順

【写真19】
両足をベンチ台に乗せベンチ台に寝転ぶ。

【写真20】
両足を踏ん張る。

【写真21】
両腕の力を使い、全身をベンチ台から浮かす。

【写真22】
普段の挙上時の位置より下側に位置するように体をのけ反らせる。

【写真23】
普段の挙上時の位置より下側に頭〜両肩を付ける。

【写真24】
摩擦で肩甲骨の寄せと上半身のブリッジを作る。

【写真25】
普段の挙上時の位置まできたら移動を止める。

【写真26】
両手のグリップを握り直す。

【写真27】
肩甲骨を寄せ直す。

【写真28】
両足を片足ずつ床に下ろす。

【写真29】
尻をベンチ台に付ける。

【写真30】
基本Bタイプでのフォームを作る動作は終了。
ここから様々なフォームに変化させることができる。

■ポイントと意識の持ち方

　基本Aタイプと同様に、基本Bタイプでのより効率良く肩甲骨の寄せと上半身のブリッジを作るために注意しなければならないポイント、意識の持ち方を紹介したいと思います。

　内容としては、「両足をベンチ台の上に乗せる」ことにより、基本Aタイプとは異なるポイントや意識の持ち方もありますが、ほとんどが基本Aタイプと共通するポイントや意識の持ち方となっています。

　なお、基本Aタイプ同様、これから紹介する内容はあくまで基本的なポイントと意識の持ち方となるため、実際にトレーニングを行い、自身にとって最良の肩甲骨の寄せと上半身のブリッジを作りやすいポイント、意識の持ち方を見つけるようにしてください。

・グリップ幅は狭くても広くても良い

　基本Aタイプでは、最初にベンチ台に寝転んだときのグリップ幅、そこから体をのけ反らせてベンチ台から体をいったん浮かせ、肩甲骨の寄せと上半身のブリッジを作るときのグリップ幅は、肩幅か肩幅よりも狭いグリップ幅でした。基本Aタイプでこのようなグリップ幅で握っていた理由は、広いグリップ幅よりも狭いグリップ幅の方が、肩甲骨の寄せが作りやすくなるためです。

これに対して、基本Bタイプでのグリップ幅は、狭くても広くてもかまいません。（写真33）

これは、基本Bタイプでは両足をベンチ台の上に乗せ、この両足をベンチ台の上に乗せることによって肩甲骨の寄せが非常に作りやすくなり、広いグリップ幅でも十分に肩甲骨の寄せを作ることができるようになるためです。

　広いグリップ幅でも問題なく肩甲骨の寄せが作れる人であれば、広いグリップ幅＝普段のトレーニング時のグリップ幅で肩甲骨の寄せと上

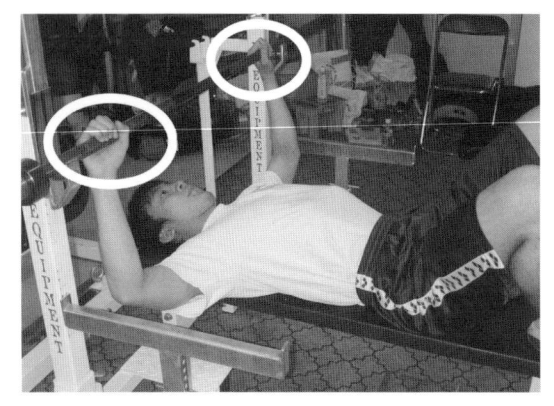

【写真33】
基本Bタイプは、肩甲骨の寄せと上半身のブリッジの作りやすさから、最初から自身の好みのグリップ幅で握ることができる。

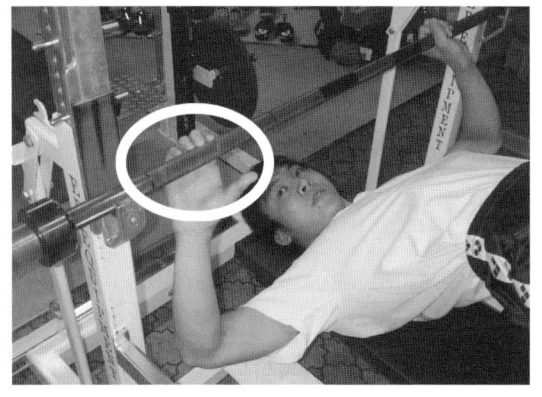

【写真34】
両手でバーを引っ張って体を浮かす動作で、どうしてもグリップ幅が狭く、順手よりも逆手の方がやりやすいと感じる人は、その動作の間だけグリップ幅を狭く、逆手にし、その後に好みのグリップ幅に握り直す。

半身のブリッジを作り始めることができ、この場合は両手のグリップを握り直すという動作が省かれ、肩甲骨の寄せが甘くなる要因の1つをなくすことができます。

ただし、「狭いグリップ幅でないとどうしても肩甲骨の寄せが作りにくい」という人の場合は、基本Aタイプと同様に狭いグリップ幅で肩甲骨の寄せと上半身のブリッジを作りはじめることになります。

基本Bタイプでは、肩甲骨の寄せと上半身のブリッジを作りはじめる際のグリップ幅は、「狭くても広くても良い」＝「自分の好みのグリップ幅で良い」と理解してください。

なお、「ベンチ台の上に両足を乗せ、両足を踏ん張って体をのけ反らせ、両手でバーを引っ張って体をベンチ台から浮かせる」という動作の際に、グリップ幅が狭く、また順手よりも逆手の方がやりやすいと感じる人もいると思います。そういった場合は、その動作の間だけグリップ幅を狭く、逆手にし、頭～両肩を付けてから逆手を順手に、好みのグリップ幅に握り直してから、肩甲骨の寄せと上半身のブリッジを作りはじめることになります。（写真34）

・ベンチ台に体を付けるときに角度をつける

ベンチ台から体を浮かせた後、挙上時の位置よりも下側に頭～両肩を付けるわけですが、基本Aタイプ同様に、できる限り角度をつけて頭～両肩を付け、ベンチ台と体の作る角度をできる限り大きくします。
ベンチ台と体の作る角度をより大きくすることで、ベンチ台と体の接地面を体の上部、僧帽筋付近と肩の上部にすることができ、これによってより肩甲骨の寄せと上半身のブリッジが作りやすくなるためです。

この点を考えると、両足をベンチ台に乗せていることにより、ベンチ台と体の作る角度を大きくできる基本Bタイプは、基本Aタイプよりも肩甲骨の寄せと上半身のブリッジを作りやすいと言えます。（写真35・36）
ただし、この両足をベンチ台の上に乗せることによる肩甲骨の寄せや上半身のブリッジの作りやすさのため、自分では知らないうちに、ベンチ台と体の作る角度を大きくするのを手を抜いてしまうがあります。
また、両足をベンチ台の上に乗せるという若干

Chapter 2　フォームを作る

・ベンチ台の上を移動するときは両脇を閉じる

　基本Bタイプでは、ベンチ台の上に乗せた両足を踏ん張り、ベンチ台の上を移動する際に、ベンチ台とベンチ台に触れている体の摩擦を利用して肩甲骨の寄せと上半身のブリッジを作ることになります。

このとき、基本Aタイプと同様に、両脇を閉じることでより良い肩甲骨の寄せが作りやすくなります。両脇を閉じることでより良い肩甲骨の寄せを作ることができる理由も基本Aタイプと同様で、両脇を開くと左右の肩甲骨の間が広くなりやすく、両脇を閉じると両脇を開いているときよりも左右の肩甲骨の間が狭くなりやすいためです。

　基本Bタイプでは、基本Aタイプのようにグリップ幅を狭く握るわけでなく、最初からトレーニング時のグリップ幅で握ることもあります。この場合、「グリップ幅が広いのに両脇を閉じて肩甲骨を寄せる」という、若干違和感のある肩甲骨の寄せ方になります。

ただし、通常は違和感がありつつも両脇を閉じた方が肩甲骨の寄せが作りやすくなるため、基本Bタイプでもベンチ台の上を移動するときは両脇を閉じることになります。（写真37）

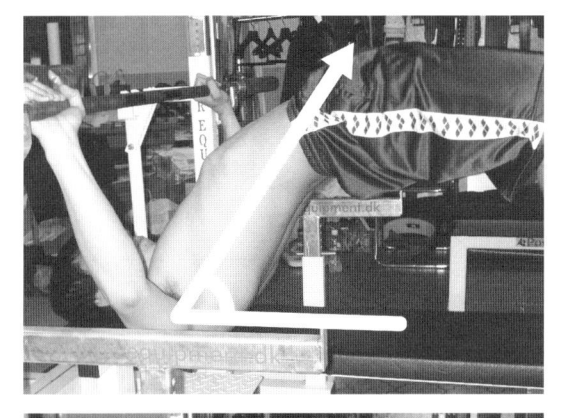

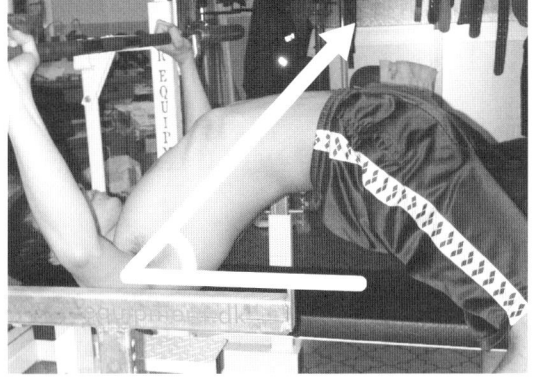

【写真35・36】
　基本Bタイプ（上）では、ベンチ台の上に両足を乗せているため、基本Aタイプよりもベンチ台と体の作る角度を大きくすることができる。

不安定な状態であること自体が、知らないうちにベンチ台と体の作る角度を大きくするのを怠らせ、セーブさせてしまいがちです。

　そうなってしまうと、自身にとって最良の肩甲骨の寄せと上半身のブリッジを作ることができなくなるため、その辺りのことをしっかりと意識し、そうならないように注意する必要があります。

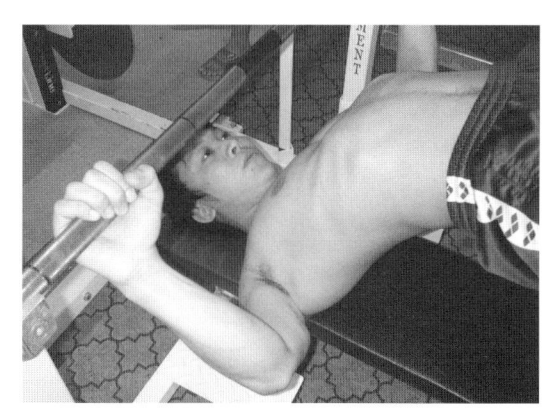

【写真37】
　基本Bタイプでは、広いグリップ幅、普段のトレーニングでのグリップ幅で肩甲骨の寄せを作ることもあるが、こういったときも両脇を閉じて肩甲骨の寄せを作るようにする。

PART 3 トレーニングフォームの基礎

- **両足を床に下ろす前にグリップの握り直しと肩甲骨の寄せ直しを行う**

　肩甲骨の寄せと上半身のブリッジを作りながら普段の挙上時の位置（よりも少し上側）まで体を移動。そこからグリップ幅の調整のためにグリップ幅を握り直す場合は、片手ずつ両手のグリップを握り直し、さらに肩甲骨を寄せるため肩甲骨の寄せ直しを行い、そして両足を床に下ろす。基本Bタイプでは、基本的には以上のような流れを守ることになり、順番を前後させて、両足を床に下ろした後にグリップを握り直したり、肩甲骨の寄せ直しを行ったりしないようにします。

　これは両足をベンチ台に乗せている状態が、両足を床に付けている状態よりも肩甲骨の寄せと上半身のブリッジが作りやすいためです。
ただし、「両足を床に下ろしてからの方が、どうしてもグリップの握り直しや肩甲骨の寄せ直しの動作が行いやすい」という人も中にはいると思いますので、その場合は順番を前後させ、両足を床に下ろしてから、グリップの握り直しと肩甲骨の寄せ直しを行います。

- **両足を床に下ろすときに肩甲骨の寄せと上半身のブリッジが甘くならないようにする**

　基本Bタイプでの肩甲骨の寄せと上半身のブリッジを作る手順の流れで、両足を床に下ろすことになりますが、そのときに如何にして「肩甲骨の寄せと上半身のブリッジが甘くならないようにするか」ということが、重要になってきます。

　当然ですが、両足をベンチ台の上から床に下ろすことにより、ベンチ台と体の作る角度は小さくなり、肩甲骨の寄せと上半身のブリッジは甘くなります。
ただ、「当然甘くなる」という考えで両足を床に下ろしてしまうと、肩甲骨の寄せと上半身のブリッジは極端に甘くなってしまうため、「できる限り甘くならないようにする」という意識を持ち、両足を床に下ろす必要があります。

　その、「できる限り甘くならないようにする」ためのポイントが、「あごと胸の間と胸の角度のキープ」、「足の踏ん張り」になります。
両足をベンチ台の上に乗せた状態で肩甲骨の寄せと上半身のブリッジを作っている段階では、あごと胸の間は非常に狭く、胸の角度も非常に大きくなっています。基本Bタイプではフォームを作る形状から、自分の胸のあごへの近づき具合や角度が、はっきりと視界に入るはずです。（写真38）

　このときの、あごと胸の間と胸の角度を常に視界に入れ、その状態をキープするように上半身に力を入れながら片足ずつ床に下ろす。
また、上半身に力を入れるだけではなく、片方の足を床に下ろす際は、残ったベンチ台の上に乗せたもう一方の足を踏ん張り、残ったベンチ台の上に乗せた足を下ろす際は、先に床に下ろした足を踏ん張る。（写真39・40）

　「あごと胸の間と胸の角度のキープ」、「足の踏ん張り」によって、両足を床に下ろす際に肩甲骨の寄せと上半身のブリッジが甘くならない、甘くなりすぎないようにします。

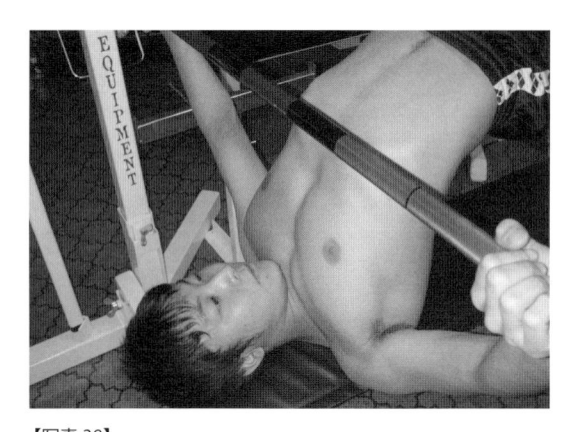

【写真38】
あごと胸の間隔と胸の角度を常に視界に入れ、それをキープするように両足を床に下ろす。

Chapter 2　フォームを作る

そうとすると、どうしても肩甲骨の寄せと上半身のブリッジが甘くなりすぎてしまうことがあります。
そのため、両足をベンチ台から床に下ろした際はいったん両足を踏ん張り、その状態での最良の肩甲骨の寄せと上半身のブリッジをキープし、そして、基本Aタイプ同様に、「みぞおちの裏側に力を入れて自然に両肩を寄せる」ような意識を改めて持つことで、両足の踏ん張りを緩めて尻をベンチ台に付けたときに、あごと胸の間が広くなること、胸の角度が低くなることを最小限に抑えることができます。（写真41・42）

【写真39・40】
　一方の足を床に下ろす際に、ベンチ台の上に乗せたもう一方の足を踏ん張り、残ったベンチ台の上に乗せた足を下ろす際に、先に床に下ろした足を踏ん張る。こうすることで肩甲骨の寄せと上半身のブリッジが甘くなりすぎないようにすることができる。

・両足を下ろしてすぐに尻をベンチ台に付けない

　両足を床に下ろした後、トレーニングフォームに合わせて両足の踏ん張りを緩め、尻をベンチ台に付けることになるわけですが、基本的には両足を床に下ろしてすぐに、尻をベンチ台に付けないようにします。
　基本Bタイプには、「両足をベンチ台の上に乗せた状態から床に付けた状態へ」、「尻を浮かせた状態から尻を付けた状態へ」という、肩甲骨の寄せと上半身のブリッジが甘くなる動作（要因）が2つあり、この2つの動作を一気にこな

【写真41・42】
　基本Bタイプでの肩甲骨の寄せと上半身のブリッジが甘くなる2つの難関を一気にこなそうとしてしまうと、どうしても肩甲骨の寄せと上半身のブリッジが甘くなりすぎてしまう。このため、床に下ろした両足は踏ん張った状態をいったんキープし、そこから両足の踏ん張りを緩めて尻をベンチ台に付けるようにする。

・常に首の後ろ側〜両肩をベンチ台に押し付けるような意識を持つ

　基本Bタイプでも基本Aタイプと同様に、肩甲骨の寄せと上半身のブリッジを作るどの場面においても、「両足の踏ん張り」、「両手でバーを押さえる力」、「自分の体重」といったことを利用して、常に首の後ろ側〜両肩をベンチ台に押し付けるような意識を持つことになります。

　また、どの部分をベンチ台に押し付けることで肩甲骨の寄せと上半身のブリッジが作りやすくなるかということも、基本Aタイプと同様に人によって異なります。

押し付ける部分が、「首の後ろ側だけ」、「両肩だけ」、「首の後ろ側〜両肩の全体」といったように様々なため、実際に何度も試し、どの部分をベンチ台に押し付ければ最も肩甲骨の寄せと上半身のブリッジが作りやすくなるかということを、自身で見つける必要があります。

Chapter 2　フォームを作る

PART 3

Chapter 3　ラックアウト

　ベンチプレスの動作には、「フォームを作る」、「ラックアウト」、「キープ」、「挙上」の4つの動作があります。
　前項では、その最初の動作となる「フォームを作る」ということを紹介してきました。
　ここでは、フォームを作るという動作の次の動作となる、「ラックアウト」について紹介したいと思います。

ラックアウトとは？

　ラックアウトとは、フォームを作った後にベンチ台のラック部分にかかったバーをはずす動作、キープや挙上の動作の前に行う動作になります。
　このラックアウトは一見すると単純な動作にしか見えないため、ベンチプレスの動作の中では比較的軽視されがちな動作になります。
　しかし、フォームを作る動作と、後のキープや挙上の動作をつなげる、非常に重要な動作となります。
　ラックアウトの動作がうまくできない、ラックアウトのテクニックが未熟であると、ラックアウト前にいくらフォームがうまく作れていてもそれが乱れてしまい、フォームが乱れるとキープや挙上の動作がうまくいかなくなってしまうのです。
　実際、競技ベンチプレスを行っているような人でも、ラックアウトのテクニックが未熟であるため、ラックアウト以外の動作を台無しにしている人は多くいます。

　ここでは、そういったことにならないように、ラックアウトの基本的なテクニック、ラックアウトの動作のポイントと注意点を紹介したいと思います。

ラックアウトのポイントと注意点

　それでは、ラックアウトのポイントと注意点を紹介します。ただ、あらかじめ理解しておいて欲しいのが、これから紹介する内容はラックアウトの最良のポイントと注意点というわけではないということです。
　ラックアウトのポイントや注意点というものは、細かい部分で見てみるとトレーニングフォームによって異なり、当然ながら人によっても異なります。ただ、そういった細かい部分を除いた大きな部分では、共通したポイントと注意点が存在します。
　ここでは、そういった基本とも言えるラックアウトのポイントと注意点を紹介したいと思います。

■自分の力でラックアウトする

　ラックアウトのポイントと注意点の1つ目が、「自分の力でラックアウトする」ということです。これを聞いて「自分の力でラックアウトするのは当然だろう？」、「自分でラックアウトしなかったら誰がラックアウトするんだ？」と、言っている意味が理解できないという人もいるかもしれません。
　一般的にはベンチ台のラックからバーをラッ

クアウトするときは、自分の力だけでラックアウトし、そこからキープや挙上といった動作に移るのが通常です。ただし、競技のベンチプレスではラックアウトの際にセンター補助という補助者についてもらうことができ、ラックアウトする際にその補助者にバーを引っ張ってもらい、自分の力だけでなく、補助者の力を借りてラックアウトし、キープや挙上の動作に移ることができます。(写真1・2)

このため、競技のベンチプレスを行っている人や、また競技としてのベンチプレスを行っていなくても普段のトレーニング時から常にセンター補助についてもらっている人がいます。

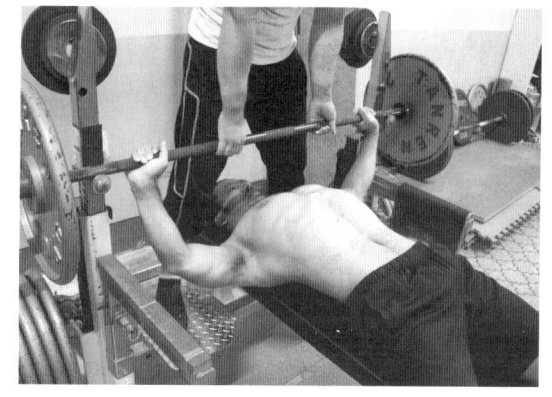

【写真1・2】
競技ベンチプレスでは、ラックアウトの際にセンター補助という補助者にラックアウトの動作を手助けしてもらうことができる。

センター補助についてもらうと、確かにラックアウトの動作でほとんど力を使わなくなり、またラックアウトする際のベンチ台に寝る位置についてあまり考えず肩甲骨の寄せと上半身のブリッジが作れるため、センター補助についてもらわないときと比べると、楽にベンチプレスが行えるようになります。

ただ、競技という視点ではなく、トレーニングという視点で見れば、「フォームを作る」、「ラックアウト」、「キープ」、「挙上」といったベンチプレスにおける一連の動作は、本来は自身の力だけで行うものです。

フォームを作るときに他の人に肩を押さえてもらって肩甲骨を寄せたり、肘を伸ばしてバーをキープするたびに補助者にバーを支えてもらって休憩したり、挙上のたびにフォーストレップをするようにバーを引っ張ってもらう。

ラックアウトの際にセンター補助についてもらうことは、人によってはある意味これに近い「ズル」に感じるかもしれません。

また、「自分は競技としてのベンチプレスを行っているから、常にセンター補助をつけても問題ない」と言い切る人もいるかもしれませんが、競技としてのベンチプレスを行っている人にこそ、普段のトレーニングではセンター補助をつけずに、自分の力でラックアウトするようにして欲しいところです。

なぜならば、先ほども軽く触れましたが、センター補助についてもらうと、ラックアウトする際のベンチ台に寝る位置についてあまり考えずに肩甲骨の寄せと上半身のブリッジが作れるようになってしまうため、ラックアウトする際の位置が一定にならないことが多くなる、そして肩甲骨の寄せと上半身のブリッジが一定にならなくなるということがあります。

別の言い方をすれば、肩甲骨の寄せと上半身のブリッジを作るといったフォームを作るとい

PART 3　トレーニングフォームの基礎

う動作でのテクニックの向上を、自ら放棄していると言えるかもしれません。(写真3)
このことは、ベンチプレスを1つのトレーニングとして行う人、競技としてベンチプレスを行う人、どちらにとっても非常に大きなマイナスとなります。

　また、これはテクニックの向上以前の問題になるのですが、普段のトレーニングからセンター補助についてもらう場合は同じ人についてもらうことが多くなってきます。
そうなると、センター補助をしてくれる人に細かく補助の方法を言ったりする中で、そのセンター補助についている人がラックアウトの際の癖などを把握してくれるようになります。
そうした状態になるとともに、ベンチプレスをする人がラックアウトの際に力を出さなくてもラックアウトできてしまう状態、ベンチプレスをする本人がラックアウトするのではなく、センター補助についている人がラックアウトするような状態になってしまいます。

　これはトレーニングパートナーとしてはある意味非常に良い関係なのかもしれませんが、実際の競技のベンチプレスではセンター補助につくのはその大会のスタッフであり、普段のトレーニングでセンター補助をしてくれるトレーニングパートナーではありません。
そのため、普段から完全にトレーニングパートナーのセンター補助に頼り、そのトレーニングパートナーのセンター補助でしかラックアウトできないようなフォームの作り方をしている場合、ラックアウトの動作で手間取ってしまい普段はなんなく挙がる重量が挙がらなくなったり、最悪ラックアウトができずに試技自体ができないということもありえるのです。(写真4)
こういったことがないよう、競技としてベンチプレスを行っている人も、普段から自分の力でラックアウトする必要があるのです。

【写真3】
常にセンター補助についてもらうと、フォームを作るという動作のテクニック向上にも影響が出てくる。

【写真4】
自分の力でラックアウトすることを考えず、肩甲骨の寄せと上半身のブリッジを作ると、ベンチ台に寝る位置がラックから遠くなりすぎることがよくある。

　ただし、次の2つの条件の場合は、必ずしも自分の力でラックアウトする必要はありません。その1つ目の条件が、肩の怪我などでラックアウトの際に痛みが出る場合、ラックアウトが困難な場合です。ラックアウトの動作は、基本的には挙上の動作よりも頭側の位置で行うことになります。頭側の位置から力を出すとなると、完全に肩の力だけを使うわけではありませんが、どうしても肩の関与が大きくなってきます。
このため、肩に怪我をしている場合はラックアウトの際に痛みが出たり、または痛みのせいで

Chapter 3　ラックアウト

【写真5】
肩の怪我などでラックアウトの際に痛みが出たり、ラックアウト自体が困難な場合。またはラックの高さが調整できずラックが低すぎたり高すぎたりする場合は、自分の力だけでラックアウトすることに固執する必要はない。

チプレスを1つのトレーニングとして行う人だけでなく、競技としてベンチプレスを行う人も自分の力だけでラックアウトして欲しいところですが、上記の2つの条件の場合は、自分の力でラックアウトすることにこだわらず、センター補助についてもらいラックアウトした方が懸命と言えます。（写真5）

■ラックアウトの際の
　ベンチ台に寝る位置に注意する

ラックアウトのポイントと注意点の2つ目が、「ラックアウトの際のベンチ台に寝る位置に注意する」＝「ラックアウトしやすく、挙上時にバーがラックにあたらないような位置に寝る」ことです。

ベンチ台に寝る位置がラックから遠すぎると、挙上時にバーがラックにあたるようなことはありませんが、ラックアウトが難しくなり、また肘を伸ばすだけでなく肩の部分から腕を押し出そうとして肩が動いてしまい、フォームを作る動作で作った肩甲骨の寄せが甘くなってしまいます。（写真6）

反対に、寝る位置がラックに近すぎると、ラックアウトは楽になりますが、挙上時にバーがラックにあたってしまい、トレーニングにならなくなってしまいます。（写真7）

こういったことがないように、ラックアウトの際のベンチ台に寝る位置に注意し、ラックから遠すぎず近すぎず、ちょうど良い位置に寝る必要があります。

このちょうど良い寝る位置は人によって異なるのですが、ラックアウト後のキープ時のバーの位置と、ラックとの間隔が5cmから10cmの位置に寝ると、ほとんどの人がラックアウトしやすく、なおかつ挙上時にバーがラックにあたらなくなります。（写真8）

このラックアウト後のキープ時のバーの位置と、

ラックアウトができないこともあります。こういった場合は、無理をして自分の力でラックアウトせずに、センター補助についてもらいラックアウトする方が懸命と言えます。

次に2つ目の条件が、ベンチ台のラックが低すぎる場合、高すぎる場合です。ベンチ台には多くの種類がありますが、一般のフィットネスクラブにあるようなベンチ台は、ラックの高さが固定で、高さの調整が行えないものが多くなっています。ラックの高さの調整が行えないとなると、人によってはそのベンチ台のラックが低すぎる、高すぎるということがあります。

ラックが低すぎる場合は、ちょうど良い高さのラックからラックアウトするよりも体力を消費してしまいますし、低いラック位置から無理やりラックアウトしようとすると、肩を怪我する可能性もあります。

ラックが高すぎる場合は、ラックアウト自体ができず、センター補助についてもらってラックアウトするしかありません。

できれば先に述べてきたような理由から、ベン

179

PART 3　トレーニングフォームの基礎

【写真6・7】
ラックアウトの際のベンチ台に寝る位置がラックから遠すぎると、肘を伸ばすだけだとラックアウトしづらく、肩の部分から腕を押し出そうとして肩を動かしてラックアウトすることになる。反対に、ベンチ台に寝る位置がラックから近すぎると、ラックアウト自体は楽にできるが、挙上の際にバーがラックにあたってしまい、トレーニングにならない。

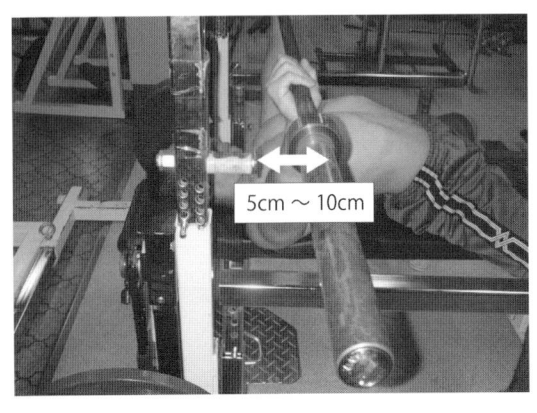

【写真8】
ラックアウト後のバーのキープ位置とラックとの間隔が5cmから10cmになる位置に寝ると、ほとんどの人がラックアウトしやすく、なおかつ挙上の際にバーがラックにあたらなくなる。

　ラックとの間隔が5cmから10cm程度にするための方法が、「ラックにかかった状態のバーの真下に体のどのパーツがくるか？」ということを記憶する方法で、常にそのパーツがラックアウト前のバーの真下にくるようにベンチ台に寝ることで、常に適切なラックアウトが行えるようになります。

　ただし、フォームを作る動作の際に肩甲骨の寄せと上半身のブリッジを作るため、ベンチ台に寝転び、そこからベンチ台を利用しながら肩甲骨の寄せと上半身のブリッジを作り、その肩甲骨の寄せと上半身のブリッジが完成したときに常に同じ位置に寝転んでいる、ラックアウト前のバーの真下にくる体のパーツを常に同じにするということは、言葉で言うと簡単ですが、実際にやってみると非常に難しくなっています。

　あまり考えずに肩甲骨の寄せと上半身のブリッジを作ると、肩甲骨の寄せと上半身のブリッジはうまく作れても、ラックアウト前のバーの真下にくる体のパーツを一定にすることができない。反対に、ラックアウト前のバーの真下にくる体のパーツを一定にすることだけを意識しすぎると、寝る位置はうまく決まっても、肩甲骨の寄せと上半身のブリッジがうまく作れていない。このようなことがよく起きるのです。

　これを解消するためには、ラックアウト前のバーの真下にくる体のパーツを一定にする＝ラックアウト前の寝る位置を一定にするだけでなく、肩甲骨の寄せと上半身のブリッジを作るフォームを作る動作の各過程での寝る位置を常に一定にする必要があります。

　肩甲骨の寄せと上半身のブリッジを作るというフォームを作る動作には、数多くの過程があるわけですが、これらの各過程でのベンチ台に寝る位置を一定にすることで、肩甲骨の寄せと上半身のブリッジの完成度を一定にしながら、ラックアウト前のバーの真下にくる体のパーツ

Chapter 3　ラックアウト

【写真9】
ラックアウト前のバーの真下にくる体のパーツを一定にする＝ラックアウト前の寝る位置を一定にするだけでなく、肩甲骨の寄せと上半身のブリッジを作る各過程での寝る位置を常に一定にすることで、肩甲骨の寄せと上半身のブリッジの完成度を一定にしながら、常に適切なラックアウトが行えるようになる。

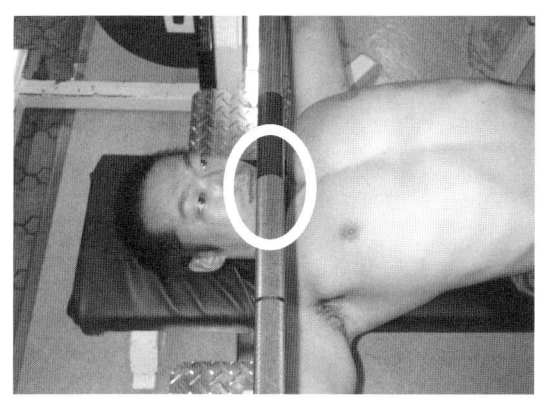

を一定にすることができ、常に適切なラックアウトが行えるようになります。（写真9）

■プレスする動作でラックアウトする

ラックアウトのポイントと注意点の3つ目が、「プレスする動作でラックアウトする」ことです。ラックアウト後のキープ時のバーの位置がラックから5cmから10cmの位置になるようにベンチ台に寝ると、通常は肘から先が頭側を向き、また肩甲骨を寄せているため意識的に肩甲骨の寄せを維持しようとして、脇を閉じた状態でラックアウトしようとする人が多くなってきます。

しかし、このように肘から先が頭側を向いた、しかも脇を閉じた状態でラックアウトしようとすると、押す＝プレスする動作ではなく、肘から先でバーを持ち上げるエクステンションに近い動作をとることになります。このようなエクステンションに近い動作をとるとなると、当然ながらプレスする動作よりも無駄に体力を使い、さらに肘を怪我する可能性も出てきます。

また、肩甲骨の寄せと上半身のブリッジを作ることで使用重量が増しているため、場合によってはラックアウト自体ができないということもあります。（写真10）

そのため、ラックアウトする際にはエクステンションではなく、プレスする動作に近づけるために脇をある、程度開き、バーの下に肘がくるようにしながらラックアウトすることになります。（写真11）

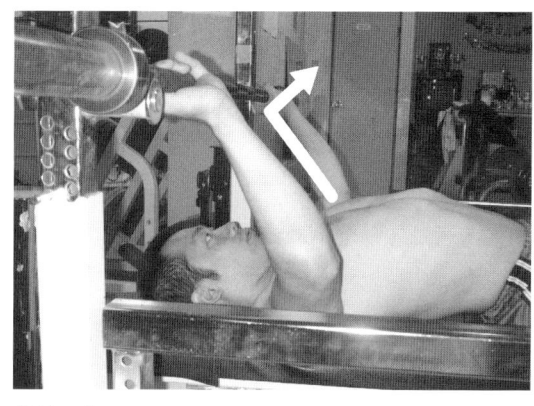

【写真10】
脇を閉じたままラックアウトしようとすると、ラックアウトの動作がプレスよりもエクステンションに近くなり、体力を使う、肘を怪我する、ラックアウトできないといった問題が出てくる。

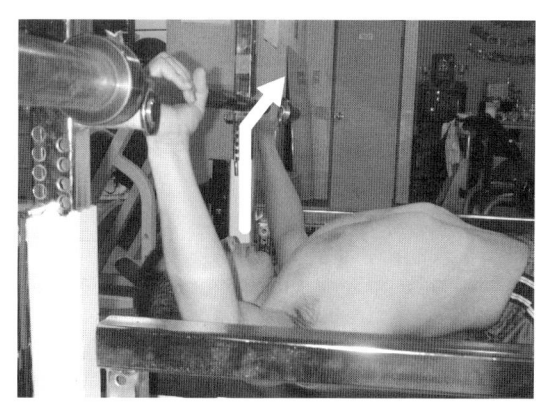

【写真11】
脇を開くことでラックアウトがエクステンションからプレスする動作に近づき、ラックアウトがスムーズに行えるようになる。

PART 3　トレーニングフォームの基礎

ただし、脇を開きすぎてラックアウトすると、どうしても肩甲骨の寄せが甘くなりがちですので、脇を開きすぎないように注意する、肩甲骨の寄せが甘くならないように注意する必要があります。

■肩甲骨の寄せを甘くしない

ラックアウトのポイントと注意点の4つ目が、「肩甲骨の寄せを甘くしない」ということで、これがラックアウトのポイントと注意点の中で最も重要となってきます。

「ラックアウトの際のベンチ台に寝る位置に注意する」でのラックから遠い位置に寝た場合や、「プレスする動作でラックアウトする」での脇を開きすぎた場合など、ラックアウトの動作では、肩甲骨の寄せが甘くなってしまう状況がいくつかあります。

また、そういった状況だけでなく、単純にラックアウトという動作は、肩甲骨を寄せるという「引く動作」の反対となる「押す動作」となるため、引きながらも押すという反対の動作をそれぞれ意識しながら行わないと、必ずと言っていいほど肩甲骨の寄せは甘くなってしまいます。

実際、フォームを作る動作まではしっかりと肩甲骨の寄せができているのに、ラックアウトした瞬間に、「上半身のブリッジだけができたフォーム＝腰のアーチだけができたフォーム」になってしまう人も数多くいます。

ラックアウトの際に肩甲骨の寄せが甘くならないようにするには、「引く動作」と「押す動作」の両方を意識しなければならないわけですが、この「引く動作」を意識するということは、「両肩を動かさないように意識する」ということに置き換えるとわかりやすいと思います。

フォームを作る動作で紹介しましたが、肩甲骨の寄せと上半身のブリッジを作る際には、首の後ろ側〜両方を常にベンチ台に押し付けることになります。

この首の後ろ側〜両肩を常に押し付けた状態を維持できているのであれば、ラックアウトの際に両肩が動く、特に両肩が天井の方向へ向かって動くことはなく、フォームを作る動作の際に作った肩甲骨の寄せが維持できているということになり、反対に首の後ろ側〜両肩を押し付けた状態を維持できず、両肩が天井に向かって動いたとなると、肩甲骨の寄せが甘くなったということになります。

つまり、ラックアウトの際に肩甲骨の寄せを甘くしないための意識としては、「引く動作を意識する」＝「両肩を動かさないように意識する」＝「常に首の後ろ側〜両肩をベンチ台に押し付けるように意識する」ということになるのです。ラックアウトの際には、肩甲骨の寄せが甘くなりやすい「プレスする動作でラックアウトする」ことになるのですが、以上のようなことを意識すれば、肩甲骨の寄せは甘くなることはありません。（写真12・13）

また、意識するだけでなく、自分の目でラックアウトの際に肩甲骨の寄せが甘くなっていないかどうかを確認し、肩甲骨の寄せを甘くしないための方法として、「あごと胸の間と胸の角度に変化がないかを確認する」という方法もあります。肩甲骨の寄せが甘くなると、あごと胸の間が広くなったり、胸の角度が低くなったりといった変化が出てくるわけですが、それらの変化を自分の目で確認しながら、最小限に抑える。または起こさないようにするのです。

ラックアウトの動作の際には、どうしても肩甲骨の寄せは甘くなりがちですが、「常に首の後ろ側〜両方をベンチ台に押し付けるように意識する」こと、「あごと胸の間と胸の角度に変化がないかを確認する」ことで、肩甲骨の寄せを甘くせずにラックアウトすることができるようになります。

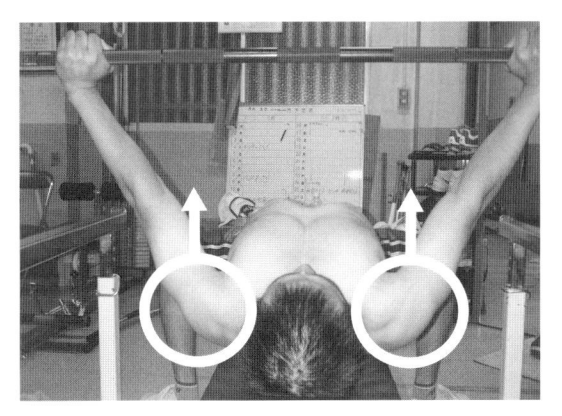

Chapter 3　ラックアウト

込むという方法もありますが、ラックアウト前の方がラックアウト後のキープ時よりも体に負荷のかかっていない楽な状態であり、息が吸いやすく、またキープしてから息を吸い込むよりもすばやく挙上の動作に移れるため、基本的にはラックアウト前に息を吸い込んだ方が良いでしょう。（写真14）

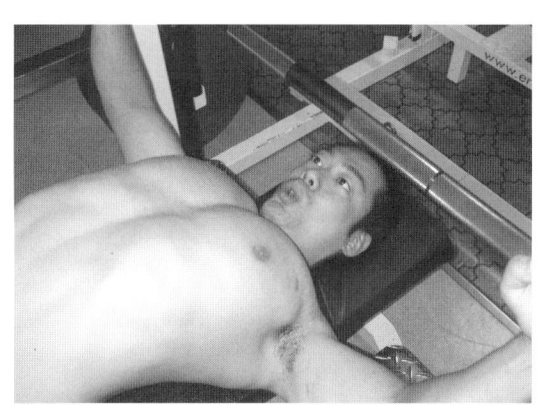

【写真12】
ラックアウトの際に両肩が天井に向かってベンチ台から離れるように動くと、肩甲骨の寄せは必然的に甘くなる。

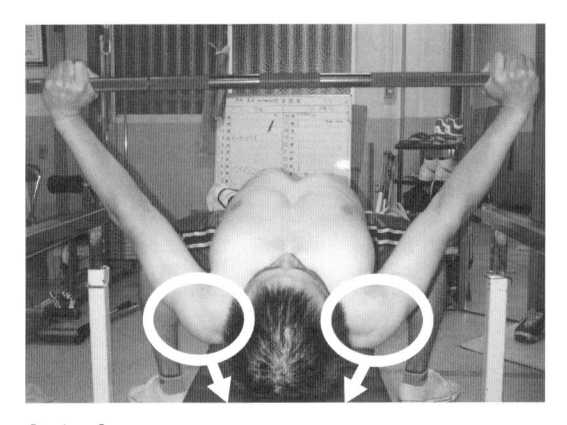

【写真13】
首の後ろ側〜両肩をベンチ台に押し付けた状態を維持できれば、ラックアウトの際に両肩が動くことはなく、肩甲骨の寄せを維持することができる。

【写真14】
大きく息を吸い込むことで、より高重量を挙げることのできる状態を作ることができる。なお、ラックアウト後のキープ時に息を吸い込むという方法もあるが、ラックアウト前の方が息を吸いやすく、またキープしてから息を吸い込むとなると、キープ→呼吸→挙上、といったようにラックアウト前に息を吸い込むよりもワンテンポ挙上までの時間がかかってしまう。このため、ラックアウト前に息を吸い込んだ方が良いと考えられる。

■ラックアウト前に息を吸い込む

ラックアウトのポイントと注意点の5つ目が、「ラックアウト前に息を吸い込む」ことです。

息を吸い込み、肺に息を溜め込み胸郭を広げ、同時にみぞおちを斜め前にせり出すことで、あごと胸の間は狭くなり、胸の角度は大きくなります。

それらの変化は人によって異なりますが、息を吸い込むよりも吸い込んだ後の方が、より高重量が挙げやすい状態になるのは確実です。

なお、ラックアウト後のキープ時に息を吸い

Chapter 4　キープ

　ベンチプレスの動作には、「フォームを作る」、「ラックアウト」、「キープ」、「挙上」の4つの動作があります。
　前項では、「フォームを作る」動作の次に行う、「ラックアウト」の動作について紹介してきました。
　ここでは、「ラックアウト」の次の動作となる、「キープ」について紹介したいと思います。

キープとは？

　キープとは、「ラックアウト後のバーを持った両肘を伸ばした状態」、「挙上の際にバーを押し切り両肘を伸ばした状態」、以上の2つの状態でバーを支える動作のことを指します。（写真1）

【写真1】
　キープとは、「ラックアウト後のバーを持った両肘を伸ばした状態」、「挙上の際にバーを押し切り両肘を伸ばした状態」、以上の2つの状態でバーを支える動作のことを指す。

　このキープという動作は、前項で紹介したラックアウト以上に軽視されがちな動作で、一般にベンチプレスを行っている人のほとんどがうまくできていないだけでなく、競技としてベンチプレスを行っている人でさえ、多くがうまくできていないというのが現状です。

キープのポイントと注意点

　キープという一見するとなんて事のない動作を、一般にベンチプレスを行っている人だけでなく、競技としてベンチプレスを行っている人でさえうまくできていないという理由は2つあります。
　1つ目の理由が、フォームを作るという動作、そしてその次のラックアウトという動作がうまく行えていることが前提で、キープの前に行うこの2つの動作がうまく行えていないと、当然ながらキープという動作はうまく行えません。
このため、フォームを作るという動作、ラックアウトという動作をあまり意識しない人は、キープをうまく行うことができないのです。
　競技としてベンチプレスを行っている人は、必ずと言っていいほどフォームを作る動作を意識して行いますが、前項で述べたようにラックアウトの動作がうまくできない、ラックアウトのテクニックが未熟である人が多く、一般にベンチプレスを行っている人と同様に、キープがうまくできない人が多くなってくるのです。
　ただ、どちらかと言えば、2つ目の理由となる、「キープする際の意識の持ち方がわからない」、

「キープする際の意識の持ち方が間違っている」という理由で、キープの動作がうまくできていないという人がほとんどです。

ここでは、このキープの動作を行う際のポイントと注意点、そして意識の持ち方を紹介したいと思います。

■ラックアウト後は必ずキープする

キープのポイントと注意点の1つ目が、「ラックアウト後は必ずキープする」ということです。ほとんどの人がラックアウト後にいったん両肘を伸ばしてキープし、そこで一拍置いてから挙上に入りますが、中にはラックアウトしていったん両肘を伸ばし、そこから流れるように挙上に入る人、またはバーをラックからはずせる分だけ両腕を伸ばしてラックアウトし、両肘を伸ばし切らずにそのまま挙上に入る人がいます。（写真2・3）

このようなラックアウト後のキープの動作を省いてしまう方法が良くないという理由は、それはキープという動作の意味を考えれば簡単に説明することができます。

キープという動作は、肩甲骨の寄せと上半身のブリッジを作るフォームだけでなく、すべてのフォームにおいて、挙上に入る前の準備状態の動作となります。その準備状態は、最も重さを支えやすい状態であり、その状態から始動することで最も重い重量が扱える、言ってみれば、「自分にとって最善のバーの軌道に乗せるためのレールのスタート地点」となるわけです。

児玉選手は指導の際に、より高重量を挙げるための重要なテクニックとして、「バーの軌道をレールに乗せる」＝バーの軌道を決まった道、レールという一定の道に乗せる必要があるということを述べています。

キープという動作は、最も重さを支えやすい状態であり、自身にとって最善のバーの軌道に乗せるためのレールという一定の道のスタート地点になり、そしてレールという決まった道を作り出すための最初の動作にもなります。

より高重量を挙げるためにはバーの軌道をレールに乗せる必要があり、レールを作り出すための最初の動作がキープになる。つまり、キープがうまく行えないとレールを作ることができず、レールを作ることができないと、バーを最善の軌道に乗せることができない。

【写真2】
キープせず、ラックアウト後に流れるように挙上に入ったり、両肘を伸ばしきらずそのまま挙上に入ってしまうと、本来の自分の挙上のレールに乗せることが難しく、フォームの乱れや挙上重量の低下につながってしまう。

【写真3】
ラックアウト後にしっかりと両肘を伸ばしてキープし、そこで本来の自分の挙上のレールに乗せることで、フォームの安定、挙上重量の増加につなげることができる。

そして、高重量を挙げることもできないということになるのです。

実際、キープがうまく行えない、キープの動作をおろそかにしているという人は、レールを作ることができていないため、軌道が安定せず、挙げるたびに軌道がバラバラで、同じ重量でもうまく軌道がはまったときだけ挙がり、ある程度の回数をこなすセットでも、ラックアウトしてすぐの1回目よりも、2回目以降の方が軽く挙がるということもよくあるのです。

また、これは競技としてベンチプレスを行っている人以外はあまり関係ないのですが、公式のベンチプレスの大会では、ラックアウト後にしっかりと両肘を伸ばしてキープし、その状態が確認できた後に審判がスタートの合図を出します。
ラックアウトした瞬間から数秒はキープの状態を維持することになり、それを習慣化させるためにも、普段のトレーニングでもラックアウト後はしっかりとキープをするようにした方が良いでしょう。（写真4）

以上のようなことから、ラックアウト後には必ずキープすることになるわけですが、このことはキープをうまく行うためのポイントと注意点というよりも、必ずそうしなければならないという原則という意味合いで捉えてもらった方が良いかもしれません。

■肩で重さを支えず背中で支える

「ラックアウト後は必ずキープする」ということは、キープをうまく行うためのポイントと注意点というよりも、必ずそうしなければならない原則という意味合いになるわけですが、これから紹介する「肩で重さを支えず背中で支える」ということは、キープをうまく行うための非常に重要なポイントと注意点、そして意識の持ち方となってきます。

肩甲骨を寄せるすべてのフォームにおいて、この「肩で重さを支えず背中で支える」ということができてはじめて、しっかりとフォームが作ることができている。
こう言っても過言ではないかもしれません。
反対に、これができていないとフォームを作る際にいくら肩甲骨の寄せと上半身のブリッジがうまく作れており、ラックアウトの際にその肩甲骨の寄せと上半身のブリッジを維持することができても、実際にはフォームが作れていないということになってしまうほど、非常に重要なポイントとなってくるのです。

では、その「肩で重さを支えず背中で支える」ということを、写真を見ながら説明したいと思います。
写真5＝肩で重さを支えてキープしている写真、写真6＝背中で重さを支えてキープしている写真になります。
どちらも同じ人が同じだけフォームを作る際に肩甲骨の寄せと上半身のブリッジを作り、同じようにラックアウトした写真になります。

【写真4】
ベンチプレスの大会ではラックアウト後にしっかりと両肘を伸ばしてキープし、その状態が確認できた後に審判がスタートの合図を出すため、試合に出る人、試合に出ることを考えている人は、普段のトレーニングからラックアウト後にしっかりとキープする習慣をつけておく必要がある。

Chapter 4 キープ

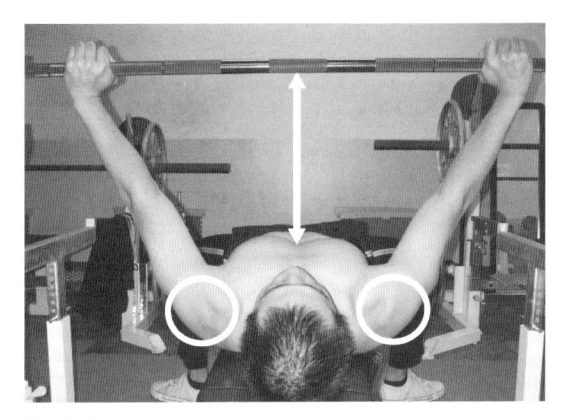

【写真5】
肩で重さを支えている写真。

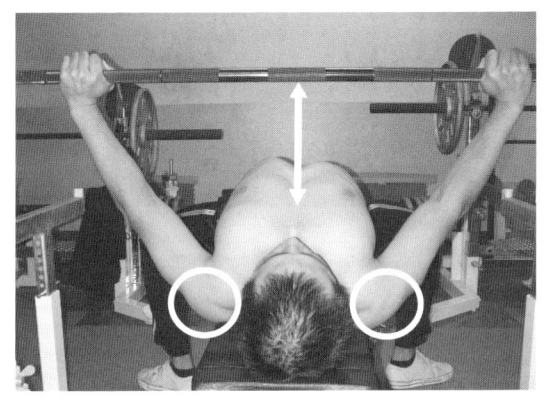

【写真6】
背中で重さを支えている写真。

では、写真5と写真6を、ポイントを絞って比較していきます。
まず、バーと胸までの距離、挙上幅を比較すると、見てすぐわかるように、写真6よりも写真7の方が挙上幅が短くなっています。この挙上幅の違いがどこから生まれているかを見るポイントが、肩の位置です。
写真5と写真6の肩の位置を比較してみると、写真5よりも写真6の方が、ベンチ台にめり込んでいる状態になっています。
肩の位置をある程度見ながらポイントを胸に移してみると、写真5よりも写真6の方が、胸に高さが出ている状態になっていることがわかるはずです。
同じ人が同じだけフォームを作る際に肩甲骨の寄せと上半身のブリッジを作り、ラックアウトしたのに、これだけの違いが出てきているのは、キープする際の重さを受ける意識の違い、力の使い方の違いによります。
　次に、写真7と写真8の2枚の写真を見ていきましょう。
写真7＝肩で重さを支えてキープしているときの重さを受ける意識と力の使い方、写真8＝背中で重さを支えてキープしているときの重さを受ける意識と力の使い方で、それぞれ支えている重さを意識的にどの部分で受け、どのように力を使っているかということを示しています。
写真7＝肩で重さを支えてキープしているときの重さを受ける意識と力の使い方を見ていきましょう。
重さの向かう方向は当然真下、キープした両手から体の方向に向かっています。
そして、それをどこで支えているかを見てみると、写真7では肩の力を使って支えており、肩の力を使い、肩を支点にしてそこから両腕の力を使ってバーの重さを押し返すような意識と力の使い方となっています。
このため、キープする前よりも両肩がベンチ台にめり込んでいない状態、人によっては両肩がベンチ台から浮いてしまうような状態になってしまいます。
このような状態になってしまうと、フォームを作る際に作った肩甲骨の寄せと上半身のブリッジは甘くなり、胸の高さはなくなり、写真5と写真6で比較したような、挙上幅に大きな違いが出てきます。
　程度の違いはありますが、競技としてベンチプレスを行っている人でさえ、そのほとんどがこの肩で重さを支えるというキープを行ってしまっているのが現状です。

187

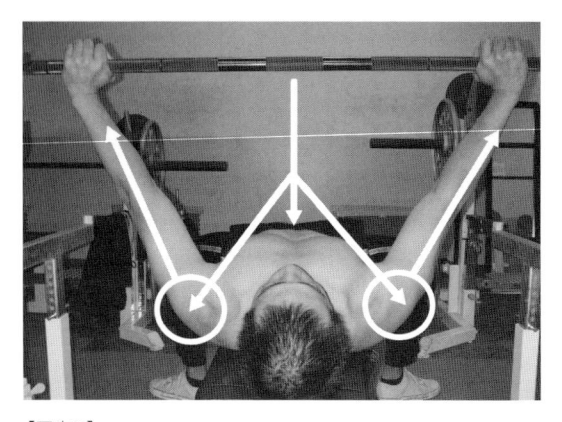

PART 3　トレーニングフォームの基礎

【写真7】
肩で重さを支えてキープしているときの重さを受ける意識と力の使い方。

【写真8】
背中で重さを支えてキープしているときの重さを受ける意識と力の使い方。

また、時々見かけると思いますが、キープしている際に両腕が小刻みに震えている、人によっては激しく震えている人がいます。
このキープする際に両腕が震えるということは、すべてがその原因によるものではありませんが、写真5や写真7のように肩で重さを支え、両腕に過度の緊張があるときに起こる可能性が高くなっています。
このような人の多くが、背中で重さを支えているよりもキープがつらい状態、体感重量が重く感じている状態にあり、キープの動作での肉体的・精神的な余裕がなくなり、次の挙上の動作の安定が悪くなってしまいます。

次に、写真8＝背中で重さを支えてキープしているときの重さを受ける意識と力の使い方を見ていきましょう。
重さの向かう方向は写真7と同様で真下、キープした両手から体の方向に向かっています。
ただし、それをどこで支えているかを見てみると、写真8では背中＝肩甲骨周辺の力を使って支えています。写真7のように肩や腕には力は入れず、両腕を伸ばしてバーを持ち、その重さを肩や腕の力を使って押し返すことはなく、そのまま受け止めて両肩を深くベンチ台にめり込ませる＝両肩を体の後ろ側に下げて肩甲骨を寄せる。
つまり、重さを受け止めてそれを押し返す意識を持つのではなく、重さを受け止め、その重さで両肩を体の後ろ側に下げる＝「肩甲骨を寄せるために利用する」意識を持つのです。
このような形で、重さを肩甲骨を寄せるために利用できるようになると、背中（肩甲骨周辺）で重さを支えているという感覚が持てるようになり、両肩はベンチ台に深くめり込み、胸は高く上がり、フォームを作る際に作った肩甲骨の寄せよりも、さらに良い肩甲骨の寄せを作ることができます。
児玉選手のキープを見てみると、重量が上がるにつれて、その重さを肩甲骨を寄せるということにうまく利用できており、胸は高く上がり、挙上幅も短くなっています。（写真9・10）
また、背中で重さを支えることができると、肩で重さを支えたときよりも体感重量が軽くなり、キープから次の挙上の動作に移る際の肉体的・精神的な余裕ができ、挙上の動作の安定につながります。
「背中で重さを支える」ということは、肩で重さを支えるときのように、わかりやすく背中の

188

Chapter 4 キープ

力を使っているわけではありませんし、実際のところは肩や腕の力を使っており、あくまで感覚的なものになるのかもしれません。

しかし、この「背中で重さを支える」という感覚を持つことができれば、肩甲骨を寄せるすべてのフォームにおいて、本当の意味でフォームを作ることができるようになるのです。

なお、「背中で重さを支えてキープできているかどうか？」という判断は、本人の意識による判断だけでなく、周りの人、できれば熟達した人から目で見て判断してもらう必要があるわけですが、キープしている状態を横から見たときに、ある程度の判断をすることはできます。

キープした状態を横から見たときに、「肩から両腕にかけてのラインが頭に近い位置にある」のであれば肩で重さを支えてキープしている。

「肩から両腕にかけてのラインが若干腹に近い位置にある」のであれば、背中で重さを支えてキープしている。

以上のことだけで、「背中で重さを支えてキープできているかどうか？」という判断ができるわけではありませんが、ある程度の目安となり、判断することができます。（写真11・12）

【写真9】
児玉選手が軽い重量を持ったときのキープ。

【写真10】
児玉選手が重い重量を持ったときのキープ。軽い重量を持ったときよりも、明らかに挙上幅が短くなっている。

【写真11・12】
キープした状態を横から見たときに、「肩から両腕にかけてのラインが頭に近い位置にある」のであれば、肩で重さを支えてキープしていると考えられ、「肩から両腕にかけてのラインが若干腹に近い位置にある」のであれば、肩よりも背中で重さを支えてキープできていると考えられる。

189

■キープの位置を一定にする

　先に述べましたが、キープという動作は次の挙上につながる動作であり、最善のバーの軌道に乗せるためのレールを作り出すための最初の動作になるため、ラックアウト後のキープの位置が一定にならない＝肩から両腕にかけてのラインの位置が一定にならないと、レールをうまく作ることができなくなり、最善の軌道を保って挙上することもできなくなってしまいます。
　そういったことから、キープの位置＝肩から両腕にかけてのラインの位置を、常に一定にする必要があるのです。

　ただ、「背中で重さを支えてキープする」ことができるようになると、自然とキープの位置は一定になり、それに伴いレールを作ることや、最善の軌道を保つことも比較的簡単に行えるようになります。

　そういった意味でも、先に紹介した「肩で重さを支えず背中で支える」ということは、キープの動作において、非常に重要なポイントと注意点と言えるのです。

■毎回キープしなくてもよい

　これまでに紹介したキープでの注意点とポイントは、主に「ラックアウト後のバーを持った両肘を伸ばした状態」でのキープでの注意点とポイントとなり、もう1つのキープである、「挙上の際にバーを押し切り両肘を伸ばした状態」でのキープでの注意点とポイントは、「毎回キープしなくてもよい」ということがポイントと注意点となります。

　ラックアウト後にキープし、そこから1回目の挙上に入り、しっかりと最後までバーを押し切り両肘を伸ばしてキープ。
　そこから2回目の挙上に入り、同じように最後までバーを押し切り両肘を伸ばしてキープ。
　そして3回目の挙上・・・というような流れで、毎回しっかりとバーを最後まで押し切り、両肘を伸ばしてキープする必要は特にありません。

　理由は、挙上する際にバーを最後まで押し切り両肘を伸ばすとなると、ほとんどの人が両肘を伸ばすと同時に両肩の力の方向がバーの方向に向いて肩甲骨の寄せが甘くなり、背中で重さを支えてキープする状態ではなく、肩で重さを支えてキープする状態になってしまうからです。（写真13）
　そのため、普段のトレーニングでは挙上の際に毎回バーを押し切り両肘を伸ばし、毎回キープする必要はないのです。

　ただし、両肘を伸ばし切っても常に背中で重さを支えてキープできるのであれば、毎回キープしてもかまわない（むしろキープした方が良い）ですし、毎回キープの状態まで両肘を伸ばさないからといって、毎回の両肘の伸ばし具合がバラバラになり、一定にならないとトレーニングの強度が変わってしまうため、「どこまで両肘を伸ばすか？」ということを、一定にしておく必要があります。

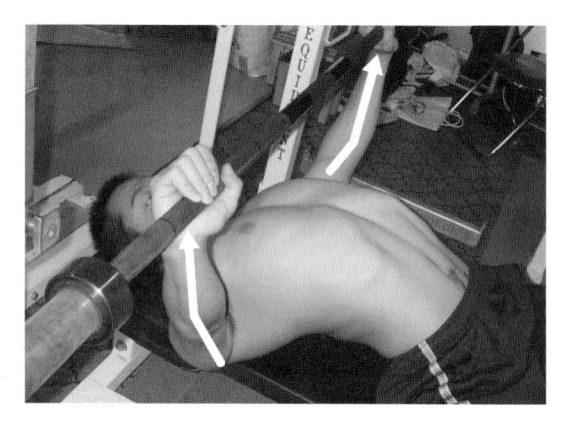

【写真13】
毎回の挙上の際にバーを最後まで押し切り両肘を伸ばしてキープするとなると、ほとんどの人がその際に背中で重さを支えてキープする状態ではなく、肩で重さを支えてキープする状態になってしまうため、普段のトレーニングでは挙上の際に毎回バーを押し切り両肘を伸ばし、毎回キープする必要は特にない。

Chapter 4　キープ

　また、ある程度の回数をこなすときには、途中で両肘をしっかりと伸ばしていったんキープし、呼吸を整える必要があります。
　その際に、肩で重さを支えるキープの状態になり、肩甲骨の寄せが甘くなったとしても、そこからすみやかに肩甲骨の寄せを作り直し、キープの位置＝肩から両腕にかけてのラインの位置を背中で重さを支えるキープの位置に戻し、続けて挙上に入るというテクニックを身に付ける必要があります。（写真14・15）
　このテクニックは、文章で書くと難しいテクニックのように見えますが、背中で重さを支えるキープをしっかりと行える人であれば、比較的簡単に行える、ほとんどの人が行えるテクニックとなっています。

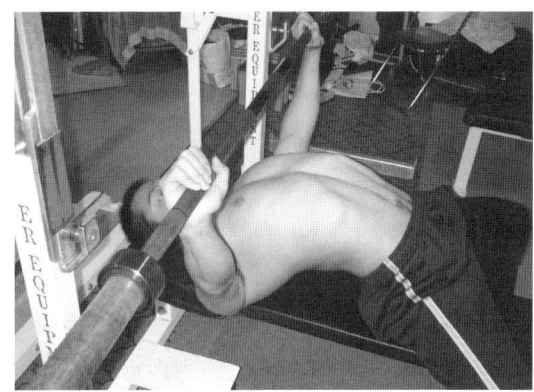

【写真14・15】
ある程度の回数をこなすときには、途中でいったんキープし、呼吸を整える必要がある。その際に肩で重さを支えるキープの状態になったとしても、そこから背中で重さを支えるキープの状態にすみやかに移行することができれば、フォームと挙上時の軌道を安定させることができる。

PART 3　トレーニングフォームの基礎

Chapter 5　挙上

　ベンチプレスの動作には、「フォームを作る」、「ラックアウト」、「キープ」、「挙上」の4つの動作があります。
　これまで、「フォームを作る」、「ラックアウト」、「キープ」という3つの動作、「挙上」の前に行う3つの動作について紹介してきました。
　どの動作でもポイントや注意点があり、次の動作につなげるという意味も含めて、それぞれの動作を意識して行う必要がありました。
　そして、それらの動作は最後に行う「挙上」の動作、ベンチプレスというトレーニングで一般的にイメージされるバーを挙げ下げする動作を、よりうまく行うためになります。
　ここでは、ベンチプレスにおける最も重量な動作、「挙上」の動作について紹介したいと思います。

挙上とは？

　挙上とは、バーを挙げ下げする動作、一般的にベンチプレスのトレーニングでイメージされる、「両手に持ったバーを胸まで下ろし、そこからバーを押し挙げる」動作のことを指します。（写真1・2・3）
　これまで、「フォームを作る」、「ラックアウト」、「キープ」といった動作を紹介してきたわけですが、それらで意識してきたポイントや注意点は、すべて「挙上」の動作をよりうまく行うためにあります。
　ベンチプレス＝ベンチ台に寝転んでバーを挙げ下げする動作という風に捉えると、どのような

【写真1・2・3】
　挙上の動作は、一般的なベンチプレスのトレーニングでイメージされる、両手に持ったバーを胸まで下ろし、そこからバーを押し挙げる動作のことを指す。

フォームにおいても、この「挙上」という動作が最も重要な動作になることは間違いありません。ただし、肩甲骨の寄せと上半身のブリッジを作るフォームでは、その「挙上」の動作の前に行う動作も、非常に重要になってきます。

「フォームを作る」動作で肩甲骨の寄せと上半身のブリッジを作り、「ラックアウト」の動作で「フォームを作る」動作で作った肩甲骨の寄せと上半身のブリッジを維持し、「キープ」の動作でバーの重さを利用して「ラックアウト」の動作で維持した肩甲骨の寄せと上半身のブリッジを完成させる。
そういった一連の流れがあってこそ、「挙上」の動作がよりうまく行えるようになるのです。
反対に、「挙上」の動作の際に「挙上」の動作以前の動作で作った状態を維持できず、うまく活かすことができなければ、それらはすべて無駄になってしまうということにもなります。

ベタ寝ベンチであれば、「挙上」の動作とそれ以前の動作の重要度の比率は、90％：10％。
人によって違いはあるでしょうが、これぐらいの比率になると思います。

これに対して、肩甲骨の寄せと上半身のブリッジを作るフォームであれば、「挙上」の動作とそれ以前の動作の重要度の比率は、50％：50％。
「挙上」の動作以外がすべてうまくいかなかったからといって、挙がる重量が半分になるということはありませんが、動作の関連性や位置付けを考えると、このような比率で捉えてもおかしくないと思います。

これから、「挙上」の動作における基本、上体の型やグリップ幅による違い、そしてポイントと注意点といったことを紹介していきますが、どの場面においても「挙上」の動作以前の動作で作った状態を維持し、それを活かすということが前提となります。

挙上の基本

挙上の動作以前の動作で、肩甲骨の寄せと上半身のブリッジを完成させるわけですが、人によってそれらの動作によってできる肩甲骨の寄せと上半身のブリッジ、つまり上体の型が異なります。
挙上の動作は、その上体の型の違いによって、その方法やポイント、注意点が変化します。
そういった、上体の型別の挙上の動作については後に紹介し、まずここでは挙上の基本を紹介したいと思います。

■バーを下ろす位置

バーを下ろす位置は、正確には個々人の肩甲骨の寄せと上半身のブリッジの違いによる上体の型の違い、グリップ幅による肘の使い方の違いによって変わります。
ただし、基本的なバーを下ろす位置はある程度決まっていますので、ここではその基本の位置を紹介したいと思います。
写真4を見てください。バーを下ろす位置は、2本の線の範囲内、一番頭に近い位置で乳首よりも少し上、一番腹に近い位置でみぞおち辺り。このような位置にバーを下ろすことになります。グリップ幅が広すぎる場合は、この範囲内よりも頭に近い位置に下ろしてしまうことが多く、脇を開き、肘を張りすぎることで、肩や胸の付け根に過度のストレスがかかり、肩や胸の付け根を怪我する可能性が高くなります。（写真5）
また、グリップ幅が適正であるにもかかわらず、範囲内よりも頭に近い位置にバーを下ろしている場合は、肩甲骨の寄せと上半身のブリッジがうまくできておらず、胸に高さが出ていないことが多く、グリップ幅が広すぎる場合とは別の理由、肩の関与が大きくなるという理由で、肩を怪我する可能性が高くなります。（写真6）

PART 3　トレーニングフォームの基礎

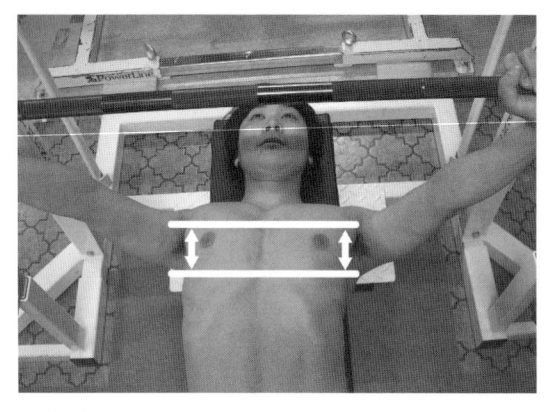

【写真4】
バーを下ろす位置は、正確には個々人の上体の型の違い、肘の使い方の違いによって変わってくるが、基本的には2本の線の範囲内にバーを下ろすことになる。

グリップ幅が広すぎる

肩甲骨の寄せが甘くなっている

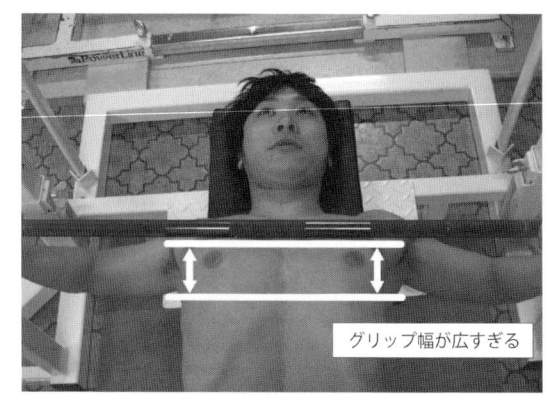

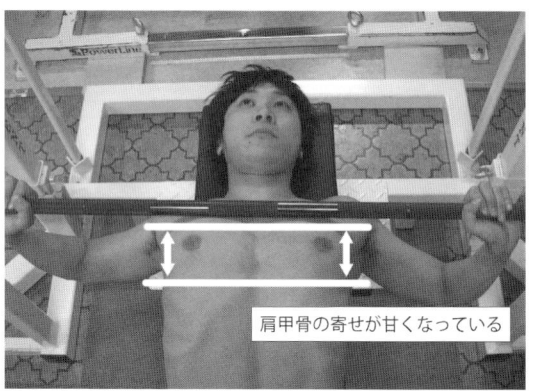

【写真5・6】
2本の線の範囲外＝頭側にバーを下ろしてしまう2つのパターン。1つはグリップ幅が広すぎることからくる肘の張りすぎによって起こるパターン。もう1つは肩甲骨の寄せと上半身のブリッジが甘く、胸に高さが出てないことによって起こるパターン。どちらのパターンでも肩や胸の付け根等の怪我の原因となる。

　2本の線の範囲外にバーを下ろしてしまう場合、そのほとんどが頭に近い位置に下ろしてしまう場合で、みぞおちより下の腹に近い位置に下ろしてしまうことはほとんどありません。
　これは一度試してみるとすぐに分かると思いますが、普通の人はみぞおちよりも下の腹に近い位置にバーを下ろそうとすると、グリップ幅をかなり狭く握り、なおかつ肘を意識的に絞るようにしないと、みぞおちよりも下にはバーを下ろせません。
　それに、みぞおちよりも下の腹に近い位置にバーを下ろしたとしても、通常はそこから力をうまく出せないはずです。
　みぞおちよりも下の腹に近い位置にバーを自然に下ろして挙げるということは、ある意味ベンチプレスにおいて重要な才能とも言える、「骨盤～腰椎周りの柔軟性に優れ、腹が大きくせり上がる上半身のブリッジが作れる」、「体型的に腹が大きく盛り上がっている」といった才能が必要になってきます。
　このような才能を持っている人の場合、せり上がった腹にバーを下ろすことで、挙上幅、肘の曲がり具合、肘の落ちを少なくすることができ、より高重量を挙げることができます。
　こういったことから、2本の線の範囲内よりも腹に近い位置、みぞおちよりも下の腹に近い位置にバーを下ろすこと、下ろせるということは、高重量を扱ううえでプラスになってきます。
　ただし、現在の競技ベンチプレスではみぞおちよりも下の位置、見た目に明らかに腹にバーを下ろしていると判断されるとルール違反となるため、ここではみぞおちよりも上側の部分をバーを下ろす範囲内としています。（写真7）

Chapter 5　挙上

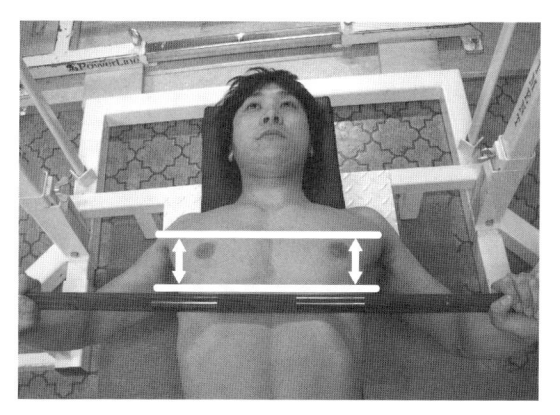

【写真7】
「骨盤～腰椎周りの柔軟性に優れ、腹が大きくせり上がる上半身のブリッジが作れる」、「体型的に腹が大きく盛り上がっている」といった才能があれば、2本の線の範囲外＝みぞおちよりも腹側にバーを下ろすことができるが、この位置にバーを下ろすと競技ベンチプレスではルール違反となる。

【写真8】
挙上の際の肘の使い方で最も重要なのは、横から見たときの「肘から手首にかけてのラインを地面と垂直にする」こと。肘から手首にかけてのラインが地面と垂直でなくなると、うまく力を伝えることができなかったり、怪我の原因になったりもする。

■肘の使い方

　挙上時の肘の使い方で最も重要なのは、横から見たときの「肘から手首にかけてのラインを地面と垂直にする」ということです。(写真8)

　このことは、ベタ寝ベンチのような肩甲骨の寄せと上半身のブリッジを作らないフォームでトレーニングを行っている人であれば、何も考えなくても自然に行えることであり、「肘から手首にかけてのラインを地面と垂直にしないでベンチプレスができるのか？」という疑問さえ持つかもしれません。
しかし、肩甲骨の寄せと上半身のブリッジを作るフォームでトレーニングを行うとなると、ベタ寝ベンチのフォームよりも体の様々な部分に意識をまわす必要があり、「肘から手首にかけてのラインを常に地面と垂直にする」ということができなくなり、肘から手首にかけてのラインが頭側に傾いたり、腹側に傾いたりすることがしばしばあります。

　まず、肘から手首にかけてのラインが頭側に傾いてしまう場合ですが、この場合はバーを胸に付けてから押し始めるときの動作が、エクステンションに近い動きになり、胸よりも腕の力で挙げるような形になってしまいます。こうなると、胸の力をうまく使えなくなるだけでなく、肘に負担がかかり、肘を怪我する可能性もあります。(写真9)

　反対に、肘から手首にかけてのラインが腹側に傾いてしまう場合ですが、この場合はバーを胸に下ろす際に、肘から手首にかけてのラインが腹側に向かうことで肩関節がまわり、またバーを胸から押し挙げる際に、肘から手首にかけてのラインが腹側に傾いた状態から地面と垂直になるように肩関節がまわる。
バーを下ろす際、挙げる際に、胸や腕の力をうまく使えなくなるだけでなく、肩に過度なストレスがかかり、重篤な肩の怪我を引き起こす可能性もあります。(写真10)

　肩甲骨の寄せと上半身のブリッジを作るフォームでは、このように肘から手首にかけてのラインが頭側や腹側に傾いたりすることがしばしばあるのですが、意識の持ち方を変えるだ

けで、それらを回避することができるようになります。

ベンチプレスをしているほとんどの人が、「バーを胸に付ける」という意識で、バーを胸まで下ろしていると思います。このときに意識が集中している部分は、挙上の動作の末端部分となるバーを握っている手になります。末端部分に意識を集中しすぎると、その幹の部分である肘や肩などに意識がまわらなくなり、肘や肩が自由に動いてしまい、肘から手首にかけてのラインをうまく固定できなくなってしまいます。

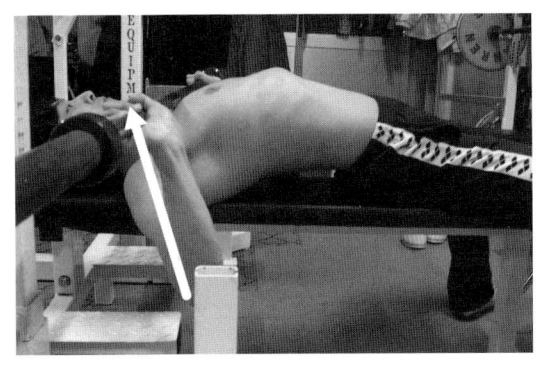

【写真9】
肘から手首にかけてのラインが頭側に傾いてしまうと、バーを押し挙げる際の動作がエクステンションに近くなり、胸よりも腕の力で押し挙げることになる。また、肘に負担がかかり、肘の怪我の可能性が高くなる。

【写真10】
肘から手首にかけてのラインが腹側に傾いてしまうと、胸や腕の力を使いにくくなるだけでなく、肩関節に過度なストレスをかけ、重篤な怪我を引き起こすこともある。

そこで、バーを胸まで下ろすときの意識を「バーを胸に付ける」から、「肘をバーが胸に付くまで曲げる」という意識に変えてみます。
そうすると、バーを下ろすときに意識が集中している部分が挙上の動作の末端部分となる手から挙上の動作の幹となる肘に変わり、自然と肘から手首にかけてのラインが地面と垂直になってきます。（写真11・12）

このことは、文章だけでは理解できないかもしれませんが、実際に「肘をバーが胸に付くまで曲げる」という意識でベンチプレスをしてみると、ほとんどの人が自然に肘から手首にかけてのラインが地面と垂直になり、「バーを胸に付ける」という意識を持ったときよりも軌道が安定し、胸からの押し挙げもスムーズになってきます。

■バーの軌道

挙上時のバーの軌道で最も重要なのが、「胸まで下ろすときと押し挙げるときのバーの軌道を一定にする」ということです。

キープの項で、「バーの軌道をレールに乗せる」ということで、バーの軌道を自身にとっての最善の決まった道、レールという一定の道に乗せるということが重要と述べましたが、「バーの軌道をレールに乗せる」となると、当然ながら「胸まで下ろすときと押し挙げるときのバーの軌道を一定にする」必要があります。

そして、「胸まで下ろすときと押し挙げるときのバーの軌道を一定にする」ということも、「肘から手首にかけてのラインを地面と垂直にする」ときと同様に、肘に意識を集中することで容易に行えるようになります。

肘に意識を集中し、肘をバーが胸に付くまで曲げ、胸にバーが付いたら、バーを下ろしたときの肘の軌道と同じ道、同じレールに乗せて肘を伸ばす。

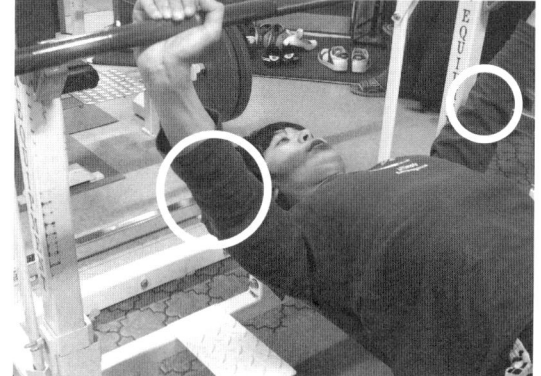

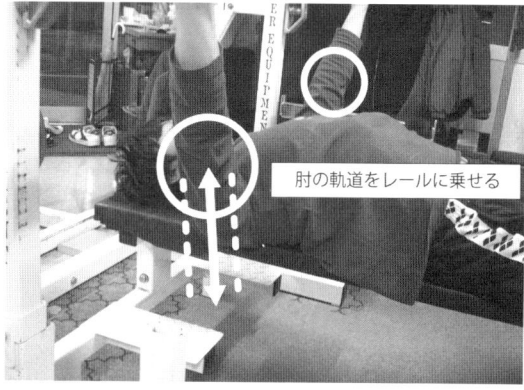

Chapter 5 　挙上

【写真 11・12】
　バーを胸まで下ろすときの意識を「バーを胸に付ける」から、「肘をバーが胸に付くまで曲げる」という意識に変えると、バーを下ろすときに意識が集中している部分が、末端部分となる手から幹となる肘に変わり、自然と肘から手首にかけてのラインが地面と垂直になる。

【写真 13・14】
　「バーの軌道を一定にする＝バーの軌道をレールに乗せる」というよりも、「肘の軌道を一定にする＝肘の軌道をレールに乗せる」という意識を持った方が、「胸まで下ろすときと押し挙げるときのバーの軌道を一定にする」ことは容易に行えるようになる。

　「バーの軌道を一定にする＝バーの軌道をレールに乗せる」というよりも、「肘の軌道を一定にする＝肘の軌道をレールに乗せる」という意識を持った方が、「胸まで下ろすときと押し挙げるときのバーの軌道を一定にする」ことは容易に行えるようになります。（写真 13・14）

2つのタイプの上体の型

挙上の動作以前の動作で、肩甲骨の寄せと上半身のブリッジを完成させるわけですが、できあがるフォームの形状、上体の型というものは人によって全く異なります。

その違いは、個々人の骨格、筋肉の付き方、柔軟性の違いなどによって生まれてくるわけですが、その違いによって挙上の方法、バーを下ろす位置、バーの軌道、肘の使い方、グリップの握り方などが、大きく変わってきます。

ここでは、上体の型を大きく「胸が高くなるタイプ」と「腹が高くなるタイプ」の2つに分け、それぞれでの挙上の方法として、バーを下ろす位置、バーの軌道、肘の使い方、グリップの握り方、注意点といったことを紹介したいと思います。

なお、これから紹介する上体の型による挙上の方法の違いは、先に紹介した「挙上の基本」よりも一歩進んだ内容となりますが、それらを実施するにあたって、人によっては「もっとこうした方が挙げやすい」といったことや、さらには「どうもこうすると挙げにくい」といったことがあるかもしれません。

あくまで、「上体の型別の挙上の基本」として捉え、これから紹介する内容を実際に試し、そのうえで自身で調整や変更を加えるようにしてください。

胸が高くなるタイプ

肩甲骨の寄せと上半身のブリッジを作るフォームで、上体の型を大きく2つに分けた場合の1つ目のタイプが、「胸が高くなるタイプ」です。

この「胸が高くなるタイプ」は、写真15・16のように上体の型が、「胸の部分が高くなり腹の部分がそれほど高くなっていない」アーチを描いている、「胸の部分が一気に高くなり腹にかけてなだらかに低くなっている」アーチを描くことになります。

こういった上体の型になる理由は、「胸板が厚い」、「胸郭が広がりやすい」、「胸椎周りの柔軟性が優れている」、「肩甲骨周りの柔軟性が優れている」といったベンチプレスにおける長所、そして「骨盤～腰椎周りの柔軟性が乏しい」といったベンチプレスにおける短所によります。

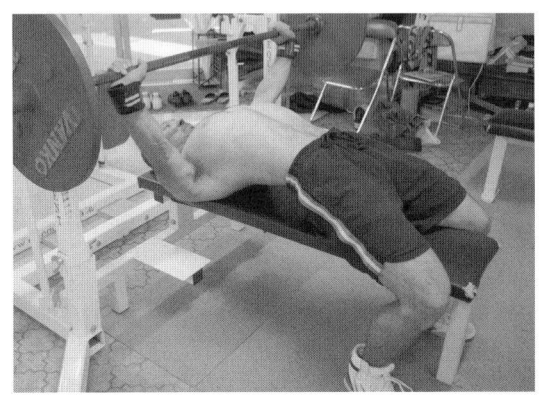

【写真15・16】
「胸が高くなるタイプ」は、上体の型が、「胸の部分が高くなり腹の部分がそれほど高くなっていない」、「胸の部分が一気に高くなり腹にかけてなだらかに低くなっている」アーチを描くことになり、その理由は、「胸板が厚い」、「胸郭が広がりやすい」、「胸椎周りの柔軟性が優れている」、「肩甲骨周りの柔軟性が優れている」といったベンチプレスにおける長所、「骨盤～腰椎周りの柔軟性が乏しい」といったベンチプレスにおける短所による。

Chapter 5 　挙上

【写真 17】
　すべての人がそうとは言い切れないが、柔軟性が乏しく、上体の型がほとんどアーチを描いていないような人の多くが、「胸が高くなるタイプ」の挙上の方法があてはまる。

　また、全身の柔軟性が乏しく、上体の型がほとんどアーチを描いていないような人の場合も、これから紹介する「胸が高くなるタイプ」での挙上方法があてはまることが多くなっています。（写真 17）
　なお、この「胸が高くなるタイプ」では、主に胸の筋肉を使用して挙上することになり、ベンチプレスで使用する、胸・腕・肩の中で、特に胸の筋肉が発達しやすい傾向にあります。

【写真 18・19】
　「胸が高くなるタイプ」でのバーを下ろす位置は、乳首の少し上辺りから乳首までの位置でバーを下ろすと力が入りやすく、みぞおちの部分が胸よりも高かったとしても、みぞおちに近い位置にバーを下ろすとうまく力が伝わらない場合が多い。

■バーを下ろす位置
　「胸が高くなるタイプ」でのバーを下ろす位置は、写真 18・19 のような位置、乳首の少し上辺りから乳首までの位置に下ろすことになります。上体の型でアーチを描いている最も高い位置にバーを下ろした方が、挙上幅が短くなり、使用重量が増えるイメージがあるかもしれませんが、「胸が高くなるタイプ」ではあまり腹に近い位置にバーを下ろしてしまうと、力が入りにくくなり、使用重量が落ちてしまうのが通常です。
　このため、「胸が高くなるタイプ」では、みぞおち辺りが胸よりも高くなっていたとしても、乳首の少し上辺りから乳首までの位置にバーを下ろすことになります。

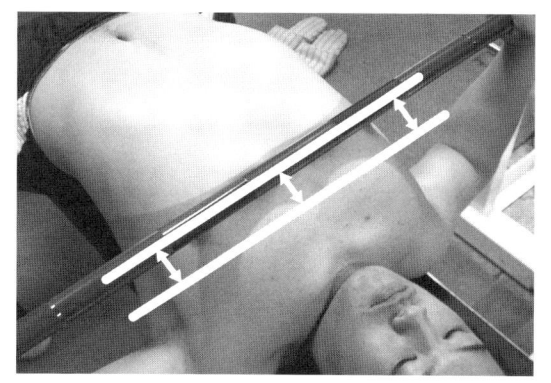

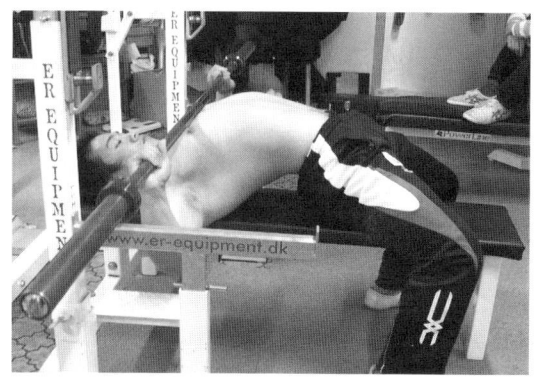

■バーの軌道
　「胸が高くなるタイプ」でのバーの軌道は、バーを下ろす位置が乳首の少し上辺りから乳首までの位置といった、比較的頭側に近い位置になるため、地面に対して垂直に近い軌道を描くことになります。
　また、「胸郭が広がりやすい」、「胸椎の柔軟性が優れている」という人であれば、胸郭が立ち上がりながら頭側に近づくこともあり、バーの軌道はさらに垂直に近くなります。（写真 20・21）

PART 3　トレーニングフォームの基礎

【写真20・21】
「胸が高くなるタイプ」でのバーの軌道は、バーを下ろす位置が乳首の少し上辺りから乳首までの位置といった比較的頭側に近い位置になるため、地面に対して垂直に近い軌道を描くことになる。また、「胸郭が広がりやすい」、「胸椎周りの柔軟性が優れている」という人であれば、胸郭が立ち上がりながら頭側に近づくこともあり、バーの軌道はさらに垂直に近くなる。

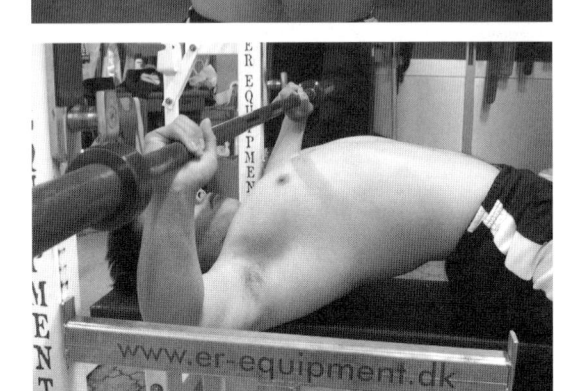

【写真22・23】
「胸が高くなるタイプ」での肘の使い方は、バーの軌道が地面に対して垂直に近い軌道を描くため、自然に「肘を張るような」肘の使い方になる。ただし、過度に肘を外側に張ってしまうと、肩甲骨の寄せは甘くなりやすく、胸や肩の怪我の可能性が高くなってしまう。

■肘の使い方

「胸が高くなるタイプ」での肘の使い方は、バーの軌道が比較的頭側に近い位置で、地面に対して垂直に近い軌道を描くため、自然に「肘を張るような」肘の使い方になります。
ただし、過度に肘を外側に張ってしまうと肩甲骨の寄せは甘くなりやすく、胸や肩の怪我の可能性が高くなってきます。（写真22・23）
「胸が高くなるタイプ」では、肩甲骨の寄せを維持しながら「自然に肘を開いて胸を広げる」ことを意識し、そのような肘の使い方で挙上することが重要になってきます。（写真24）

【写真24】
「胸が高くなるタイプ」では、肩甲骨の寄せを維持しながら「自然に肘を開いて胸を広げる」ような肘の使い方で挙上することになる。

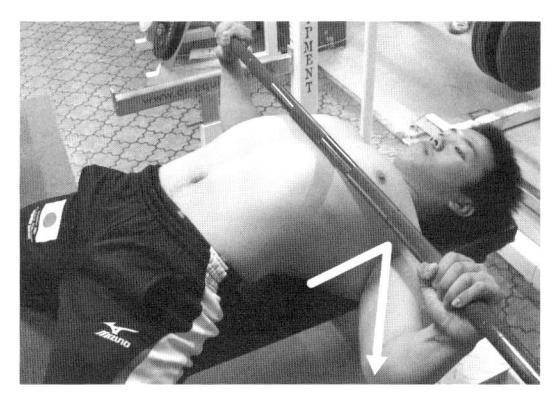

【写真25】
「胸が高くなるタイプ」では、肘を絞ってお腹に近い位置にバーを下ろすような肘の使い方をすると、胸の筋肉がうまく使えなくなり、挙上幅が短くなったとしても使用重量が落ちることが多い。

肘の張りすぎはもちろんよくありませんが、「胸が高くなるタイプ」では、無理に肘を絞ろうとする力が入りにくくなり、使用重量が落ちるということがよくあります。
これは、肩甲骨の寄せを維持しながら「自然に肘を開いて胸を広げる」という肘の使い方では、主に胸の筋肉を使用して挙上することになり、肘を無理に絞ろうとすると、胸の筋肉を使用して挙上することが難しくなるためです。
「胸が高くなるタイプ」では、腹に近い位置にバーを下ろしてしまうと、力が入りにくくなり、使用重量が落ちてしまうと述べましたが、これはバーを下ろす位置が腹側になる=肘を絞り気味になる、ということによります。（写真25）

■グリップの握り方
「胸が高くなるタイプ」でのグリップの握り方は、肩甲骨の寄せを維持しながら「自然に肘を開いて胸を広げる」肘の使い方をよりスムーズにさせるため、手のひらに対してバーを斜めに握るグリップ、「斜めグリップ」や「ハの字グリップ」と言われるようなグリップで握ることが多くなっています。

これは、手のひらに対してバーを斜めに握る「斜めグリップ」や「ハの字グリップ」では、バーを握った状態で手首の部分から自然に斜め方向を向くことになり、これによって「自然に肘を開いて胸を広げる」という肘の使い方が行いやすくなるためです。（写真26・27・28）
このグリップは、一見すると手首が過度に斜めになった、手首に負担をかけるグリップにも

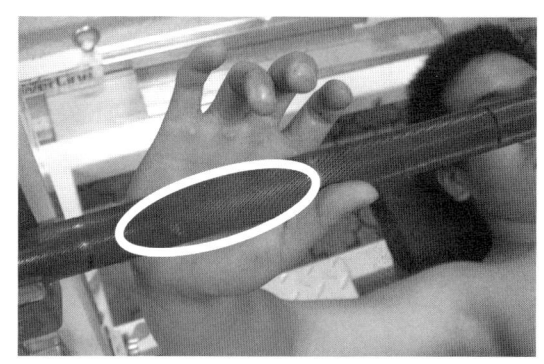

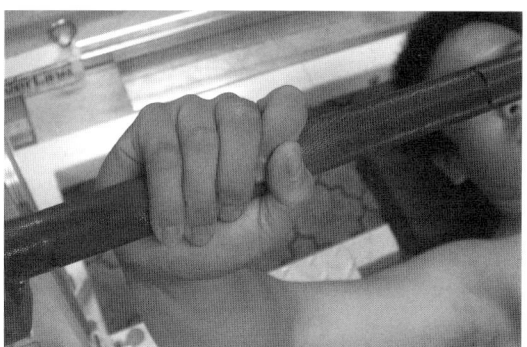

【写真26・27・28】
手首の延長線上となる部分にバーを乗せ、手のひらに対してバーが斜めになるようにグリップを握ると、「自然に肘を開いて胸を広げる」という肘の使い方が行いやすくなる。

見えますが、手首の延長線上にうまくバーを乗せることで、反対に手首への負担を少なくしているグリップになります。

また、競技のベンチプレスでは81cmラインが見えないようにバーを握らないとルール違反となってしまいますが、この手のひらに対してバーを斜めに握るグリップだと、斜めに握った人差し指の部分でバーの81cmラインを隠すことで、まっすぐに握った場合よりも若干分だけバーを広く持つことができるという利点もあります。

なお、バーを握る際に「どういった感覚で、どの指を意識して握るか？」ということは、人によって異なります。

例えば、「人差し指をバーに引っ掛けるような意識で」、「小指と薬指でバーを握りつぶすような意識で」といったように、その人によって挙上が行いやすくなるバーを握る感覚や意識は大きく異なるのです。

このため、トレーニングを続け、自身で試しながら自分に合ったバーを握る感覚や意識を見つける必要があります。

■注意点

「胸が高くなるタイプ」での最大の注意点は、「肘を開きすぎないこと」、そしてそれに合わせて「頭に近い位置に下ろしすぎないこと」になります。

「肘を開きすぎ」、「頭に近い位置に下ろしすぎ」ということは、力が入りにくくなってしまうということもあるのですが、それよりも大きな問題となってくるのが、胸の筋肉や肩の筋肉が水平方向に過度に伸展してしまい、胸の付け根や、肩の前側の筋肉の怪我を簡単に引き起こしてしまうということです。

実際に、「肘を開きすぎ」や「頭に近い位置に下ろしすぎ」によって、胸の付け根や肩の前側の筋肉に傷みを感じ、思うようにベンチプレスができなくなった時期があるという経験を持つ人は多いでしょうし、中にはベンチプレス自体を諦めてしまった人もいるかもしれません。

「胸が高くなるタイプ」での肘の使い方は、肩甲骨の寄せを維持しながら「自然に肘を開いて胸を広げる」ということになるのですが、この「自然に肘を開いた」ときに「肘の開きすぎ」や「頭に近い位置に下ろしすぎ」が起こってしまうのであれば、そうならないようにグリップ幅が狭くなるように調整する必要があります。

競技のベンチプレスを行っているほとんどの人や、競技のベンチプレスでは81cmラインを握ると知っている多くの人が、「挙上幅を短くするために」もしくは「ほとんどなにも考えずに」、81cmラインがちょうど隠れるようにバーを握っていると思います。

しかしながら、「挙上幅は短くなったものの実はうまく力が出せていない」、「81cmラインを握っているせいでよく怪我をしている」という人は、本人が気づいていないだけで実は多いのもしれません。

自分自身が「もしかしたらそうかもしれない」と思う人は、グリップ幅を狭くするという、非常に単純な方法を試してみるのも良いかもしれません。（写真29・30・31）

Chapter 5　挙上

腹が高くなるタイプ

　肩甲骨の寄せと上半身のブリッジを作るフォームで、上体の型を大きく2つに分けた場合の2つ目のタイプが、「腹が高くなるタイプ」です。
　この「腹が高くなるタイプ」では、写真32・33のように上体の型が、「胸が低くて腹が高くなっている」アーチを描いている、「胸から腹にかけて一気に高くなっている」アーチを描くことになります。

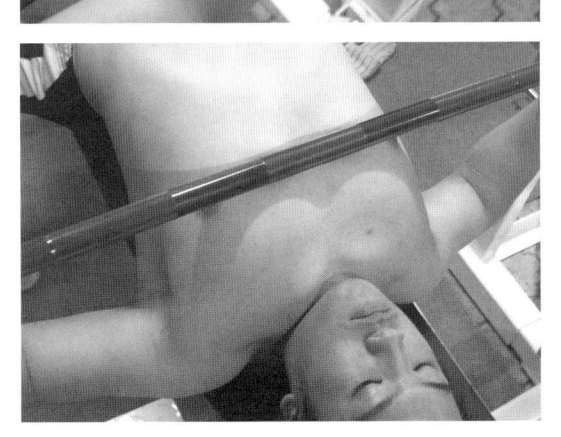

【写真29・30・31】
　「肘を開きすぎ」、「頭に近い位置に下ろしすぎ」ということは、力が入りにくくなってしまうということもあるが、それよりも大きな問題となるのが、胸や肩の筋肉が水平方向に過度に伸展してしまうことによる、胸の付け根や肩の前側の筋肉の怪我になる。ただし、こういったことはグリップ幅を狭くするという、非常に単純な方法で解決することが多い。

【写真32・33】
　「腹が高くなるタイプ」では、上体の型が、「胸が低くて腹が高くなっている」、「胸から腹にかけて一気に高くなっている」アーチを描くことになり、その理由は、「腹に厚みがある」、「骨盤～腰椎周りの柔軟性に優れている」といったベンチプレスにおける長所、「胸椎周りの柔軟性が乏しい」、「肩甲骨周りの柔軟性が乏しい」といったベンチプレスにおける短所による。

203

PART 3 トレーニングフォームの基礎

こういった上体の型になる理由は、「腹に厚みがある」、「骨盤～腰椎周りの柔軟性に優れている」といったベンチプレスにおける長所、そして「胸椎周りの柔軟性が乏しい」、「肩甲骨周りの柔軟性が乏しい」といったベンチプレスにおける短所によります。

また、胸椎周りや肩甲骨周りの柔軟性に優れていても、骨盤～腰椎周りの柔軟性が非常に優れていたり、腹に厚みがあると、このタイプの上体の型になりやすく、競技のベンチプレスの世界では、骨盤～腰椎周りの柔軟性に優れていることで軽量級の選手、腹に厚みがあるということで重量級の選手に多くなっています。

■バーを下ろす位置

「腹が高くなるタイプ」でのバーを下ろす位置は、写真34・35のような位置、乳首辺りからみぞおち辺りの、比較的腹に近い位置になります。「腹が高くなるタイプ」では、胸よりも腹が高くなるアーチを描いているため、その高くなっている腹に近い位置にバーを下ろした方が、挙上幅が短くなり、肘の落ちが少なくなってより高重量が扱えるようになります。

ただし、いくら腹の部分が高くなっているからといって、みぞおちよりも下側の位置にバーを下ろしてしまうと、肩関節の垂直位置での可動が大きくなりすぎるため（脇を閉じて肘を後ろに引くような動作）、力が入りにくくなったり、肩に過度なストレスがかかり、肩を怪我する可能性が高くなってきます。

また、競技ベンチプレスのルールでは、みぞおちよりも下側にバーを下ろしてしまうとルール違反となるため、そういったことからも、バーを下ろす位置はみぞおちまでにする必要があります。（写真36）

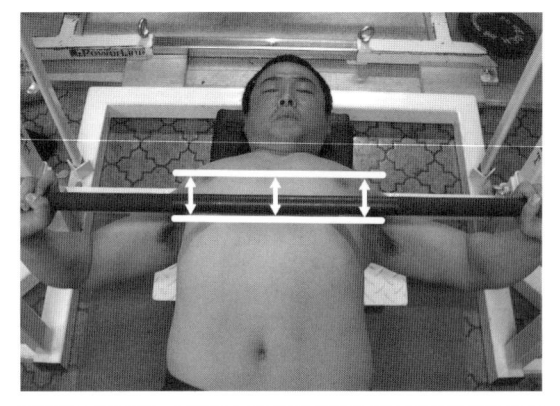

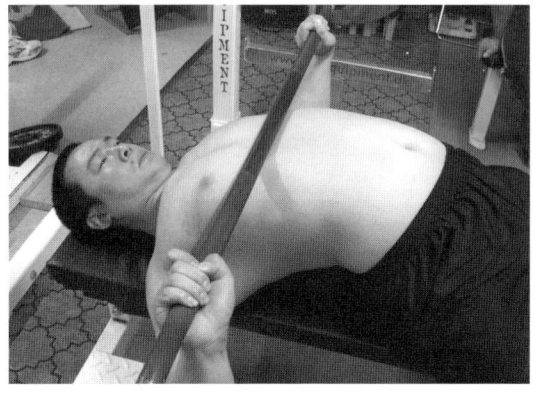

【写真34・35】
「腹が高くなるタイプ」でのバーを下ろす位置は、乳首辺りからみぞおち辺りの、比較的腹に近い位置になる。

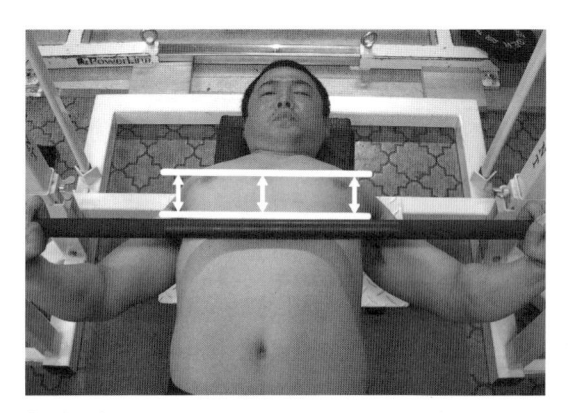

【写真36】
「腹が高くなるタイプ」では、胸よりも腹が高くなるアーチを描いているため、腹に近い位置にバーを下ろした方が、肘の落ちが少なくなってより高重量が扱えるようになるが、みぞおちよりも下側の位置にバーを下ろしてしまうと、力が入りにくくなったり、肩を怪我する可能性も高くなる。また、競技ベンチプレスではルール違反となってしまう。

■バーの軌道

「腹が高くなるタイプ」でのバーの軌道は、バーを下ろす位置が乳首辺りからみぞおち辺りと腹に近い位置になり、これによって地面に対して垂直に近い軌道を描いていた「胸が高くなるタイプ」よりも、斜めに近い軌道を描くことになります。（写真37・38）

胸椎周りの柔軟性に優れる場合は、胸椎の伸展によってバーを下ろす位置となる胸～みぞおち周りが全体的に頭側によるため、バーの軌道の斜めの傾斜は少なくなりますが、特に胸椎周りの柔軟性が乏しく、腹に厚みがある場合は、「胸が高くなるタイプ」と比較すると極端な斜めの軌道を描くことになります。

■肘の使い方

「腹が高くなるタイプ」での肘の使い方は、バーの軌道が腹に近い位置に下ろす斜めの軌道を描き、同時に両肘も腹に近い位置に移動することになるため、自然に「肘を絞る」肘の使い方になります。

ただし、過度に肘を絞ってしまうと、肩関節の垂直位置での可動が大きくなり、肩に過度のストレスがかかり、肩を怪我する可能性が高くなってきます。

そのため、腹に近い位置にバーを下ろしながらも、「自然に肘を絞り」、「肘を絞りすぎない」ように意識する必要があります。（写真39）

また、「腹が高くなるタイプ」での肘の使い方では、「自然に肘を絞り」、「肘を絞りすぎない」ことと同時に、「肘の落ちが少なくなるような肘の使い方をする」意識が重要となってきます。

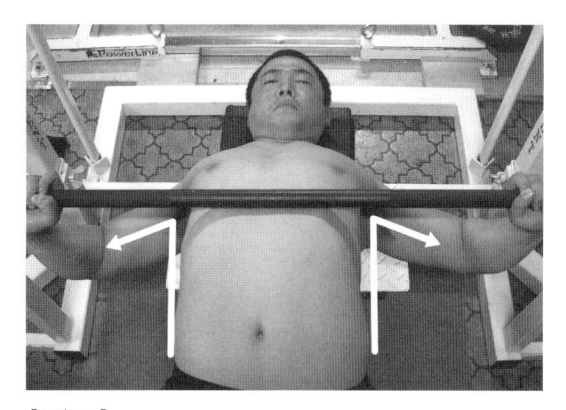

【写真37・38】
「腹が高くなるタイプ」でのバーの軌道は、バーを下ろす位置が乳首辺りからみぞおち辺りと、腹に近い位置になり、これによって斜めに近い軌道を描くことになり、特に胸椎周りの柔軟性が乏しく、腹に厚みがある場合は、極端な斜めの軌道を描くことになる。

【写真39】
「腹が高くなるタイプ」での肘の使い方は、バーの軌道が腹に近い位置に下ろす斜めの軌道を描くような、「自然に肘を絞り」、「肘を絞りすぎない」肘の使い方となる。

これは、バーを下ろす位置でも軽く触れましたが、「腹が高くなるタイプ」では、アーチの高い部分となった腹に近い位置にバーを下ろすことで、肘の落ちを少なくすることができます。

より高重量を挙げるためのテクニックとして、「挙上幅を短くする」ということをあげる人が多いと思いますが、実際により高重量を挙げるために重要なのは、挙上幅を短くするということより、バーを胸に付けたときの「肘の落ちを少なくする」ということになります。

「腹が高くなるタイプ」では、上体の型が胸よりも腹が高くなるアーチを描いているため、腹に近い位置にバーを下ろした方が、バーを下ろしたときの肘の落ちが少なくなり、そのバーを下ろすときに、より「肘の落ちが少なくなる」位置にバーを下ろし、「肘の落ちが少なくなる」バーの軌道を描くようにする。

そういった「肘の落ちが少なくなるような肘の使い方をする」＝「できるだけ肘を曲げないようにする」という意識を持つことが重要になってきます。（写真40・41・42）

ベンチプレスを1つのトレーニングとして考えた場合、「できるだけ肘を曲げないようにする」ということに疑問を持つ人もいるでしょうが、「腹が高くなるタイプ」では、より高重量を挙げるために「自然に肘を絞り」、「肘を絞りすぎない」ようにしながら、「できるだけ肘を曲げないようにする」という意識の肘の使い方をすることになります。

なお、「腹が高くなるタイプ」では、「胸が高くなるタイプ」ほど胸の筋肉に頼らず、肘を自然に絞って垂直方向に動かして肩の筋肉を、また、腕の力を使って押し出し腕の筋肉を使用するため、「胸が高くなるタイプ」よりも、肩や腕の筋肉が発達しやすくなっています。

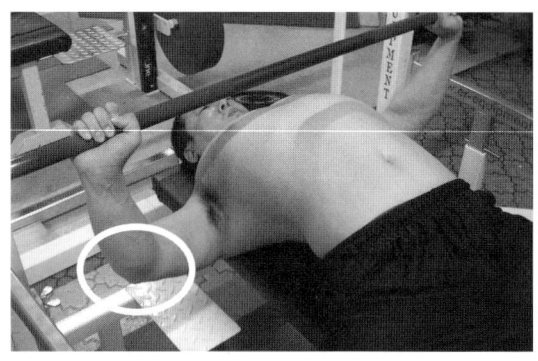

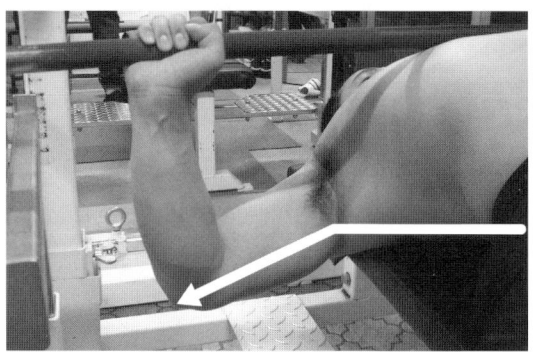

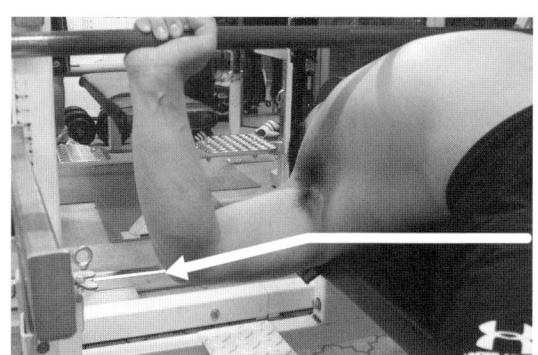

【写真40・41・42】
「腹が高くなるタイプ」では、より高重量を挙げるために、「肘の落ちが少なくなる」位置にバーを下ろし、バーを胸に付けたときの「肘の落ちが少なくなる」バーの軌道を描く。そういった「肘の落ちが少なくなるような肘の使い方をする」＝「できるだけ肘を曲げないようにする」という意識を持つことが重要となる。

■グリップの握り方

「腹が高くなるタイプ」でのグリップの握り方は、「自然に肘を絞る」肘の使い方をスムーズにするため、「胸が高くなるタイプ」で使用する「斜めグリップ」や「ハの字グリップ」と言われる

ようなグリップよりも、まっすぐに近いグリップで握ることが多くなっています。

まっすぐに近いグリップと言っても、「胸が高くなるタイプ」で使用する「斜めグリップ」や「ハの字グリップ」のように、手首の延長上となる部分にバーを乗せ、若干だけ斜めを向く形でバーを握ることになります。

これは、手のひらに対してまっすぐにバーを乗せて握ってしまうと、手首が常に倒れた状態になってしまい、手首に過度なストレスがかかり、簡単に手首を怪我してしまうためです。
（写真43・44）

なお、バーを握る際に「どういった感覚で、どの指を意識して握るか？」ということは、「胸が高くなるタイプ」と同様に人によって異なります。

例えば、「指全体で巻き込むような意識で」、「4本の指で押さえつけるような意識で」といったように、その人によって挙上が行いやすくなるバーを握る感覚や意識が大きく異なるため、「胸が高くなるタイプ」と同様にトレーニングを続け、自身で試しながら自分に合ったバーを握る感覚や意識を見つける必要があります。
（写真45・46）

■注意点

「腹が高くなるタイプ」での最大の注意点は、横から見たときに、「常に肘から手首にかけてのラインを地面と垂直にする」ということです。

「腹が高くなるタイプ」では、腹に近い位置にバーを下ろすため、斜めに近いバーの軌道を描くわけですが、このときに腹に近い位置＝できるだけ高い位置に、バーを下ろそうという意識だけが先行してしまうと、バーを下ろす際に肘から手首にかけてのラインが腹側に傾いてしまうことがあります。

バーを胸に下ろす際に、肘から手首にかけて

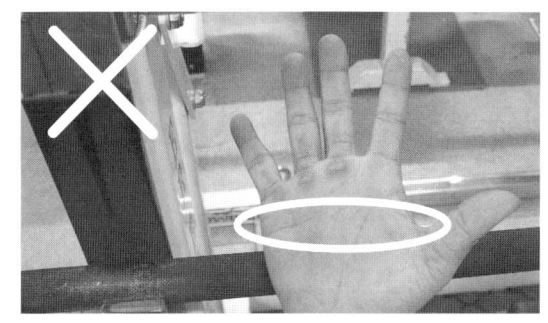

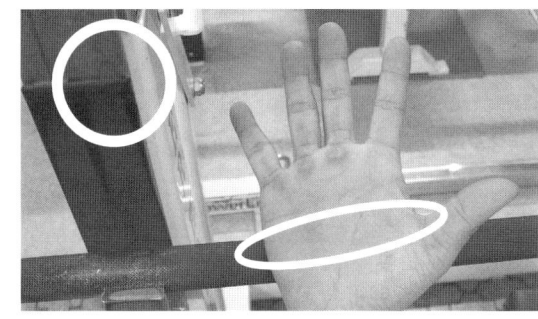

【写真43・44】
「腹が高くなるタイプ」では、手首の延長上となる手のひらの部分にバーを乗せ、若干だけ斜めを向くまっすぐに近いグリップで握ることになる。

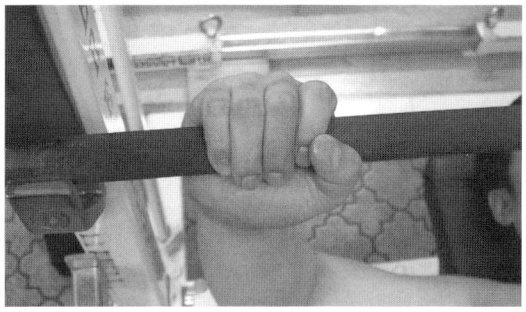

【写真45・46】
「指全体で巻き込むような意識で」、「4本の指で押さえつけるような意識で」といったように、人によってバーを握る感覚や意識は大きく異なるたる。

PART 3　トレーニングフォームの基礎

のラインが腹側に向かうことで肩関節がまわり、またバーを胸から押し挙げる際に、肘から手首にかけてのラインが腹側に傾いた状態から地面と垂直になるように肩関節がまわる。

　挙上の基本で紹介したように、バーを下ろす際、挙げる際に、胸や腕の力をうまく使えなくなるだけでなく、肩に過度なストレスがかかり、重篤な肩の怪我を引き起こす可能性もあります。

　こういったことがないように、挙上の基本で紹介したように、バーを下ろす意識を「バーを胸に付ける」から、「肘をバーが胸に付くまで曲げる」というような、末端の手から幹となる肘に変え、「常に肘から手首にかけてのラインを地面と垂直にする」必要があります。
（写真47・48）

　PART3では、【トレーニングフォームの基礎】ということで、肩甲骨の寄せと上半身のブリッジということに焦点をあて、ベンチプレスにおける、「フォームを作る」、「ラックアウト」、「キープ」、「挙上」といった4つの動作について詳しく紹介してきました。

　これで、「トレーニングフォームは完璧！」といきたいところですが、足上げベンチや尻上げベンチ、そしてパワーフォームなどの、個別のフォームの作り方、そして体の連動については、ここでは紹介できていません。

　そういった個別のフォームについては、【ベンチプレスが誰よりも強くなる vol.2】で、詳しく紹介したいと思います。

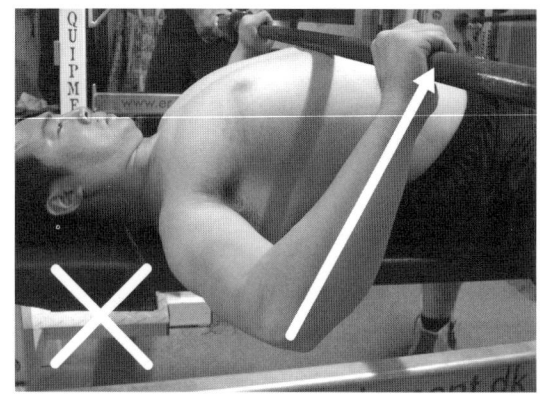

【写真47・48】
「腹が高くなるタイプ」では、できるだけ高い位置にバーを下ろそうとすると、バーを下ろす際に肘から手首にかけてのラインが腹側に傾いてしまい、胸や腕の力をうまく使えなくなるだけでなく、肩に過度なストレスがかかり、重篤な肩の怪我を引き起こす可能性がある。こういったことがないように、バーを下ろす意識を「バーを胸に付ける」から、「肘をバーが胸に付くまで曲げる」という、末端の手から幹となる肘に変え、「常に肘から手首にかけてのラインを地面と垂直にする」必要がある。

PART 3

Chapter 5　挙上

We are Bench Press Brothers

ベンチプレスが誰よりも強くなる！ vol.1　〜基礎から実践〜

あとがき

　ベンチプレスのトレーニングは、試行錯誤の連続です。トレーニングの内容であったり、フォーム的なことであったり、様々なことを試行錯誤し、日々のトレーニングを続けていくこととなります。
ベンチプレスそのものは、ご存知の通り非常に単純。ベンチ台に寝転んでバーベルを押し挙げるというその単純な動作を、日々のトレーニングで改善し、「いかにして今よりも重い重量を挙げられるようにするか？」ということを追求していくこととなります。
　胸を鍛えるトレーニングの1つとしてベンチプレスをはじめ、「かっこいいカラダを作りたいから」という目的で続けていたベンチプレスのトレーニング。そのトレーニングが、いつの間にか「今よりも重い重量が挙げられるように」という目的に変わり、気がつけば他のトレーニングはそっちのけでベンチプレスのトレーニングだけしかしなくなる。
トレーニングの目的が「ベンチプレスが強くなること」に変わってしまい、さらには児玉選手や筆者のように、その先の末期症状とも言える「ベンチプレスをしたいという目的でベンチプレスをしている」。こういった人は数多くいるでしょう。
　生活の中心にベンチプレスを置いている人。ベンチプレスに影響が出ないように仕事を調整したり、無駄に体力を使わないように気を使ったり、仕事帰りに飲みに行こうと誘われてもベンチプレスがしたいがために断ったり、はたまたベンチプレスができなくなるからということで仕事を変えたり。
自分の周りにいる人は、そんな人ばかりです（笑）。
「なぜそこまでしてベンチプレスをするのか？」、「その単純な動作になぜ惹きつけられているか？」
ベンチプレスの魅力にとりつかれた本人たちですら、その理由をうまく説明することはできません。
「頑張った結果が数字でわかりやすくついてくる」、「自分で試行錯誤することが楽しい」、こういったこともベンチプレスの魅力＝楽しさだと思います。しかし、そういったことは説明することのできない「ベンチプレスをすること自体の楽しさ」＝『無条件の楽しさ』からすれば些細なことでしかありません。
　朝起きてすぐに今日のベンチプレスのトレーニングのことを考え、寝る前に明日のベンチプレスのトレーニングのことを考える。次のベンチプレスのトレーニングが待ち遠しくて仕方がない。
「なぜベンチプレスをするんですか？」と質問をされたときに、「楽しいから！」と自然に思える。
ベンチプレスの『無条件の楽しさ』を受け入れ、それを生活の一部を超えて自身の一部としている。
そういった人が、誰よりもベンチプレスが強くなれると筆者は信じています。

監修者紹介

児玉大紀（こだまだいき）

1979 年生まれ
2002～2006 年世界ベンチプレス選手権大会 75kg 以下級 優勝（5 連覇）
2008 年世界ベンチプレス選手権大会 82.5kg 以下級 優勝
ベンチプレス＆パワーリフティング専門ジム『K's GYM』オーナー
　K's GYM ホームページ【http://www.ks-gym.com/】
　児玉大紀オフィシャルブログ【http://ameblo.jp/kodama-daiki/】

著者紹介

東坂康司（ひがしさかこうじ）

1979 年生まれ
2006 年世界ベンチプレス選手権大会 67.5kg 以下級 2 位

ベンチプレスが誰よりも強くなる！ vol.1 ～基礎から実践～

令和 5 年 11月10日　初版 4 刷発行

著者	東坂康司
監修者	児玉大紀
発行人	手塚栄司
発行所	（株）体育とスポーツ出版社
	〒 135-0016 東京都江東区東陽 2-2-20 3F
	TEL 03-3291-0911
	FAX 03-3293-7750
	振替口座 00100-7-25587
印刷所	図書印刷株式会社
製作協力	みー

© 2011 K.HIGASHISAKA
Printed in Japan
ISBN 978-4-88458-281-4

本書の一部または全部について個人で使用する以外著作権上、株式会社体育とスポーツ出版社および著作権者の承諾を得ずに無断で複写・複製することは禁じられています。乱丁・落丁本はお取り替え致します。
本書の内容に関するお問い合わせは、著者メールアドレス【higaoh@gmail.com】からお願い致します。
定価はカバーに表示してあります。

(2025年4月現在)

剣道学、筋トレ学を学ぶ 故に書を読む

体育とスポーツ出版社

図書目録

KEN DO JI DAI
月刊 **剣道時代**

Monthly Bodybuilding Magazine
ボディビルディング

(株)体育とスポーツ出版社

なんといってもためになる　剣道時代の本

生死の岐路で培われた心を打つ面
面 剣道範士九段楢﨑正彦
剣道時代編集部編
A5判並製352頁・定価：2,860円

楢﨑正彦範士の面は「楢﨑の面」と称され、剣士たちの憧れであり、尊敬の念も込めてそう呼ばれた。人生観、剣道観が凝縮された面ゆえにひとびとの心を打ったのである。その面が生まれた要素のひとつとして戦後、26歳で収監されて約10年にも及ぶ巣鴨プリズンでの獄中生活が大きい。生死の岐路で培った強靭な精神で"生ききる"という気持ちを失わなかった。極限な状況にあっても日本人らしく武士道をつらぬいたのだった。楢﨑範士がそういう心境になれたのは、巣鴨プリズンで同室となった岡田資中将（大岡昇平『ながい旅』の主人公）との交流が大きかった。楢﨑範士の生き方はあなたの剣道観、いや人生観が変わるきっかけにもなるでしょう。とくに楢﨑範士を知らない世代が多くなった若い世代に読んでもらいたい。

打たれ上手な人ほど上達がはやい！
剣道は乗って勝つ
岩立三郎 著　B5判並製・定価：1,980円

日本はもとより海外からも多数の剣士が集まる「松風館道場」。その館長岩立三郎範士八段が剣道愛好家に贈る剣道上達のポイント。剣道時代の連載記事と特集記事がまとめられた一冊である。

剣道を愛し、読書を愛する剣道時代の本

剣道藝術論
（新装増補改訂版）

馬場欽司 著
A5判並製272頁・定価：2,640円

続剣道藝術論
（新装改訂版）

馬場欽司 著
A5判並製336頁・定価：2,860円

剣道は芸術　競技性も備えた伝統文化

あなたは剣道の大黒柱をどこに置いてやっていますか。芸術か、競技性か。その価値観の違いで不老の剣になるかどうかが決まる。

著者は「剣道は芸術」と断言し、「芸術性がある」と表現しない。剣道は芸術の分野にあって、競技性をも備えているという考え方だが、ここのところが最も誤解を生みやすいところであり、おのずと剣道の質も違ってくる。一般人が剣道を芸術として捉えてくれるようになれば、剣道の評価が高まる。一般人にもぜひ読んでもらいたい。

あなたの人生、剣道を導き支えてくれる本との出合い

礼法・作法なくして剣道なし
剣道の礼法と作法
馬場武典 著
B5判・定価：2,200円

30年前、剣道が礼法・作法による「人づくり」から離れていく風潮を憂い、『剣道礼法と作法』を著した著者が、さらに形骸化する剣道の礼法・作法を嘆き、"礼法・作法なくして剣道なし"と再び剣道の礼法と作法を取り上げ、真摯に剣道人に訴える

初太刀一本 千本の価値
神の心 剣の心（新装増補改訂版）
森島健男述　乃木神社尚武館道場編
四六判・定価：2,530円

本書は平成10年発行。森島範士（令和3年8月逝去）の剣道哲学の集大成の一冊である。森島範士が剣道人に伝えたかったことと剣道への想いが切々と語られている。復刊にあたり、「日本伝剣道の極意　乗る」「私の好きな言葉」、そして乃木神社尚武館道場の梯正治、坂口竹末両師範の追悼文を加えた新装増補改訂版である。

理に適う剣道を求めて
修養としての剣道
角正武 著
四六判・定価：1,760円

理に適うものを求めることこそが剣道と、生涯修行を旨とする剣道に、如何に取り組むのかをひも解いた書。健全な心身を養い、豊かな人格を磨いて充実した人生に寄与する修養としての道を分かりやすく解説した書

剣道を愛し、読書を愛する剣道時代の本

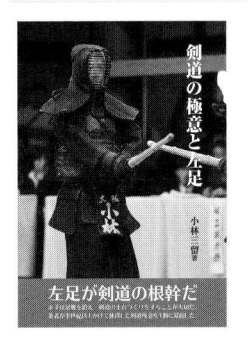

★ロングセラー本
剣道の極意と左足

小林三留 著
B5判・定価：1,760円

左足が剣道の根幹だ。まずは足腰を鍛え、剣道の土台づくりをすることが大切だ。著者小林三留範士八段が半世紀以上をかけて体得した剣道極意を凝縮した一冊!!

生涯剣道へのいざない 剣道の魅力

山神真一 著
四六判・定価：2,200円

剣道の魅力を様々な視座から追究することを通して、生涯剣道を考える機会をいただき、剣道を改めて見つめ直すことができたことは、私にとって望外な幸せでした。（中略）論を進めるにつれて、生涯剣道にも『守破離』に代表されるプロセスがあることに気づかされました（あとがきより）

剣道昇段審査対策21講

亀井徹 著
B5判・定価：1,760円

著者が剣道家として、選手権者として永年培ってきた経験をもとに、仕事で忙しい市民剣士向けにまとめた昇段審査対策を分かり易く解説。著者は、熊本県警察時代から警察官の指導だけでなく、市民剣士の指導にも携わって来た。剣道は、武術性・競技性・芸術性が必要であるという信念のもとに、強く美しい剣道を実践している。

4

あなたの人生観・剣道観を変える一冊の本との出合い

~八段までの笑いあり涙なしの合格不合格体験記~
奇跡の合格 剣道八段への軌跡

池澤清豪 著　四六判並製288頁・定価：2,200円

39歳三段リバ剣、65歳八段挑戦、69歳9回目で合格。永遠の若大将を自負する整形外科医が、自ら綴る笑いあり涙なしの合格不合格体験記。諦めず継続すれば力となって桜咲く。

大いに笑い、感銘、発見することでやる気が生まれる、元気が出てくる、勇気がもらえる。剣の道を輝かせたいあなたに贈る。おもしろくためになる痛快剣道エッセイ！

「改めて読み直すと沢山の合格のヒントを書いているのに気付きました」(本文より)

この本を読めばあなたも奇跡を起こす!?

- 序に代えて
  親友(心友)と剣道八段は剣道の神様から授かったごほうび
- 第一章◉八段審査1回目の巻
  お互いが相手に尊敬の念を抱くことがお互いの向上になる
- 第二章◉八段審査2回目の巻
  不合格はさわやかに受け入れよう
- 第三章◉八段審査3回目の巻
  次回は審査員の魂を揺さぶる気根で臨むと決意する
- 第四章◉八段審査4回目の巻
  八段は向こうからやって来ない。失敗しても何度でも起き上がって挑戦しよう
- 第五章◉八段審査5回目の巻
  恩師の言葉「目標があれば、いつも青春」を思い出し、また次に向けて頑張るぞ
- 第六章◉八段審査6回目の巻
  八段審査は「わび」「さび」の枯れた剣道では評価されないと再認識する
- 第七章◉八段審査7回目の巻
  努力は報われる。いや報われない努力もあるが、諦めず継続すれば桜咲く
- 第八章◉八段審査8回目の巻
  六・七段合格のゲンの良い名古屋で八段審査会。しかし七転び八転び
- 第九章◉八段審査9回目、そして最終回の巻
  ま、まさかのまさかで八段合格。常日頃、手を合わせていた母。なにかいいことがあると「それは私が祈っていたからよ」
- あとがきに代えて
  親友であり心友であり続ける葛西良紀へ

読者の感想

「剣の道の楽しさ、おもしろさは人生の後半にあることを教えてもらいました」(50代男性)

「著者の人柄がよく出ており、こうして八段になれたことがわかりました」(40代男性)

「著者の心のつぶやきが漫画を読んでいるみたいで笑いましたが、その裏にはためになることが多く書かれた本だと思います」(60代男性)

「おもしろおかしく書いてありますが、剣道八段に受かる大変さや素晴らしさが分りました」(40代女性)

「剣道をとおした人間ドラマであり、剣道を人生に置き換えると身近なものに感じられました」(50代女性)

「人間味あふれるエピソードの数々。諦めなければ私でも八段になれるかもしれないという希望を抱きました」(60代男性)

あなたの人生、剣道を導き支えてくれる本との出合い

良書復刊（オンデマンド版）

あなたは知っているか。師範室で語られた長老の佳話の数々

師範室閑話（新装版）

上牧宏 著　四六判248頁・定価：2,750円

「師範室閑話」は剣道時代に昭和61年8月号から昭和63年12月号にわたって連載。連載中から大いに評判を呼んだ。平成3年、連載当時のタイトルと内容を見直して再構成して単行本として発刊。刊行時、追加収録「桜田余聞」は筆者が歴史探訪中に偶然得た資料による。戦闘の生々しい活写は現代剣道家にとっても参考になるだろう。

【収録項目】
- 一、全剣連誕生秘話　戦後、剣道は禁止されたが、その暗黒時代を乗り越え、復活に情熱を傾ける人々がいた
- 二、浮木　一刀流の極意「浮木」とはどんな技か……
- 三、かすみ　上段に対抗し得る「かすみ」について説く
- 四、機会と間合　七段、八段の段審査における落とし穴を解明
- 五、妙義道場 郷土訪問秘話　妙義道場一行が郷里・上州（群馬県）を訪問。道中、持田盛二範士の清廉な人柄を物語るエピソードが……
- 六、審査員の目　ある地方で老九段が稽古後、静かな口調で話す
- 七、斎村先生と持田先生の教え　警視庁にも中には剣道の傲る剣士がいた。そこで斎村、持田の両範士はどう指導したか
- 八、古老の剣談　修道学院（高野佐三郎）と有信館（中山博道）の門閥解消に努力した人
- 九、ある故人の話を思い出して　荒天の日の尚道館道場。晩年の斎村五郎範士と小野十生範士が余人を交えず剣を合わす
- 十、小川範士回顧談　剣と禅の大家、小川忠太郎範士は二十代の前半、三十歳で死んでもいいとして、捨て身の修行をする
- 十一、桜田余聞　桜田門外で井伊大老を襲ったのは、元水戸藩士十七名と元薩摩藩士十一名。其の攻防を活写し、逸話も紹介

五七五七七調で理解しやすい

剣道稽古歌集 道しるべ

上原茂男 著　A5判176頁・定価：2,750円

本書は剣道時代1987年3月号から2年間にわたって連載されたものをまとめて平成元年に発刊。文武両道、芸術にも通じた上原茂男氏（剣道教士七段）が、岡田道場（館長岡田茂正範士）での修錬の過程で得た教訓を31文字にまとめた短歌約三百首を27項目に分け、その教訓の意味が歌とともに説明されている。含蓄深い道歌と分かりやすい説明文が、各々の剣道観を高めてくれると思います。歌を口ずさめばおのずと身体にしみこんでいくことでしょう。

◆剣道に虚実は非ず常に実　実の中にも虚も有りにけり

　面を打つなら面、小手を打つなら小手を攻めるべきで、面を攻めているのは見せかけで、実は小手を打つという虚から実への移りは剣道にはいらない。剣道は実から実でなければならず、面で決めようとして面を打って失敗したら、相手の体勢を見て小手なり胴へいくのである。そして小手が決まったとしたら、その前の面が結果的には虚ということになり、小手が実という具合になる。しかし、あくまでも最初から実で打つことで虚が生まれてくることを忘れてはならない。

なんといってもためになる 剣道時代オススメ居合道の本

2022年2月2日付毎日新聞朝刊「BOOK WATCHING」で紹介

各界のアスリートも経験
おうちで居合道

末岡志保美 著

A5判オールカラー96頁／実技はすべて動画・英訳つき（QRコード）・定価：1,540円
オンライン講座「おうちで居合道」との併用がオススメ！

「居合道に興味があるのですが、道場へ通う時間がなかなか取れなくて……」
「それならおうちで学んでみませんか」
「えっ、道場に通わなくても学べるんですか」
「はい、この本を教材にすればおうちで本格的に学べます。オンライン講座『おうちで居合道』で構築した基礎鍛錬や体さばきなど自主稽古法が豊富に紹介してあります。居合道の新しい学び方が盛りだくさん。実技はすべて動画・英訳つきです」
「なるほど。だからおうちでもできるんですね。できそうな気がしますが、刀はどうするのですか」
「ポリプロピレン製の刀だと数千円程度で買えます。これだと年配の方、お子さんでも安心して行なえます」
「安全でしかもおうち時間を有効に使えそうですね。なにかワクワクしてきました。剣道にも役立ちそうですね」
「はい、きっと剣道にも活かせるでしょう。前述した『おうちで居合道のオンライン講座』もあり、本と併用して学べますよ」

検索「おうちで居合道」（http://ouchideiaido.com/）

なんといってもためになる　剣道時代オススメ居合道の本

こどもの居合道

末岡志保美 著
A5判オールカラー96頁・定価：1,540円

現代に生きる子供たちの力を育む

「こども向けのクラスを開講しませんか」

最初は、大人向けの指導と同じように難しい言葉を使ってしまったり、ひたすら型の稽古をさせてしまったりして、学びに来ている子たちを混乱させてしまった部分もありましたが（笑）。（中略）それらの指導を通じ、多くの子供たちと触れ合う中で、一つの強い疑問が生まれました。"この子たちが生きていく上で、本当に必要なものはなんだろう？"（中略）（私は）居合道に出会い日々の稽古を重ねる中で、少しずつ変化をしていきました。悩んだ時に、考えるための基準値というものが出来たのです。（著者「はじめに」より）

姿勢、体幹、集中力、コミュニケーションスキル…。現代を生きる子供たちにとって必要な力を育む伝統武道＝居合道。本書では、それらの力の源となる"軸"を身につけることをテーマに、イラストや図解を多く用いながら、子供たちに居合道を分かりやすく楽しく伝えていく。軸の体づくり、実技などは動画つき（QRコード）で解説しており、子供たちだけでなく、親子で一緒に楽しみながら取り組むこともできる、これまでになかった一冊。

なんといってもためになる　剣道時代オススメ居合道の本

☆居合道教本のロングセラー
居合道 その理合と神髄

檀崎友彰 著　四六判並製・定価：3,850円

斯界の最高権威の檀崎友彰居合道範士九段が精魂込めて書き上げた名著を復刻。初伝大森流から中伝長谷川英信流、早抜きの部、奥居合の部など居合道教本の決定版である。

居合道で女子力アップ 凛々しく美しく強く
女子の居合道プログラム

新陰流協会 監修　A5判96頁・定価：1,518円

現代の世相を反映し、女性も強くなることへの関心が高まっている。ぜひ皆さんも新陰流居合道を学び、強く凛々しく美しくなる女子力向上に努めよう。本書が心身両面の強さを身につける道として居合道を学んでいくきっかけとなることを望んでいる。動画（QRコード）で所作・実技が学べる。

剣道人のバイブル 小川忠太郎関連良書

剣禅悟達の小川範士が説く珠玉の講話集
剣道講話（新装版）

小川忠太郎 著 A5判548頁・定価：4,950円

剣と禅の大家であり剣道界の精神的支柱として崇拝された小川範士初めての本格的な著書。3部構成。第一部「剣道講話」で剣道の理念を、第二部「不動智神妙録」で沢庵の名著を、第三部「剣と道」で論語・孟子等の大事な問題をそれぞれ解説。剣道の普遍性を改めて認識できる。★ロングセラー本

持田盛二範士十段―小川忠太郎範士九段
百回稽古（新装版）

小川忠太郎 著 A5判446頁・定価：4,180円

「昭和の剣聖」持田先生や当時の仲間との稽古の内容を小川範士は克明に記録し、絶えざる反省と発憤の糧とした。今その日記を読むと、一打一突に工夫・思索を深めていった修行の過程をたどることができる。

現代に生きる糧 小川忠太郎の遺した魂
刀耕清話

杉山融 著 A5判344頁・定価：2,750円

剣道を通じて人生を豊かなものにしたい人にオススメ。社会人としての私たちにとって大事なことは、剣道の修行を通して、しなやかでしっかりとした自己の確立をしていくこと、すなわち、事に臨んでも揺るがない本体の養成を平素から心掛けていくことにあると思います。（著者「まえがき」より）

剣道およびその他武道関連図書

剣技向上のために
剣道上達の秘訣
中野八十二範士指導
A5判・1,923円

本書は剣技向上をめざす剣士のために、剣道の技術に関するあらゆる要素を洗い出し、その一つ一つについてこの分野における斯界の第一人者である中野範士（九段）に具体的かつ詳細に解説して頂いた。
昭和60年発刊。重版を重ねるロングセラー。

現代剣道の源流「一刀流」のすべてを詳述
一刀流極意(新装版)
笹森順造著　A5判・4,730円

今日、古流の伝書類は各流ともほとんど散逸してしまったが、奇跡的にも日本最大の流派ともいうべき一刀流の極意書が完全な形で残されており、それらをもとに著者が精魂込めて書き上げた決定版である。

正しい剣道の学び方
剣道の手順(オンデマンド版)
佐久間三郎著　B5判・3,520円

「技術編」と「無くて七癖」に分かれ、技術編ではそれぞれのランクに応じた実技を解説。「無くて七癖」ではユニークな発想で、剣道におけるたくさんの癖を列挙し、上達を妨げる諸症状の一つ一つに適切な診断を下す。

剣禅悟達の小川範士が説く珠玉の講話集
剣道講話(新装版)
小川忠太郎著　A5判・4,950円

剣と禅の大家であり剣道界の精神的支柱として崇拝された小川範士初めての本格的な著書。「剣道講話」で剣道の理念を、「不動智神妙録」で沢庵の名著を、「剣と道」で論語・孟子等の大事な問題を解説。

持田盛二範士十段―小川忠太郎範士九段
百回稽古(新装版)
小川忠太郎著　A5判・4,180円

「昭和の剣聖」持田先生や当時の仲間との稽古の内容を小川範士は毎日克明に記録し、絶えざる反省と発憤の糧とした。今その日誌を読むと、一人一突に工夫・思索を深めていった修行の過程をたどることができる。

現代に生きる糧　小川忠太郎の遺した魂
刀耕清話
杉山　融著　A5判・2,750円

剣道を通じて人生を豊かなものに。小川忠太郎範士九段が遺した崇高なこころを解説。充実した人生の実現に向けた道標となる一冊。

生涯剣道への道しるべ
剣道年代別稽古法(オンデマンド版)
角　正武著　四六判・3,300円

教育剣道を求め続けている著者が、各年代別に留意した稽古法を解説。心身一元的に技を追求する剣道永遠の「文化の薫り」を汲み取る剣道人必携の一冊。

人生訓の数々
剣道いろは論語(オンデマンド版)
井上正孝著　A5判・4,950円

斯界の現役最長老である井上範士が、いろは歌留多の形で先人の金言・格言を解説したもので、剣道家はもちろん剣道に関心を持つ一般大衆にも分かり易く、剣道への理解を深める上で大いに参考になるであろう。

人生に生きる
五輪の書(新装版)
井上正孝著　A5判・1,980円

本書は剣道界きっての論客である井上正孝範士が初めて剣道家のために書き下ろした剣道と人生に生きる「五輪書」の解説書である。

1世紀を超える道場の教えとは
東京修道館剣道教本
中村福義著　B5判・1,780円

私設道場100年以上の歴史を持つ東京修道館。三代にわたり剣道を通して剛健なる青少年育成に努めて多くの優秀な人材を輩出した。その教育方針を三代目中村福義氏が剣道時代誌上で発表したものをまとめた一冊。

昇段審査・剣道指導にもこの一冊！
剣道の法則
堀籠敬蔵著
四六判上製・2,750円

剣を学ぶ　道を学ぶ
それぞれの段位にふさわしい教養を身に付けてほしいものである。お互いがそれぞれの技術に応じた理論を身に付けることで、剣道人として大事なことではないだろうか。　　　　　　　　　　　　　　　著者「はじめに」より

風が生まれる　光があふれる
天馬よ　剣道宮崎正裕
堂本昭彦著　A5判上製・2,090円

全日本選手権大会6回優勝、うち連覇2回。全国警察官大会6回優勝。世界剣道選手権大会優勝。平成の剣道界に新しい風と光をもたらした宮崎正裕とその同時代に活躍した剣士たちの青春と試合の軌跡をさわやかに描いた剣道実録小説。

11

剣道およびその他武道関連図書

昇段審査を目指す人必読
剣道 審査員の目 1.2.3
「剣道時代」編集部編
四六判上製・各巻2,200円（第3巻は並製）

剣道範士75人が明かす高段位審査の着眼点と修行の心得とは―。剣道の理想の姿を求める人たちへの指針ともなるシリーズ。あなたはここを見られている！
意外な点に気づかされ、自分の剣道を見つめ直すことも合格へとつながる道となるだろう。

剣道昇段審査合格の秘密
剣道時代編集部編　**（新装版）**
A5判・2,750円

合格率1パーセント。日本最難関の試験に合格した人達はどんな稽古を実践したのか。八段合格者88人の体験記にその秘密があった。

全日本剣道連盟「杖道」写真解説書
改訂 杖道入門
米野光太郎監修、松井健二編著
B5判・3,666円

平成15年に改訂された全剣連杖道解説書に基づいた最新版。豊富な連続写真を元に懇切丁寧な解説付。杖道愛好者必携の書。全国稽古場ガイド付

古流へのいざないとしての
杖道打太刀入門
松井健二著　A5判・2,750円

杖道の打太刀の解説を通して、太刀遣いの基本や古流との相違点を易しく説いた入門書。武道家なら知っておきたい基本極意が満載。

水南老人講話　宮本武蔵
堂本昭彦・石神卓馬著
A5判上製・3,080円

あの武術教員養成所で多くの俊秀を育てた水南楠正位がとくに剣道家のために講義した宮本武蔵。大日本武徳会の明治もあわせて収録した。

小森園正雄剣道口述録 冷暖自知 改題
剣道は面一本(新装版)
大矢　稔編著　A5判・2,200円

「剣道は面一本！その答えは自分で出すものである」元国際武道大学武道学科主任教授小森園範士九段が口述された剣道の妙諦を忠実に記録。

生涯剣道はいっぺよ
百歳までの剣道
岡村忠典著　四六判上製・2,640円

剣道大好き人間がすすめる生涯剣道のクスリ。「向上しつつ生涯剣道」を続けるための稽古法や呼吸法など従来にはなかった画期的な本。

生涯剣道をもとめて
石原忠美・岡村忠典の剣道歓談
石原忠美・岡村忠典著
四六判上製・2,640円

90歳現役剣士が生涯をかけて体得した剣道の精髄を聞き手名手の岡村氏が引出す。以前に刊行した「円相の風光」を改題、増補改訂版。

生涯錬磨　剣道稽古日誌
倉澤昭彦著　A5判上製・3,080円

50歳で剣道八段合格。自分の修行はこれからだと覚悟を固めた著者53歳〜64歳の12年間の稽古反省抄。今は亡き伝説の名剣士も多数登場。

ゼロからわかる木刀による
剣道基本技稽古法(DVD付)
太田忠徳解説　B5判・2,200円

剣道級位審査で導入にされた「木刀による剣道基本技稽古法」。本と動画で指導上のポイントから学び方まで制定に携わった太田範士がわかりやすく解説。DVD付

居合道審査員の目
「剣道時代」編集部編
四六判上製・2,200円

居合道審査員は審査でどこを見て何を求めているか。15人の八段審査員が明かした審査上の着眼点と重要項目。よくわかる昇段への道。

剣道およびその他武道関連図書

剣道時代ブックレット② **悠久剣の道を尋ねて** 堀籠敬蔵著　四六判・838円	京都武専に学び、剣道範士九段の著者が剣道生活八十年の総まとめとして日本伝剣道の歩みをまとめた魂の叫び。若き指導者に望むもの。
剣道はこんなに深い **快剣撥雲　豊穣の剣道** **(オンデマンド版)** 作道正夫著　A5判・2,750円	剣道もわれわれ人間と同様この時代、この社会に生きている。 日常にひそむ剣道の文化性、教育性、社会性を透視し、その意義を問いなおす。 思索する剣道家作道正夫の剣道理論が初めて一冊の本になった。大阪発作道流剣道論。
剣道極意授けます 剣道時代編集部編 B5判・2,475円	10名の剣道八段範士（小林三留、岩立三郎、矢野博志、太田忠徳、小林英雄、有馬光男、渡邊哲也、角正武、忍足功、小坂達明）たちがそっと授ける剣道の極意。教科書や教本には絶対に載っていない剣道の極意をあなたにそっと授けます。
末野栄二の剣道秘訣 末野栄二著　B5判・2,750円	全日本選手権優勝、全剣連設立50周年記念優勝等ながく剣道界で活躍する著者が、自身の優勝体験をもとに伝授する剣道上達の秘訣が凝縮された力作
本番で差が付く **剣道のメンタル強化法** 矢野宏光著　四六判・1,760円	実戦で揺るがない心をつくるためのアドバイス。スポーツ心理学者が初めて紐解く、本番（試合・審査）で強くなりたい人のための剣道メンタル強化法。
社会人のための考える剣道 祝 要司著　四六判・1,760円	稽古時間が少ない。トレーニングが出来ない。道場へ行けない。もんもんと地稽古だけ続けている社会人剣士に捧げる待望の一冊。
強くなるための **剣道コンディショニング&トレーニング** 齋藤実編著　B5判・2,750円	剣道の試合に勝つ、審査に受かるには準備が必要だ。トレーニング、食事、水分摂取の方法を新進の研究者たちはわかりやすく紹介する。
名手直伝 **剣道上達講座1・2・3** 剣道時代編集部編 B5判・1,2巻2,475円 3巻1,760円	16人の剣道名手（八段範士）が公開する剣道上達の秘訣。中級者以上はここから基本と応用を見極め、さらなる上達に必須の書。有馬光男、千葉仁、藤原崇郎、忍足功、船津普治、石田利也、東良美、香田郁秀、二子石貴資、谷勝彦ほか
剣道は乗って勝つ 岩立三郎著　B5判・1,980円	日本はもとより海外からも多数の剣士が集まる「松風館道場」。その館長岩立範士八段が剣道愛好家に贈る剣道上達のためのポイント。
剣道特訓これで進化(上)・(下) 剣道時代編集部編 B5判・各巻1,760円	昇段をめざす市民剣士のための稽古読本。多数の剣道カリスマ講師陣たちがいろいろな視点から剣道上達のために役立つ特訓を行なう。
仕事で忙しい人のための **剣道トレーニング(DVD付き)** 齋藤　実著　B5判・2,970円	少しの工夫で一回の稽古を充実させる。自宅で出来る簡単トレーニングを中心に剣道上達に役立つストレッチ等の方法を紹介。
全日本剣道選手権者の稽古 剣道時代編集部編 B5判・1,980円	全日本選手権大会優勝をはじめ各種大会で栄冠を手にした4名の剣士たち（高path進・寺本将司・原田悟・近本巧）が実践する稽古法を完全収録。

13

剣道およびその他武道関連図書

勝って打つ剣道
古川和男著
B5判126頁・1,760円

隙があれば打つ。隙がなければ崩して打つ。強くて美しい剣道で定評のある古川和男範士が、勝って打つ剣道を指導する、珠玉の一冊。一足一刀の間合から一拍子で打つ剣道を求めよう

正しく美しい剣道を求める
優美な剣道 出ばな一閃
谷勝彦著
B5判132頁・1,760円

正しく美しい剣道を求めてきた谷勝彦範士。目指した山の頂を一つ超えると、見える景色もまた変わる。常に新たな発見・体験があると信じて挑戦を続けることが剣道だ。これまでの自分の修行から得たものをまとめたのが本書である。本書での二つの大きなテーマは根本的・本質的に別々のものではなく共通点や関連性があるという。

剣道昇段への道筋(上)・(下)
剣道時代編集部編
A5判・各巻2,475円

2007年〜2012年の日本最難関の試験である剣道八段審査の合格者の生の体験記から審査合格の法則を学べ!

脳を活性化させる剣道
湯村正仁著
四六判・1,430円

正しい剣道が脳を活性化。免疫力・学力向上・老化予防も高める。その正しい剣道を姿勢、呼吸、心の観点から医師で剣道範士八段の筆者が紐解いて詳解する。

年齢とともに伸びていく剣道
林 邦夫著
A5判・2,200円

質的転換を心がければ、剣道は何歳になっても強くなれる。年齢を重ねてもなお最高のパフォーマンスを発揮するための方法を紐解く。

詩集 剣道みちすがら
国見修二著
A5判・1,375円

剣道を愛する詩人・国見修二が詩のテーマにはならないと思われていた剣道をテーマに綴った四十篇の詩。これは正に剣道の指南書だ!

剣道 強豪高校の稽古
剣道時代編集部編
B5判・2,200円

九州学院、水戸葵陵、明豊、本庄第一、高千穂、奈良大付属、島原の7校の稽古が事細かく写真と共に紹介されている。

剣道 強豪大学の稽古
剣道時代編集部編
B5判・1,760円

学生日本一に輝いた国士舘大学、筑波大学、鹿屋体育大学、大阪体育大学の4校の稽古を連続写真であますところなく紹介。映像を見るならDVDも発売中(定価・4,950円)

オススメ図書

あの王貞治、高倉健も学んだ羽賀剣道の気攻めと手の内
昭和の鬼才 羽賀準一の剣道
卯木照邦著
B5判並製・1,760円
羽賀準一の剣道は気迫・気位で脳髄・内臓を圧迫することだった。年を重ねても気を高めることができると考えていた。著者は学生時代から羽賀準一に師事し、現在一剣会羽賀道場三代目会長として羽賀精神の継承に努めている。

特製函入り　永久保存版
徳江正之写真集
「剣道・伝説の京都大会(昭和)」
A4判・7,700円　　　　　　　　　　**(オンデマンド版)**
初の京都大会写真集。剣道を愛した写真家徳江正之が寡黙に撮り続けた京都大会の記録。なつかしい昭和のあの風景この人物、伝説の立合がいまよみがえる。
208ページ　　　　　　　　　　　　（2017年4月発行）

コーチングこんなときどうする？
高畑好秀著
A5判・1,760円
『いまどきの選手』があなたの指導を待っている。困った状況を解決する30の指導法を具体的な事例で実際の打開策を提示、解説する。　（2017年11月発行）

剣道「先師からの伝言」(上)・(下)
矢野博志著
B5判・各巻1,430円
60年の長きにわたって修行を続ける矢野博志範士八段が、先師から習得した心技体をあきらかにし、その貴重な伝言をいま語り継ぐ。　　（2017年11月発行）

剣道 心の鍛え方
矢野宏光著
四六判・1,760円
大好評の『剣道のメンタル強化法』に次ぐ、著者の剣道メンタル強化法第2弾。パフォーマンス発揮のための心理的課題の改善に向けた具体的な取組方法をアドバイスする。　　　　　　　　　（2018年4月発行）

オススメ図書

心を打つ剣道
石渡康二著
A5判・2,750円
自分らしい「心を打つ剣道」すなわち勝敗や強弱ではなく真・善・美を共感する剣道に近づくための、七つの知恵を紹介する。　　　　　　　　　（2018年7月発行）

心に響け剣の声
村嶋恒徳著
A5判・3,300円
組織で働く人は利益をめざすため顧客と対峙して戦略・戦術に従って、機を見て打ち込んでいく。剣道の本当の修錬の姿は、正にビジネスにおけるマーケティングの理想と同じであり、道の中で利益を出すことを理想とする、この剣道の考え方を働くリーダーのために著者が書き下ろした魂の作品。　（2025年1月発行）

二人の武人が現代人に伝える真理
柳生十兵衛と千葉真一
小山将生著（新陰流協会代表師範）
A5判・1,540円
新陰流を通じて千葉真一氏と親しく交流していた著者が、なぜ千葉氏が柳生十兵衛を敬愛していた理由を説き明かす。

剣道修錬の着眼点
濱﨑満著
B5判・1,760円
剣道は生涯剣道といわれるように終わりがない。生涯にわたり追求すべき素晴らしい伝統文化としての剣道。その剣道修錬の着眼点とは。　　（2018年11月発行）

筋トレが救った
癌との命がけの戦い
吉賀賢人著
A5判・1,980円
ボディビルダーに突然襲った癌の宣告。抗がん剤も放射線も効かない稀少癌。その元ボディビルチャンピオン『吉賀賢人』の癌との戦いの記録。
　　　　　　　　　　　　　　　（2019年1月発行）

武道名著復刻シリーズ (オンデマンド版)

剣法至極詳伝
木下壽徳著
大正2年発行／四六判・3,080円

東京帝国大学剣道師範をつとめた木下翁の著になる近代剣道史上の名著を復刻。初歩から奥義に至る次第を五七調の歌に託し、道歌の一つ一つに解説がつけられている。

剣道秘要
宮本武蔵著　三橋鑑一郎註
明治42年発行／四六判・2,750円

2003年大河ドラマ関連本。武蔵が体得した勝負の理論を試合や稽古に生かしたい人、武蔵研究の材料を求めている人など、武蔵と「五輪書」に興味を持つ人におすすめしたい良書。

二刀流を語る
吉田精顕著
昭和16年発行／四六判・3,080円

武蔵の二刀流を真正面から取り上げた異色の書。二刀の持ち方から構え方、打ち方、受け方、身体の動作などの技術面はもちろん、心理面に至るまで解説された二刀流指南書。

日本剣道と西洋剣技
中山博道・善道共著
昭和12年発行／四六判・3,520円

剣道に関する書物は多数発行されているが、西洋剣技と比較対照した著述は、恐らく本書が唯一のものと言える。剣道の概要について外国人が読むことを考慮して平易に書かれている。

剣道手引草
中山博道著
大正12年発行／四六判・1,980円

剣道・居合道・杖道合わせて三道範士だった著者の門下からは多数の俊才が巣立ち、我が国剣道界に一大剣脈を形成した。その教えについて平易に解説した手引書。

剣道の発達
下川　潮著
大正14年発行／四六判・4,620円

下川氏ははじめ二天一流を学び、その後無刀流を学ぶかたわら西洋史を修め、京都帝大に入り武道史を研究した結果、本書を卒論として著作した。後世への遺著として本書が発行された。

剣道指南
小澤愛次郎著
昭和3年発行／四六判・3,300円

初版が発売されるや爆発的な評判となり、版を重ねること20数版という剣道の書物では空前のベストセラーとなった。附録に近世の剣士34人の小伝及び逸話が収録されている。

皇国剣道史
小澤愛次郎著
昭和19年発行／四六判・3,300円

剣道の歴史について詳述した書物は意外に少なく、古今を問わず技術書が圧倒的に多い。その点、神代から現代までの各時代における剣道界の動きを説いた本書は一読の価値あり。

剣道修行
亀山文之輔著
昭和7年発行／四六判・3,300円

昭和7年発行の名著を復刻。教育の現場で剣道指導に携わってきた著者が剣道修得の方法をわかりやすく解説している。

剣道神髄と指導法詳説
谷田左一著　高野茂義校閲
昭和10年発行／四六判・5,280円

668頁にも及ぶ大書であり、剣道に関するいろいろな項目を広範囲にとらえ編纂されている不朽の名著をオンデマンド復刻した。今なお評価の高い一冊である。

武道名著復刻シリーズ（オンデマンド版）

剣道講話
堀田捨次郎著
昭和10年発行／四六判・3,630円

昭和4年に天覧試合に出場したのを記念して執筆、編纂したもの。著者は数多くの剣道書を残しているが、本書はその決定版ともいえる一冊である。

剣道新手引
堀田捨次郎著
昭和12年発行／四六判・2,860円

昭和12年初版、13年に再版発行した名著を復刻。警視庁武道師範の著者が学校・警察・社会体育等の場で教育的に剣道を指導する人たちに贈る手引書。

千葉周作遺稿
千葉榮一郎編
昭和17年発行／四六判・3,630円

昭和17年発行の名著を復刻。
剣法秘訣」「北辰一刀流兵法目録」などを収録したロングセラー。

剣道極意
堀田捨次郎著
大正7年発行／四六判・3,740円

剣道の根本理念、わざと心の関係、修養の指針などを理論的に述べ、剣道の妙締をわかりやすく説明している。大正中期の発行だが、文章も平易で漢字は全てふりがな付きで、中・高校生でも読むことができる。

剣道時代ライブラリー
居合道　－その理合と神髄－
檀崎友彰著
昭和63年発行／四六判・3,850円

斯界の最高権威が精魂込めて書き上げた名著を復刻。初伝大森流から中伝長谷川英信流、早抜の部、奥居合の部など居合道教本の決定版。

剣道時代ライブラリー
剣道の学び方
佐藤忠三著
昭和54年発行／四六判・2,420円

32歳で武道専門学校教授、のちに剣道範士九段となった著者が、何のために剣道を学ぶのか、初心者でもわかるように解説した名著を復刻。

剣道時代ライブラリー
私の剣道修行　第一巻・第二巻
「剣道時代」編集部編
第一巻　昭和60年発行／四六判・5,280円
第二巻　昭和61年発行／四六判・7,150円

我が国剣道界最高峰の先生方48名が語る修行談。各先生方のそれぞれ異なった血の滲むような修行のお話が適切なアドバイスになるだろう。先生方のお話を出来るだけ生のかたちで収録したため、一人ひとりに語りかけるような感じになっている。

剣道時代ライブラリー
帝国剣道教本
小川金之助著
昭和7年発行／四六判・3,080円

武専教授・小川金之助範士十段の良書を復刻!!
昭和6年4月、剣道が中等学校の必須科目となった。本書は、その中等学校の生徒に教えるために作られた教科書であり、良書として当時広く読まれていた。

スポーツ関連およびその他オススメ図書

スポーツで知る、人を動かす言葉
スポーツと言葉
西田善夫著 B6判・1,047円
元NHKスポーツアナウンサーの著者が高校野球の名監督・木内幸男氏を中心にイチロー、有森裕子らの名選手の言葉と会話術に迫る。（2003年12月発行）

対談・現代社会に「侍」を活かす小池一夫流
不滅の侍伝説『子連れ狼』
小池一夫・多田容子共著 四六判・1,650円
名作『子連れ狼』で描かれる「侍の魅力」について、原作者小池一夫氏が女流時代小説家多田容子氏と対談。侍ブームの今、注目の書。（2004年8月発行）

殺陣武術指導林邦史朗
特別対談／役者・緒形拳 × 殺陣師・林邦史朗
男二人お互いの人生に感ずる意気
林邦史朗著 四六判上製・1,760円
大河ドラマ殺陣師として知られる林邦史朗氏が殺陣の見所や作り方を紹介。さらに終章で殺陣が持つ魅力を役者緒形拳氏とともに語っていく。（2004年12月発行）

北京へ向けた０からのスタート
井上康生が負けた日
柳川悠二著 四六判・1,320円
日本中が驚いたアテネ五輪での「本命」、柔道井上康生の敗北理由を彼の父であり師でもある井上明氏への密着取材から導いていく。（2004年12月発行）

座頭鯨と海の仲間たち 宮城清写真集
宮城 清著 B5判・1,980円
沖縄慶良間の海に展開するザトウクジラを撮り続けて20年。慶良間の海で育ったカメラマン宮城清が集大成として上梓する渾身の一冊。（2005年12月発行）

定説の誤りを正す
宮本武蔵正伝
森田　栄著 A5判・3,850円
今までいくつの武蔵伝が出版されてきたであろう。著者があらゆる方面の資料を分析した結果解明された本当の武蔵正伝。（2014年10月発行）

自転車旅のすすめ
のぐちやすお著 A5判・1,760円
サイクリングの魅力にとりつかれ、年少時の虚弱体質を克服。１９８１年以来、世界中を計４３万キロ走破。その著者がすすめる自転車旅。（2016年7月発行）

スポーツ関連およびその他オススメ図書

勝負を決する！スポーツ心理の法則
高畑好秀著 四六判・1,760円
心を強く鍛え、選手をその気にさせる18のメンタルトレーニングを「なぜ、それが必要なのか」というところから説き起こして解説。(2012年1月発行)

もっとその気にさせるコーチング術
高畑好秀著 四六判・1,760円
選手と指導者のためのスポーツ心理学活用法。選手の実力を引出す32の実戦的方法。具体例、実践アドバイス、図解で選手が変わる！(2012年9月発行)

スポーツ傷害とリハビリテーション
小山 郁著 四六判・1,980円
スポーツで起こりやすい外傷・障害についてわかりやすく解説。重症度と時間経過に応じた実戦的なリハビリプログラム40。(2013年12月発行)

チーム力を高める36の練習法
高畑好秀著 A5判・1,760円
本番で全員が実力を出しきるための組織づくり。チーム力アップに必要なユニークな実践練習メニューを紹介。楽しみながらスキルアップ。(2014年4月発行)

やってはいけないコーチング
高畑好秀著 四六判・1,760円
ダメなコーチにならないための33の教えをわかりやすくレクチャー。好評の「もっとその気にさせるコーチング術」に続く著者第3弾。(2015年3月発行)

女子選手のコーチング
八ッ橋賀子著 A5判・1,760円
今や目を見張る各スポーツ界における女子選手の活躍。経験から養った「女子選手の力を100％引き出すためのコーチング術」を伝授。(2015年7月発行)

野球こんなときどうする？
高畑好秀著 A5判・1,760円
野球の試合や練習中に直面しそうなピンチの場面を30シーン取り上げて、その対処法と練習法を教えます。自分でできるメンタル調整法。(2016年1月発行)

選手に寄り添うコーチング
八ッ橋賀子著 A5判・1,760円
著者、八ッ橋賀子のコーチング第二弾！ メンタルトレーナーの著者が、いまどきの選手をその気にさせ、良い結果を得るために必要な選手に寄り添うコーチング術を伝授する。(2017年3月発行)

ボディビルディングおよびウエイトトレーニング関連図書

ポイント整理で学ぶ実践・指導のマニュアル
競技スポーツのためのウエイトトレーニング
有賀誠司著 B5判・3,300円

ウエイトトレーニングが競技力向上や傷害事故の予防に必須であるという認知度が上がってきている中、指導者に問われる基礎項目はもちろん、各部位別のトレーニングのテクニックを約600点におよぶ写真付きで詳しく解説している。

ボディビルダー必読、究極の筋肉を作り上げる
ボディビルハンドブック
クリス・アセート著 A5判・1,980円

ボディビルダーにとってトレーニングと栄養学についての知識は必須のものであるが、その正しい知識を身に付け是非ともその努力に見合った最大限の効果をこの一冊から得ていきたい。又ストレングスの向上をめざすトレーニーにもお勧めである。

すぐに役立つ健康と体力づくりのための
栄養学ハンドブック
クリス・アセート著 A5判・1,980円

我々の身体は日々の食事からつくられている。そして、その身体を正常に機能させるにはさまざまな栄養素が必要である。その一方で、最近は栄養の摂りすぎ又バランスのくずれが大きな問題となっている。では、どのようなものをどのくらい食べればよいか、本書が答えてくれる。

トレーニングの歴史がこの一冊でわかる
私のウエイトトレーニング50年
窪田 登著 A5判上製函入・8,905円

ウエイトトレーニングの先駆者である窪田登氏が自ら歩んできた道程を書き綴った自叙伝に加え、ウエイトトレーニングの歴史、そこに名を残す力技師たちなどが紹介されている。ウエイトトレーニング愛好家なら必ず手元に置いておきたい一冊。

パワーリフティングの初歩から高度テクまで
パワーリフティング入門
吉田 進著 B5判・1,620円

スクワット、ベンチプレス、デッドリフトの挙上重量のトータルを競うパワーリフティング。強くなるためには、ただ重いものを挙げれば良いというものではない。そこには科学的で合理的なアプローチが存在する。その方法が基礎から学べる一冊。

トップビルダーの鮮烈写真集
BODYBUILDERS
岡部充撮影 直販限定本(書店からは不可)
A4判上製・特価2,989円(カバーに少し汚れ)

80年代から90年代にかけて活躍した海外のトップビルダーたちが勢ぞろいした贅沢な写真集。リー・ヘイニー、ショーン・レイ、ビンス・テイラー、ティエリー・パステル、ロン・ラブ、ミロス・シャシブ、リッチ・ギャスパリ、フレックス・ウィラー他

スポーツマンのための
サプルメントバイブル(新装版)
吉見正美著 B5判・2,090円

日本でも最近スポーツ選手を中心に大いに注目されるようになったサプルメント。それは通常の食事からは摂りきれない各種の栄養を補う栄養補助食品のこと。本書は種類およびその使用方法から適切な摂取量などにわたり、すぐに役立つ情報が満載。

初心者でも一人で学べる
部位別ウエイトトレーニング
小沼敏雄監修 B5判・1,650円
(85、87〜99年日本ボディビル選手権チャンピオン)

ウエイトトレーニングを始めたい、でもスポーツジムへ行くのは嫌だし身近に教えてくれる人もいない。この本は各筋肉部位別にエクササイズを紹介し、基本動作から呼吸法、注意点等を分かりやすく解説しているので、これからウエイトトレーニングを始めたい人にも是非おすすめしたい一冊。

ボディビルディングおよびウエイトトレーニング関連図書

理論と実践で100%成功するダイエット
ダイエットは科学だ
クリス・アセート著
A5判1,430円

この本を読み切る事は少々困難かもしれない。しかし、ダイエット法はすでに学問であり科学である。そのノウハウを修得しなければ成功はあり得ない。だが、一度そのノウハウを身に付けてしまえばあなたは永遠に理想のボディを手に入れることができる。

日本ボディビル連盟創立50周年記念
日本ボディビル連盟50年の歩み
50年史編纂委員会編集
A4判・2,750円

敗戦の混乱の中、ボディビルによって明るく力強い日本の復興を夢みた男たちの活動が、JBBFの原点だった。以来数々の試練を乗り越えて日本オリンピック委員会に正式加盟するに至る激動の歴史を、各種の大会の歴史とともに網羅した、資料価値の高いビルダー必携の記念誌。

スポーツトレーナーが指導している
これが正しい筋力トレーニングだ!
21世紀筋力トレーニングアカデミー著
B5判・1,572円

経験豊富なスポーツトレーナーが、科学的データを駆使して解説する筋力トレーニングの指導書。競技能力を高めたいアスリート必見!「特筆すべきは、トレーニングの基礎理論と具体的方法が研究者の視線ではなく、現場指導の視線で捉えられている」(推薦文・石井直方氏)

筋力トレーニング法100年史
窪田 登著 B6判・1,100円

80年代発刊の名書に大幅に加筆、訂正を加え復刻させた待望の一冊。ウエイトトレーニングの変遷を写真とともに分かりやすく解説。

スポーツトレーナー必読!
競技スポーツ別ウェイトトレーニングマニュアル
有賀誠司著 B5判・1,650円

筋力トレーニングのパフォーマンス向上の為に競技スポーツ別に解説する他、走る・投げる・打つ等の動作別にもくわしく解説している。

続・パワーリフティング入門
吉田 進著 B5判・2,090円

現在発売中の『パワーリフティング入門』の続編。中味をさらにステップアップさせた内容となり、より強くなりたい方必読の一冊。

ベンチプレス 基礎から実践
東坂康司著 B5判・2,860円

ベンチプレスの基本事項ならびに実際にトレーニングを行う上での重要ポイントを分かりやすく具体的に解説。ベンチプレス本初の出版。

ベンチプレス フォームと補助種目
東坂康司著 B5判・1,980円

大好評のシリーズ第1巻「基礎から実践」に引続いて、個別フォームの方法やベンチプレス強化の上でも効果のある補助種目を詳細に解説。

究極のトレーニングバイブル
小川 淳著 B5判・1,650円

肉体と精神 究極のメンタルトレーニングであるヘビーデューティマインドこそ、ウエイトトレーニングに悩む多くの競技者の一助になる一冊である。

アスリートのための分子栄養学
星 真理著 B5判・2,343円

人それぞれで必要な栄養量は大きく違うはずである。本書では、分子栄養学的に見た栄養と体の働きの深い関わりを分かりやすく解説。

お申し込み方法

[雑誌定期購読] －送料サービス－

(年間購読料) 　剣道時代　　　　11,760円(税10%込)
　　　　　　　ボディビルディング　13,200円(税10%込)

TEL、FAX、Eメールにて「○月号より定期購読」とお申込み下さい。後ほど口座振替依頼書を送付し、ご指定の口座から引落しをいたします。（郵便振替による申込みも可）

[バックナンバー注文]

ご希望のバックナンバーの在庫の有無をご確認の上、購入金額に送料を加え、郵便振替か現金書留にてお申込み下さい。なお、最寄りの書店での注文も出来ます。（送料）1冊150円、2冊以上450円

[書籍・DVD等注文]

最寄りの書店、もしくは直接当社(電話・FAX・Eメール)へご注文ください。
当社へご注文の際は書名(商品名)、冊数(本数)、住所、氏名、電話番号をご記入ください。郵便振替用紙・現金書留でお申し込みの場合は購入金額に送料を加えた金額になります。一緒に複数の商品をご購入の場合は1回分の送料で結構です。

(代引方式)

TEL、FAX、Eメールにてお申込み下さい。
●送料と代引手数料が2024年4月1日より次のように改定されました。なにとぞご理解のほどよろしくお願い申し上げます。
　送料(1回につき)**450円**　代引手数料**350円**

[インターネットによる注文]

当社ホームページより要領に従いお申込み下さい。

体育とスポーツ出版社　検索

※表示価格は税込　※クレジットカード決済可能(国内のみ)

(株)体育とスポーツ出版社

〒135-0016　東京都江東区東陽2-2-20 3F
【営業・広告部】
　TEL 03-6660-3131　　FAX 03-6660-3132
　Eメール　eigyobu-taiiku-sports@thinkgroup.co.jp
　郵便振替口座番号　00100－7－25587　体育とスポーツ出版社

【剣道時代編集部】
〒101-0065　東京都千代田区西神田2-4-6宮川ビル2F
　TEL 03-6265-6554　　FAX 03-6265-6553

【ボディビルディング編集部】
〒179-0071　東京都練馬区旭町3-24-16-102
　TEL 03-5904-5583　　FAX 03-5904-5584